聖賢之道

湯一介

戊子年夏

紫陽學脈

陳來題
乙未孟夏

新编国学基本教材

李耐儒 ◎ 主编

墨子 荀子 韩非子选读

徐 骆 ◎ 编注

上海财经大学出版社

图书在版编目(CIP)数据

墨子 荀子 韩非子选读/徐骆编注. —上海：上海财经大学出版社，2018.9

(新编国学基本教材)

ISBN 978-7-5642-3008-1/F·3008

Ⅰ.①墨… Ⅱ.①徐… Ⅲ.①墨家②儒家③法家 Ⅳ.①B224②B222.6③B226.5

中国版本图书馆 CIP 数据核字(2018)第 090918 号

□ 项目统筹　台啸天
□ 责任编辑　胡　芸
□ 书籍设计　张启帆

墨子 荀子 韩非子选读

徐　骆　编注

上海财经大学出版社出版发行

(上海市中山北一路 369 号　邮编 200083)

网　　址：http://www.sufep.com
电子邮箱：webmaster @ sufep.com
全国新华书店经销
上海雅昌艺术印刷有限公司印刷装订
2018 年 9 月第 1 版　2018 年 9 月第 1 次印刷

890mm×1240mm　1/32　10.125 印张(插页:4)　227 千字
印数:0 001—3 000　定价:37.00 元

"新编国学基本教材"编辑委员会

总顾问
郭齐勇　武汉大学国学院院长　教授

学术指导
沈渭滨　秋霞圃书院首任院长　复旦大学历史系教授
王家范　华东师范大学终身教授
葛剑雄　复旦大学历史系教授
骆玉明　复旦大学中文系教授
杨国强　华东师范大学历史系教授
李佐丰　中国传媒大学文学院教授
梁　涛　中国人民大学国学院教授
赵　林　澳门科技大学特聘教授
温伟耀　香港中文大学客座教授
汪涌豪　复旦大学中文系教授
傅　杰　复旦大学中文系教授
朱青生　北京大学历史学系教授
王　博　北京大学哲学系教授
李天纲　复旦大学哲学学院教授
徐洪兴　复旦大学哲学学院教授
徐志啸　复旦大学中文系教授

林安梧　台湾慈济大学教授
周建忠　南通大学文学院教授
张　觉　上海财经大学人文学院教授
张新科　陕西师范大学文学院教授
鲍鹏山　上海开放大学传统文化研究所教授
刘　强　同济大学中文系教授
陈乔见　华东师范大学哲学系副教授
蔡志栋　上海师范大学副教授
朱　璐　上海财经大学副教授

统筹
孙劲松　向　珂

主编
李耐儒

编委（以姓氏笔画为序）
毛文琦　介江岭　可延涛　白　坤　刘乃溪
刘　舫　孙义文　李宏哲　李　凯　张二远
张　华　张　旭　张志强　张　琰　余雅汝
陆有富　房春草　须　强　赵立学　姜李勤
施仲贞　姚之均　徐　骆　晏子然　黄晓芳

本册编注
徐　骆

总　序

秋霞圃书院创办有年，在民间推动国学普及工作，志在以独立之精神、自由之思想为宗旨，促进古今中外文化思想与学术的交流，为中华民族文化的复兴而尽心尽力。其志可嘉，其行可感！

近年，秋霞圃书院耐儒兄主持编撰"新编国学基本教材"。本套国学教材集复旦大学、武汉大学、南开大学、中山大学、华东师范大学、上海师范大学等名牌院校的二十多名青年学人，采各种版本的国学读本之长，广泛吸取中小学一线语文教师的教学经验，精心编撰，是中小学生比较理想的国学读本，也是便于教师们使用的、较为系统的国学教材。

读本的篇目有：《弟子规》《三字经》《千字文》《千家诗选读》《幼学琼林》《诗词格律》《唐诗选读》《宋词选读》《论语（上）》《论语（下）》《史记选读（上）》《史记选读（下）》《大学　中庸》《诗经选读》《孟子（上）》《孟子（下）》《左传选读（上）》《左传选读（下）》《颜氏家训选读》《老子　庄子选读》《墨子　荀子　韩非子选读》《汉魏六朝诗文选》《唐宋文选》《礼记选读》《楚辞选读》《声律启蒙》《笠翁对韵》。每册有指导性概述，有经典原文，有对原文的注释与译文（赏析），并配上文史链接（延伸阅读）、思考讨论等，图文并茂，准确生动，具有可读性与系统性。

梁启超先生说过,《论语》《孟子》等经典"是两千年国人思想的总源泉,支配着中国人的内外生活,其中有益身心的圣哲格言,一部分久已在我们全社会形成共同意识,我们既做这社会的一分子,总要彻底了解它,才不致和共同意识生隔阂"。这就是说,"四书"等经典表达了以"仁爱"为中心的"仁、义、礼、智、信"等中华民族的核心价值观念,这是中国古代老百姓的日用常行之道,人们就是按此信念而生活的。

中国文化的大传统与小传统是打通了的。国学具有平民化与草根性的特点。中国民间流传着的谚语是:"勿以善小而不为,勿以恶小而为之";"老吾老以及人之老,幼吾幼以及人之幼";"积善之家,必有余庆;积不善之家,必有余殃"。这些来自中国经典的精神,透过《弟子规》《三字经》《百家姓》《千字文》《千家诗》等蒙学读物及家训、族规、乡约、谱牒、善书,通过大众口耳相传的韵语故事、俚曲戏文、常言俗话,成为"百姓日用而不知"的言行规范。

南宋以后在我国与东亚的民间社会流传甚广、深入人心的朱熹《家训》说:"事师长贵乎礼也,交朋友贵乎信也。见老者,敬之;见幼者,爱之。有德者,年虽下于我,我必尊之;不肖者,年虽高于我,我必远之。""人有小过,含容而忍之;人有大过,以理而谕之。勿以善小而不为,勿以恶小而为之。"又说:"勿损人而利己,勿妒贤而嫉能。勿称忿而报横逆,勿非礼而害物命。见不义之财勿取,遇合理之事则从……子孙不可不教,童仆不可不恤。斯文不可不敬,患难不可不扶。"朱子说此乃日用常行之道,人不可一日无也。应当说,这些内容来源于诗书礼乐之教、孔孟之道,又十分贴近大众。它内蕴着个人与社会的道德,长期以来成为老百姓的生活哲学。

王应麟的《三字经》开宗明义:"人之初,性本善。性相近,习相远。苟不教,性乃迁。教之道,贵以专。"这就把孔子、孟子、荀子关于人性的看法以简化的方式表达了出来。儒家强调性善,又强调人性的养育与训练。

清代李毓秀的《弟子规》总序说:"弟子规,圣人训。首孝悌,次谨信。泛爱众,而亲仁,有余力,则学文。"以下分成"入则孝""出则悌""谨而信""泛爱众而亲仁"等几部分。这些纲目都来自《论语》。《弟子规》中对孩童举止方面的一些要求,如站立时昂首挺胸、双腿站直,见到长辈主动行礼问好,开门关门轻手轻脚,不用力甩门等,这些规范都是文明人起码应有的,是尊重他人而又自尊的体现。又如:"晨必盥,兼漱口,便溺回,辄净手。冠必正,纽必结,袜与履,俱紧切。""斗闹场,绝勿近,邪僻事,绝勿问。将入门,问孰存,将上堂,声必扬。""用人物,须明求,倘不问,即为偷。借人物,及时还,后有急,借不难。"这都是有助于文明社会的建构的,是文明人的生活习惯,也是今天社会公德的基础。

朱柏庐在《朱子治家格言》起首的一段说:"黎明即起,洒扫庭除,要内外整洁;既昏便息,关锁门户,必亲自检点。一粥一饭,当思来处不易;半丝半缕,恒念物力维艰。"这些都是平实不过的道理,体现到一个人身上就是他的家教。旧时骂人,说某某没有家教,那是很重的话,让其全家蒙羞。我们不是要让青少年一定要做多少家务,而是要他们从小学就动手打理好自己与家庭的事情,不要过分依赖父母、依赖他人,能够自己挺立起来,培养责任意识。同时,让他们知道一粥一饭、半丝半缕都是辛劳所得,我们要懂得去尊重家长与别人的劳动。如果我们真的有敬畏之心,就知道珍惜,不应该浪费。

南开中学的前身天津私立中学堂成立于1904年10月,老校长严范孙亲笔写下"容止格言":"面必净,发必理,衣必整,纽必结。头容正,肩容平,胸容宽,背容直。气象:勿傲,勿暴,勿怠。颜色:宜和,宜静,宜庄。"这四十字箴言来自蒙学,又是该校对学生容貌、行止的基本要求。校内设整容镜,师生进校时都要照镜正容色。后来张伯苓先生治校,坚持了这些做法。

蔡元培先生在留德期间撰写了《中学修身教科书》,该书被商务印书馆于1912年至1921年间共印行了十六版,他还为赴法华工写了《华工学校讲义》,两书影响甚大,今人将其合为《国民修养二种》一书。蔡先生在民国初年为中学生与赴法劳工写教科书,重视社会基层的公民教育。蔡先生的用心颇值得我们重视,他从孝敬父母谈起,创造性地转化本土的文化资源,特别是以儒家道德资源来为近代转型的中国社会的公德建设与公民教育服务。

现今南京夫子庙小学的校训是"亲仁、尚礼、志学、善艺"。我认为这是非常好的。对孩童、少年的教育,首先是培养健康的心性才情,从日常生活习惯,从待人接物开始,学会自重与尊重别人。

我们今天强调成人教育,因为仅有成才教育是不够的,成才教育忽略了我们作为完整的人、健康的人所必需的一些素养,它在人格养成方面几乎是空白的。这不是大学教育才有的问题,而是幼儿园、中小学教育就该关注的。培养青少年的性情,需要家庭、学校、社会的配合。

国学当中有很多修身成德、培养君子人格的内容。中国古典的教育,其实就是博雅教育。传统的教育并不是道德说教,也不是填鸭式满堂灌的教育,而是春风化雨似的,让学生在点滴中有所收获并自己体验,如诗教、礼教、乐教等。

我觉得应该让孩子们处在良好的文化氛围中。家长、老师们要以身作则、言传身教,这对孩子们影响很大。家长、老师们有义务端正自己的言行,尤其在孩子们面前。要培养孩子分辨是非的能力,多在性情教育上下功夫,关注孩子的心理健康,多与孩子交流,洞察他们的情感,并做正确的引导。现在一些家长做不到以身作则,他们撒谎骗人,打骂斗狠,不尊重老人,这些都会给孩子的成长烙下负面的印记。

我们也希望同学们能趁着年轻记性好,多读些经典,最好能背诵一些,其中的意思以后可以慢慢领悟。南宋思想家陈亮说过:"童子以记诵为能,少壮以学识为本,老成以德业为重……故君子之道不以其所已能者为足,而尝以其未能者为歉,一日课一日之功,月异而岁不同,孜孜矻矻,死而后已。"

本丛书所收经典与蒙学读物中有很多圣哲格言,都足以让我们受用终身。我们一直希望能有多一些的国学经典进入中小学课堂,至少让"四书"进入教材。我们希望能多一些国文课,让中小学生能接受到系统的传统语言与文化教育。中华民族有很多优根性,更需大大弘扬。

是为序。

郭齐勇
癸巳春于珞珈山

弟子训

一、怀真善之本,爱父母、爱师友、爱国家、爱民族、爱人类、爱地球上的万物。珍惜生命、健康、亲情和时间。

二、每日诵读经典十分钟,每周必有一日研习国学,以此成为生活的习惯。

三、学以致用,知行合一,以磨炼来坚定自己的意志,以反省来修养自己的性情。意志与性情将会决定自己将来的学业与事业之一切。

四、追求广博的智识,对中外文化有了解,对社会事业有贡献。

五、经常锻炼身体,培养劳作的兴趣和艺术的修养。

六、学会谦让,经常说"您好""对不起""谢谢",是我们最基本的教养。

七、生活衣食器用当俭朴,不攀比、不崇侈;给需要帮助的人提供力所能及的帮助。

八、学会自己的事情自己做;允诺的事情,要尽力做到。

九、逐渐养成独立的人格,思想不盲从;如果内心有信仰,要坚卓而恒久。

十、任何时候都充满自信,在力行中实现自己追求的美好理想。

目　录

总　序 001

弟子训 001

概　述 001

第一章　墨　子 005

修身 …………………………………… 008

尚贤上 ………………………………… 016

尚同上 ………………………………… 026

兼爱中 ………………………………… 036

非攻上 ………………………………… 051

节用上 ………………………………… 058

天志上 ………………………………… 067

非命中 ………………………………… 080

非儒下 ………………………………… 091

公输 …………………………………… 104

第二章　荀　子　　113

- 劝学(节选) …… 115
- 修身(节选) …… 127
- 非相(节选) …… 139
- 非十二子(节选) …… 149
- 天论篇(节选) …… 162
- 礼论(节选) …… 174
- 解蔽篇(节选) …… 186
- 性恶篇(节选) …… 198

第三章　韩非子　　210

- 主道 …… 211
- 二柄 …… 224
- 南面 …… 236
- 内储说下六微(节选) …… 246
- 外储说左上(节选) …… 257
- 难势(节选) …… 266
- 定法 …… 276
- 五蠹(节选) …… 289

跋：古典的回归与文化自觉　　306

概　述

诸子生活的时代

西方思想家雅斯贝尔斯在1949年提出了著名的"轴心时代"的说法。他认为，在公元前800—前200年，人类思想史上发生了"终极关怀的觉醒"。也就是说，对生命本源和死亡价值的探索构成了人的终极思考，它是人类超越有限、追求无限以达到永恒的一种精神渴望。

在"轴心时代"里，各个文明都出现了伟大的精神导师。古希腊有苏格拉底、柏拉图、亚里士多德，古印度有释迦牟尼，中国有孔子、老子……他们提出的思想原则塑造了不同的文化传统，至今仍影响着人类的生活。

雅斯贝尔斯所说的"轴心时代"正值中国的春秋战国时期。春秋和战国是两个历史时代的合称，春秋是公元前770—前476年，战国是公元前475—前222年。孔子说春秋时期是一个"礼崩乐坏"的时代，周朝的礼乐传统和政治秩序都被打破了，《史记·太史公自序》中说：

《春秋》之中，弑君三十六，亡国五十二，诸侯奔走不得保其社稷者,不可胜数。

也就是说,春秋时期有三十六个诸侯被杀,五十二个诸侯国被灭,不能保住国家社稷而逃亡的诸侯不计其数。所谓"春秋无义战",即没有哪场战争是正义的。随着战国时代的来临,战争更加频繁,规模也更大了。"战国"从它的名字就可以看出来,这是一个多征战的时代。生活在战国时代的孟子,这样描述他所处的时代:

争地以战,杀人盈野;争城以战,杀人盈城。

意思是,诸侯们为了争夺土地而发生战争,杀掉的人可以堆满整片田野;为了争夺一座城池而发生的战争,杀掉的人可以堆满整座城池。春秋战国时代近五百五十年,可以说,是中国历史上一个特别长的黑暗时代,但是,同时也是中华民族思想史上最光辉灿烂的时代。给这个苦难时代增添一抹亮丽光辉的,正是诞生在这个时期的诸子百家。

诸子百家的由来

在诸子百家中,最早被称为"子"的是孔子。孔子做过鲁国的司寇,位列大夫,因为当时的人习惯把大夫称为"子",所以孔子的学生尊称孔子为"子"。

渐渐地,学生都把老师尊称为"子",墨子的学生称呼墨子为"子墨子",孟子和庄子的学生称他们为"孟子""庄子"。所以,春秋战国时代的思想家,大多数是在姓氏或名号之后加上一个"子"字,因此这个时代的思想家就被统称为"诸子"。"诸"是多的意思,"诸子"就是很多的老师、很多的思想家。

"诸子百家"是否真有一百家那么多呢？根据《汉书·艺文志》的记载，其实主要有十家，"百"只是一个虚数，这十家分别是儒家、道家、阴阳家、法家、名家、墨家、杂家、农家、小说家、纵横家。

《说文解字》对"儒"字的解释为"柔也，术士之称"。术士是有知识才艺的人，在古代也指熟悉诗书礼乐、为贵族服务之人。贵族通过"师"与"儒"接受传统的六德（智、信、圣、仁、义、忠）、六行（孝、友、睦、姻、任、恤）和六艺（礼、乐、射、御、书、数）教育。孔子第一个打破了贵族的垄断教育，设立私学，教授弟子。孔子所创立的学派被称为"儒家"。

墨家的名称来源于创始人墨翟，墨家是儒家的反对者：儒家讲"敬鬼神而远之"，不相信鬼神，而墨家在《天志》《明鬼》等篇中宣扬有鬼神监督着人世间的一切善恶，并对恶势力做出惩罚；儒家尊重礼制，坚持厚葬和守丧，墨家反对一切浪费，主张桐棺三寸，以此作为标准；儒家继承周公"制礼作乐"的传统，并有一本单独的《乐经》作为六经之一，而墨家认为乐是用来"愚民"的；孔子提倡"仁"，虽然爱人，却有等差，以血缘关系为基础，由近及远，而墨家提倡"兼爱"，无论亲疏，爱都是平等的。儒家和墨家同为当时的显学，很多观点却针锋相对，各有依据，各有追随者。其余各家也往往如此这般地论战不休。这种不同学派争芳斗艳的局面被称为"百家争鸣"。

选材与体例

"新编国学基本教材"丛书除了儒家经典以外，为了帮助读者对其他诸子思想有所了解,编选了《老子 庄子选读》和《墨子 荀子 韩非子选读》。其中《老子 庄子选读》选录《老子》全篇和《庄子》四篇;《墨子 荀子 韩非子选读》收录了《墨子》《荀子》《韩非子》中的一些经典篇章,并做了注释及翻译,为了帮助读者进一步理解文义及相关知识,在每章(节)后附有文史链接。有些篇章较长,限于篇幅,不能全篇收入,还望读者亲读原文,体会其中真味。

在写作过程中,作者参考了一些极有价值的书籍,现辑录其要者如下:《马王堆汉墓帛书老子》《韩非子·解老》与《喻老》两篇,《老子河上公章句》,王弼注《老子道德经》,姚鼐《老子章义》,钱穆《庄老通辨》,陈鼓应《老子注译与评介》,郭象《庄子注》,王先谦《庄子集解》,钱穆《庄子纂笺》,汤一介《郭象与魏晋玄学》,陈鼓应《庄子今注今译》,吴毓江《墨子校注》,周才珠、齐瑞端《墨子全译》,李渔叔《墨子今注今译》,李小龙《墨子》,胡子宗《墨子思想研究》,邢兆良《墨子评传》,王先谦《荀子集解》,梁启雄《荀子简释》,杨柳桥《荀子诂译》,蒋南华《荀子全译》,安小兰《荀子》,惠吉星《荀子与中国文化》,孔繁《荀子评传》,王先慎《韩非子集解》,陈奇猷《韩非子新校注》,张觉《韩非子全译》,邵增桦《韩非子今注今译》,刘乾先、张在义《韩非子选译》,陈秉才《韩非子》,谷方《韩非子与中国文化》,施觉怀《韩非评传》。

《老子》《庄子》《墨子》《荀子》《韩非子》自古以来都难读难懂,不少地方甚至还有难通之处。笔者学识浅薄,难免有错漏之处,希望读者海涵并指正。

第一章 墨 子

墨子是先秦诸子之中比较神秘的一位。先说他的名字,墨子或子墨子都是人们对他的尊称。一般认为,墨子姓墨,名翟(dí)。至于他的字,未有记载。元代以前,人们对墨子的姓名没有太多疑问,因为在与墨子同时代的人的著述里,都非常明确地提到"墨翟"二字。元代以后,人们开始产生怀疑。譬如元朝的伊世珍就认为墨子姓翟,名乌。近人的说法则更多。如钱穆认为,"墨"是古

墨子像

代的刑名之一,转词为刑徒、奴隶,墨家生活菲薄,所以姓墨。李石岑认为,墨子是一位手艺高超的木匠,而木匠常用绳墨,所以姓墨。胡怀琛的说法更惊人,他认为"墨翟"是"蛮狄"或"貊(mò)狄"之转音,墨子实为一不知姓名的外国人。因为其皮肤黝黑,奉行苦行主义,很可能是印度人。此外,还有学者论证墨子是阿拉伯人、犹太人。墨子的姓名问题至今仍然是众说纷纭,莫衷一是。

墨子的生平也不明晰。关于墨子家世,未有文献明确记载。

《史记·孟子荀卿列传》的结尾处只用了二十四个字来记载墨子："盖墨翟,宋之大夫,善守御,为节用。或曰并孔子时,或曰在其后。"就连这只言片语还带有揣测语气,实在是令人难以捉摸。我们只能从《墨子》中所记载的墨子事迹来推测他的生平。

首先是墨子的里籍,学术界的看法很多,主要分为两种意见。一种认为墨子是宋国人,祖籍是今天的山东滕州;另一种认为墨子是鲁国人,祖籍是河南鲁山。这两种说法都有道理。《史记》《抱朴子》等都记载了墨子是宋国人,而从《墨子》一书所反映的墨子的行踪来看,他周游列国之时,往往都是从鲁国出发,平时结交也以"鲁人""鲁君"居多,所以鲁国与墨子也有极大关联。但考虑到先秦时期,人才流动频繁,譬如孙武是齐国人,在吴国做官;孟子是邹国人,主要活动在魏国、齐国等。所以,很可能墨子出生在宋国,但主要在鲁国活动。在墨子里籍这一点上,不妨鲁国、宋国两说并存。

其次是墨子的出身,主要也有两种说法。一种认为墨子是贵族出身。唐代林宝在《元和姓纂(zuǎn)》中说,墨氏是孤竹君的后人。孤竹君是墨胎氏,名初,是商朝的诸侯国孤竹国的第七任君主,也是伯夷、叔齐的父亲。墨胎氏后来改为墨氏,墨子就是他们的后人。当代史学家顾颉刚、童书业也认为墨子是贵族,是宋桓公之子目夷的后人。另一种说法较为常见,也被多数学者所接受,即墨子属于劳动者阶层。这一点从《墨子》一书中可以找出很多证据。譬如在《鲁问》《公输》中记载了墨子与公输盘竞技的故事,由此可以看出墨子是一位对军师防御颇有研究且有着丰富实践经验的匠人。在《贵义》中,墨子自称"贱人",表明他没有一官半职,属于劳动大众阶层。此外,在《韩非子·外储说左上》中记载了墨子制造木鸢、能够飞天,制造车輗(ní)、能载千斤的事情。这些都说明墨子是一个技艺高超的劳动人民。需要指出的是,墨子和一般的劳动者不同,据他自己所言"翟上无君上之事,下无耕农之难"(《墨子·贵义》),他既不是统治百姓的士大夫,也不是直接参加耕种的人。而且墨子还接受过教育。据《淮南子·要略》上说:"墨子学儒者之业,受孔子之术。"从《墨子》一书所征引的文献看,涉及《诗经》《尚书》《春秋》,这些都说明墨子接受过比较系统的知识训练,是一位处在下层社会的"士"。

再次,墨子一生的主要活动,也只能通过《墨子》来做一个大致推断。据方授楚先生考证,墨子生卒大致为春秋战国交替之际,生年当为公元前490年,卒年约为公元前403年。墨子早年在鲁国生活,主要是学习文化知识,并对儒家学说有非常细致的了解,进而展开了对儒家思想的批判。在略有名气之后,越王曾迎请墨子,但被他严词拒绝。墨子主要在鲁国和宋国活动,并曾经担任宋国大夫。在听闻楚国要攻打宋国之后,墨子行走十天十夜以"止楚攻宋",又安排弟子三百余人保卫宋国。《公输》对墨子如何义正词严地批评公输盘、楚王,如何机智地化解公输盘的诡计有着非常精彩的描述。之后墨子又止楚攻郑,《鲁问》记载了墨子如何巧妙地劝诫鲁阳文君。此后,墨子游历于楚国、卫国和齐国等地,为制止战争而奔走不息。《庄子》一书中曾这样记载墨子:"多以裘褐为衣,以跂蹻(qí jué)为服。日夜不休,以自苦为极,曰:'不能如此,非禹之道也,不足谓墨。'"也就是说,墨家学派的人大多都穿着粗布衣服,配木屐草鞋。他们日夜不停地劳作,把劳苦自己作为原则,说:"不能这样做就不是大禹之道,不配称之为墨者。"连斥责墨子为"无父无君,是禽兽也"的孟子也不得不对墨子的这种为天下奔走不计个人得失的精神表示赞许："墨子兼爱,摩顶放踵,利天下为之。"

墨子不是书斋中的学者,而是一位实干家。他不仅跟孔子一样,开馆收徒,传授技艺,而且还建立了纪律严明的墨家学派。这个组织的成员行动意志非常坚定,以钜子为首领,钜子具有绝对权威,所有成员都必须绝对遵从纪律,钜子也不能享有特权。《吕氏春秋·去私》上记载了墨家钜子之子违背"墨者之法",钜子毫不包庇,最后将之处死的事情。除了严苛的纪律之外,墨家学派还有十分温情的一面。墨者之间实行"多财分贫"的制度,强调互帮互助,"有力者疾以助人,有财者勉以分人,有道者劝以教人"(《墨子·尚贤》)。正是墨家学派这种独具特色的风格和墨子本人"自苦为极"的表率作用,使得墨学成为春秋战国时的显学。

修　身

君子战虽有陈[1],而勇为本焉;丧虽有礼,而哀为本焉;士虽有学[2],而行为本焉[3]。是故置本不安者[4],无务丰末[5];近者不亲,无务来远;亲戚不附,无务外交;事无终始,无务多业;举物而闇[6],无务博闻。是故先王之治天下也,必察迩来远。君子察迩修身也,修身见毁而反之身者也[7]。此以怨省而行修矣[8]。

关键词:立本　自省

注释

[1]陈:同"阵",与敌人交锋前,军队行列的配置,也就是常说的阵法。　[2]士:同"仕",指做官。　[3]行:道德品行。[4]置:同"植",立的意思。　[5]无务:谈不上。丰末:枝繁叶茂。　[6]阍(àn):同"暗",不明白,不清楚。　[7]见毁:被毁谤。　[8]此以:因此。

译文

君子作战虽然布阵,但是勇气是最根本的;办丧事虽然要讲究礼仪,但哀痛是最根本的;做官虽然讲究才学,但德行是最根本的。所以,根基不牢固,就谈不上枝繁叶茂;身边的人都不亲近,就谈不上招徕远方的人;亲戚都不归附,就谈不上对外交际;做一件事不能善始善终,就谈不上开展多种事业;拿起手中的事物都不明白是什么,就谈不上见多识广。所以,古代的君王治理天下,必定是明察左右而使四方来臣服。君子明察左右来提高自己的修养,修养后还被别人诋毁,就要反躬自省。这样就会少些怨言,而自己的德行也得到提高。

谮慝之言[1],无入之耳;批扞之声[2],无出之口;杀伤人之孩[3],无存之心,虽有诋讦之民[4],无所依矣。故君子力事日强,愿欲日逾[5],设壮日盛[6]。君子之道也,贫则见廉[7],富则见义,生则见爱,死则见哀,四行者不可虚假,反之身者也。藏于心者,无以竭爱;动于身者,无以竭恭;出于口者,无以竭驯[8]。畅之四支[9],接之肌肤,华发隳颠而犹弗舍者[10],其唯圣人乎!

关键词:言辞　君子之道

注释

[1]谮(zèn):诽谤。慝(tè):邪恶。　[2]批扞(hàn):诋毁、谩骂。　[3]杀伤人之孩:也就是伤害人的念头。孩:同"核",核代表种子,以此比喻刚刚萌发的念头。　[4]诋讦(dǐ jié):诽谤、诋毁、攻击别人。　[5]愿欲:自己的所愿及所要做的事。逾:远大。　[6]设壮:这里指修养。　[7]见廉:表现出廉洁。见:同"现",以下"见"皆同"现"。　[8]驯:雅驯,文辞优美,典雅不俗的意思。　[9]支:同"肢"。　[10]华发隳(huī)颠:形容老年人的样子。华发:即花发。隳颠:秃顶的意思。

译文

不要听诬陷与恶毒的话;不要说诽谤攻击别人的话;不要起伤害别人的念头。这样,即使有专门搬弄是非的人,也无处可依。因此君子本身的力量,一天比一天强,志向一天比一天远大,修养一天比一天提高。君子之道应该是贫穷时要廉洁,富贵时要仗义,对于生者要慈爱,对于死者要哀痛。以上四种德行不能有半点虚假,要时常反躬自问。埋藏在心中的,是无尽的仁爱;表现在行动上的,是无比的谦恭;说出口的,是无比的典雅。发自内心的爱人之心,通达于四肢、肌肤,一直到白发秃顶都不舍弃,恐怕只有圣人吧。

志不强者智不达,言不信者行不果。据财不能以分人者[1],不足与友;守道不笃[2]、遍物不博、辩是非不察者,不足与游。本不固者末必几[3],雄而不修者,其后必惰[4]。原浊者流不清[5],行不信者名必耗[6]。名不徒生而誉不自长,功成名遂。名誉不可虚假,反之身者也。

关键词:交友　自省　名誉

注释

[1]据财:拥有财富。　[2]笃(dǔ):专一。　[3]几:危险。　[4]雄:勇敢。修:修养,修身。惰:懒惰。　[5]原:同"源"。　[6]耗(hào):同"耗",败坏的意思。

译文

意志不坚强的人,才智不会通达;讲话没有信用的人,行为不会果敢。拥有财富而不能分给他人的人,不能与他交朋友;守道不专一,阅历不广博,是非不能明察的人,不能与他交游。根基不牢，必定会危及枝叶；一个人只是勇敢而不修身的话，日后必定怠惰。源头污浊的水流不会清澈，不守信用的人名声必然会败坏。名声不是凭空产生的，声誉不是自己生长的，只有功绩建立了，名誉才能成就。名誉不能虚假，这是要反求于自身的。

务言而缓行，虽辩必不听；多力而伐功，虽劳必不图[1]。慧者心辩而不繁说，多力而不伐功，此以名誉扬天下。言无务为多而务为智，无务为文而务为察。故彼智无察[2]，在身而情[3]，反其路者也。善无主于心者不留，行莫辩于身者不立。名不可简而成也，誉不可巧而立也。君子以身戴行者也。思利寻焉，忘名忽焉[4]，可以为士于天下者，未尝有也。

关键词：睿智　明察　践行

注释

[1]图：认可的意思。　[2]彼：当为"非"。　[3]情：当为"惰"，情和惰的字形相近，很可能是在传抄经文的过程中出现了错误。　[4]忽：忽视。

译文

话说得多而行动迟缓，虽然言辞漂亮，但别人一定不会听信；

努力做事而又不断地夸耀自己,虽然劳苦,但别人一定不会认可。有智慧的人心里清楚但不夸夸其谈,努力做事而很少夸耀自己,这样才能名扬天下。话用不着多,但一定要睿智;不要求文采,但一定要能明察。因此,如果有人既没有智慧,又不能明察,自身又懒惰,那么他就会与成功背道而驰了。善若不是出自内心,就不能长久地保持;品行若不能从本身来辨明的,就不能树立。名声不会轻易获得,声誉不能靠投机取巧来获取。君子一定要身体力行。想着图谋私利,却忽视了立名,这样做还能成为天下贤士的,从来没有过。

文史链接

以身戴行

《墨子·修身》讲的是君子从事自身修养的必要性和修身的准则,并强调修养的关键在于脚踏实地、落到实处。的确如此,任何好的理论,如果只是停留在主观世界里,不付诸行动,那么只是空中楼阁、水中倒影,对人对事都没有实际的价值。

墨子本人就是一个身体力行的思想家。他对自己要求极为严格。《贵义》记载,墨子南游出使卫国,车厢里载书甚多,以至于随行的弟子都抱怨起来。弦唐子问:老师您平时教导我们说,能够明白是非曲直就够了。可是为什么还要带这么多书呢?墨子说:周公旦每天读书上百篇,会见士人七十位,然后能辅佐天子,流芳百世。而如今我墨子上没有君上之事,下没有农耕之难,我怎么能够轻松自处,废弃读书呢?墨子的意思很清楚:为了取得一番成就,连圣人周公旦都付出了艰辛的努力,那么自谦为"贱人"的墨子当然认为自己不能放松。

墨子的言传身教也感化了他的弟子。《备梯》记载了墨子的大弟子禽滑釐(lí)侍奉墨子三年,手脚都磨出老茧,面目晒得黝黑,任凭墨子使唤,"不敢问欲"的事。可谓是任劳任怨、风雨不改。《淮南子》中也记载:"墨子服役者百八十人,皆可使赴火蹈刃,死不还踵。"在墨家看来,凡是符合道义的,再苦再累也必须坚持。《耕柱》还记载了墨子的一个名叫高石子的学生的故事。高石子在卫国当卿大夫,卫君给了高石子非常优厚的俸禄,高石子曾多次向卫君劝谏但皆未被采纳,于是便放弃高官厚禄而去。高石子对墨子说:"我这样做,恐怕卫君要认为我发狂了吧?"墨子却说:"如果离开卫君合乎道义,即使受到发狂的指责又有何妨呢?"高石子说:"如今卫君无道,如果我因贪图他的爵位俸禄而留下来,那我就是白吃人家的粮食了。"在墨家看来,凡是不符合道义的,即使极富极贵也必须放弃。

墨子及其学派的这种精神使得墨家在先秦诸子百家中的特色格外鲜明。战国晚期的韩非子评价道:"世之显学,儒墨也。"庄子在《天下》评论先秦各家学说,首先论述的就是墨家。庄子称赞墨子及其学派效仿大禹治水的实干精神,穿着粗布衣衫,日夜不休地劳作,即便是疾风骤雨也不停歇,使得腿肚子上没有一点肉,小腿上没有一根毛。但是墨子仍然是"自苦为极",能够"生不歌,死无服",诚心诚意将苦行当作重要的修行。不过庄子也指出,对于普通人来说,想要去效法墨子实在是太难了,如果墨子的做法勉强行于世,一定会"天下不堪"。

其实不仅晚于墨子的庄子对这种苦行之道有异议,墨子在世时就已经有人对他提出了质问。但墨子不仅是以身戴行,而且还辩才出众。责难他的人,反而受制于他。在《耕柱》中,有一位儒家弟子巫马子说:"墨子你为了仁义之道而奋斗,不见人们服你,也不见鬼神赐福给你,你却仍然要这样做。你这样子是有神经病吧?"墨子反问说:"现在假使你有两个家臣,一个看见你就做事,不看见你就不做事;另外一个看见你做事,不看见你他也做事。那么对这两个人你更欣赏哪一个呢?"巫马子不假思索地回答道:"当然是欣赏那个无论看不看见我都做事的人啊!"墨子说:"这样看来,你的神经病也不轻啊!"在《贵义》里,墨子的一位老朋友也劝告他:"现在天下没有谁行义,你却孑然一身苦苦地行义,这又是何苦呢?不如就此罢手吧。"墨子说:"假使现在此地有一个人,他有十个儿子,其中只有一个儿子耕地,其余的都游手好闲,不事耕作,那么这个耕地的儿子就不得不更加努力地耕作,这是为什么呢?因为吃的人多,而耕的人少。如今天下没有谁行义,你应该鼓励我去行义啊,为什么还要阻止我呢?"由此,我们可以看出,墨子非常擅长类推的论辩技巧,也可体会墨子的"自苦为极"实在是处于混乱之世,力挽狂澜于既倒之举。

儒家也十分强调身体力行,主张言行一致、知行合一。如《礼记·表记》中说:"口惠而实不至,怨灾及其身。"告诉我们,如果只是巧言令色,空口施惠于人而不付诸实施,反而会招致被怨恨的灾祸。明代大儒王阳明对知行的阐发非常深刻。他说:"未有知而不行者,知而不行,只是未知。"(《传习录》上)真知必会真行,修身若是只停留在书本知识之上,并非真正的修身。王阳明还说:"知之真切笃实处,即是行;行之明觉精察处,即是知。知行工夫本不可离。只为后世学者分作两截用功,失却知行本体,故有合一并进之说。"(《传习录》中)这明确告诉我们,知和行两者是相互促进的关系,不可偏废一端。空谈心性而不践行,终是踏空蹈虚;埋头苦干而不求索,必为事倍功半。我们学习了墨子的修身之理,也试着践行其中一二吧!

思考讨论

1. 请谈一谈今天日常语义中的"修行"和墨子所言的"修行"的差异。
2. 你最欣赏墨子修行的哪些内容?

尚贤上

子墨子言曰:"今者王公大人为政于国家者,皆欲国家之富,人民之众,刑政之治[1],然而不得富而得贫,不得众而得寡,不得治而得乱,则是本失其所欲[2],得其所恶,是其故何也?"

子墨子言曰:"是在王公大人为政于国家者,不能以尚贤事能为政也[3]。是故国有贤良之士众,则国家之治厚;贤良之士寡,则国家之治薄。故大人之务,将在于众贤而已[4]。"

关键词:尚贤 事能

注释

[1]刑政:刑事,政务。　　[2]本:根本。　　[3]尚贤事能:崇尚贤才,任用能者。　　[4]众:这里作动词,是聚集的意思。

译文

墨子说:"现在的王公大人,治理国家,都希望国家富足、人民众多,刑事政务都井井有条。但结果是国家不富足反而穷困了,人民不增加反而减少了,刑政不安定反而混乱不堪了。从根本上失去他们所希望的,得到了他们所憎恶的,这是什么原因呢?"

墨子说:"原因在于朝廷里从政的王公大人不能崇尚贤才、任用能人来治理国家。一个国家拥有的贤良之士众多,治理国家的力量就雄厚;贤良之士少,治理国家的力量就薄弱。所以王公大人的重要任务,就是聚集贤良之士。"

曰:"然则众贤之术将奈何哉?"

子墨子言曰:"譬若欲众其国之善射御之士者,必将富之[1]、贵之、敬之、誉之,然后国之善射御之士,将可得而众也。况又有贤良之士厚乎德行、辩乎言谈、博乎道术者乎[2]?此固国家之珍,而社稷之佐也,亦必且富之、贵之、敬之、誉之,然后国之良士,亦将可得而众也。"

关键词:聚贤之法

注释

[1]富之：使他们富有。　　[2]辩乎言谈：善辞令，能说服人。博：通晓。

译文

有人问："那么用什么方法才能聚集贤良之士呢？"

墨子说："比如要聚集国家中善于射箭和驾车的人，一定要使他们富裕起来，提高他们的地位，尊敬他们，表扬他们，然后国家善于射箭和驾车的人就会多起来。何况那些德行淳厚、能言善辩、通晓道理的贤良之士呢？这些人本来就是国家的珍宝、朝廷的良佐，也必须使他们富有，提高他们的地位，敬重他们，赞誉他们，然后国家的贤良之士就会多起来了。"

是故古者圣王之为政也，言曰："不义不富[1]，不义不贵，不义不亲，不义不近。"是以国之富贵人闻之，皆退而谋曰："始我所恃者，富贵也。今上举义不辟贫贱[2]，然则我不可不为义。"亲者闻之，亦退而谋曰："始我所恃者，亲也。今上举义不辟亲疏，然则我不可不为义。"近者闻之，亦退而谋曰："始我所恃者，近也。今上举义不避远，然则我不可不为义。"远者闻之，亦退而谋曰："我始以远为无恃。今上举义不辟远，然则我不可不为义。"

关键词：举义

注释

[1]不义不富：不义的人不使之富贵。不富：不使之富。以下的"不贵"等与之类似。　　[2]辟：同"避"。

译文

因此古代圣王执政时说："不义的人不能让他富有，不义的人不能让他尊贵，不义的人不能给他信任，不义的人不能让他接近。"这样一来，国内富贵的人听了，都私下里商量说："当初我们凭借的是富有与尊贵，现在君主选拔人才不避贫穷与地位低贱，那么我们日后就不能不行义了。"君主的亲戚听了，都私下里商量说："当初我们凭借的是亲戚关系，现在君主选拔人才不避亲疏，那么我们日后就不能不行义了。"君主身边的人听了，都私下商量说："当初我们凭借的是处在君主身边，现在君主选拔人才不避远近，那么我们日后就不能不行义了。"远离君主的人听了，都私下商量说："原先我们以为同君主离得太远，没有什么可以凭借，现在君主选拔人才不避远近，那么我们日后就不能不行义了。"

逮至远鄙郊外之臣[1]、阙庭庶子[2]、国中之众、四鄙之萌人[3]闻之，皆竞为义。是其故何也？

曰:上之所以使下者,一物也[4];下之所以事上者,一术也[5]。譬之富者,有高墙深宫,墙立既谨,上为凿一门[6],有盗人入,阖其自入而求之[7],盗其无自出。是其故何也?则上得要也。

关键词:尚贤　行义

注释

[1]逮至:及至,直到。　[2]阙(què)庭庶子:在宫中侍卫的公族及卿大夫的庶子。阙:人君宫门。庶子:官吏的长子叫嫡子,其余叫庶子。　[3]萌人:百姓,民众。萌:同"氓"。[4]一物:这里指尚贤。　[5]一术:这里指行义。　[6]墙立既谨,上为凿一门:既谨,一说是"墍墐(jì jìn)",意思是用泥涂抹墙壁;一说为"墙既立,谨止为凿一门",意思是把墙修好之后,只开凿一扇门。两种说法皆可。　[7]阖(hé):关闭。

译文

一直到遥远偏僻的臣子、宫中的侍卫、城中的百姓、边境的人民听到这话,都会争着行义。这是什么原因呢?这是因为君主所凭借着驱使臣下的,只有尚贤一种方法;臣下用来侍奉君主的,也只有行义一条途径。这就好像富贵的人家,有着高墙深院,墙修得很完整,仅仅在墙上开一扇门。倘若小偷进来,就关上他进来的那扇门再来搜寻,小偷就没有办法跑出去。这是什么原因呢?

就是因为上面能够把握要领。

故古者圣王之为政,列德而尚贤[1],虽在农与工肆之人,有能则举之,高予之爵,重予之禄,任之以事,断予之令[2],曰:"爵位不高则民弗敬,蓄禄不厚则民不信,政令不断则民不畏。"举三者授之贤者,非为贤赐也[3],欲其事之成。故当是时,以德就列,以官服事[4],以劳殿赏[5],量功而分禄。故官无常贵,而民无终贱,有能则举之,无能则下之。举公义,辟私怨[6],此若言之谓也。

关键词:举贤 举公义

注释

[1]列德:即任德,给有德的人安排职位。 [2]断:意为其令必行,给予决断的权限。 [3]非为贤赐:不是因为贤能而赏赐。 [4]服事:给予任事的权限。 [5]殿:评定。
[6]辟:避开,消除。

译文

因此古代圣王执政时,给有德的人安排职位,崇尚贤良之士。即便是农人、手工业者、商人,只要有才能,就一定提拔,还封他很高的爵位,给予他优渥的俸禄,任用他来做事情,给他决断的权力,说:"如果爵位不高,人民就不会尊敬他;如果俸禄不厚,人民就不会信任他;如果政令不能决断,人民就不会畏惧他。"把这三者给予贤人,并非为了赏赐贤人,而是希望他能把事情做好。所以在这个时候,要以德行安排官职,要以官职大小授予任事权力,要按照劳绩来定奖赏,要衡量功勋来分俸禄。这样一来,官吏就没有永远富贵的,平民百姓也不会终生贫贱。有才能的就提拔,没才能的就罢免。选拔大家公认有"义"的人,消除私怨成见,说的就是这个道理。

故古者尧举舜于服泽之阳[1],授之政,天下平。禹举益于阴方之中[2],授之政,九州成。汤举伊尹于庖厨之中[3],授之政,其谋得。文王举闳夭、泰颠于置罔之中[4],授之政,西土服。故当是时,虽在于厚禄尊位之臣,莫不敬惧而施;虽在农与工肆之人,莫不竞劝而尚意[5]。故士者,所以为辅相承嗣也[6]。故得士则谋不困,体不劳,名立而功成,美章而恶不生,则由得士也。

是故子墨子言曰:"得意,贤士不可不举;不得意,贤士不可不举。尚欲祖述尧、舜、禹、汤之道[7],将不可以不尚贤。夫尚贤者,政之本也。"

关键词:得士　尚贤

注释

[1]服泽之阳:服泽,古地名,具体所指不可考,与下文"阴方"同。阳:山之南,水之北。"泽"为水,故此处"阳"当为北面。
[2]益:人名,伯益。相传伯益善于狩猎和畜牧,被舜任命为山泽牧猎之官,后来又帮助大禹治水有功,曾被大禹选为继承人。根据《史记》记载,大禹死后原本将王位禅让给伯益,但诸侯更看好大禹之子启,所以伯益又禅让给启,之后便隐居到箕山。
[3]伊尹:相传伊尹原为奴隶,随主人出嫁而至商汤,善于烹饪,并利用进食机会向商汤剖析天下大势。商汤对其极为器重,将其提拔为宰相。他后来还辅佐商汤灭夏。　　[4]闳(hóng)夭、泰颠:周文王的两位大臣。罝(jū):捕兽的网。　　[5]尚意:崇尚道德。
[6]承嗣:继承人。　　[7]祖述:继承,遵循。

译文

所以古时候尧在服泽的北面提拔舜,把政事交给他,天下就太平了。大禹在阴方选拔伯益,把政事交给他,九州就统一了。商汤在厨房里提拔伊尹,把政事交给他,他的谋略就取得了成功。周文王在猎户渔夫中选拔闳夭、泰颠,把政事交给他们,西方的诸侯就臣服了。因此在那个时候,即便是享有高官厚禄的大臣,也没有谁不敬畏而兢兢业业的;即便是农民和工匠,也没有谁不竞相劝勉而崇尚德行的。所以说贤士是用以辅佐君王的或是作为继承人的。因此只要得到贤士,君王就不会为谋略所困,身体就不会劳苦,从而功成名就,美好的事物得到彰显,罪恶也无从产生,这就是因为得到了贤士的缘故。

所以墨子说:"君主得志的时候,不可不举用贤士;失意的时候,更加不可不举用贤士。倘若要遵循尧、舜、禹、汤的政道,那就不可不崇尚贤士。崇尚贤士,是治国的根本。"

文史链接

刘邦用人

墨子提倡尊贤使能,反对世袭贵族制度,这在当时是非常先进的思想。历史也不断证明,只有任用贤能、唯才是举,君王才能一统天下,社会才能安定和谐。秦朝末年楚汉之争的故事也告诉我们,项羽自恃其才,刚愎自用,虽能征善战,但终以失败告终;而刘邦知人善用,胸襟开阔,虽中人之资,亦能成其大业。

《史记·高祖本纪》记载,在打败了项羽之后,刘邦在洛阳大宴群臣,以示庆贺。酒酣耳热之际,刘邦就问群臣:"各位今日不要对我有什么隐瞒,大家说说看,我为什么能够得到今日之天下,而项羽又为什么失去了天下?"高起、王陵回答道:"陛下傲慢而轻侮别人,项羽仁义而爱惜别人。但是陛下派人攻城略地,攻下的地方就封给他们,和天下同享同利。项羽嫉贤妒能,对有功的人进行伤害,对贤能的人随便怀疑,战胜了不给人论功行赏,夺得了土地不给人好处,这是他失去天下的原因。"

高祖听后,说:"你们只知其一,不知其二。运筹帷幄之中,决胜千里之外,我不如子房(张良);平定国家,安抚百姓,供应粮饷,不绝粮道,我不如萧何;率领百万大军,战必胜,攻必取,我不如韩信。这三个人,都是人中豪杰,我能重用他们,这就是我取得天下的原因。项羽有一个范增而不能重用,这就是他被我擒获的原因。"正是靠着用人得当,刘邦才能在一次次落荒而逃之后,取得最后的胜利。

  不过刘邦也有他自己的毛病,正如高起、王陵所说,刘邦时常轻慢侮辱别人。《史记·郦生陆贾列传》记载,刘邦不喜欢儒生,有儒生戴着帽子来找他,刘邦就跑上去摘下别人的帽子,朝着帽子小便。郦食其游说刘邦时,刘邦就表现得完全没有礼数,他一边靠着床,让两个女子服侍他洗脚,一边跟郦食其见面。不过刘邦的优点在于,他能接受批评意见并改正自己。当郦食其见到刘邦如此,就当面指责他"如果您希望聚合诸侯共诛暴秦,就不应该傲慢地接见长者"。刘邦听到后,没有勃然大怒,而是立刻停止洗脚,马上穿好衣裳,请郦食其上座,向他赔罪,并向他求教。汉朝建立之后,陆贾劝谏上书时,时常引用《诗经》《尚书》来佐证自己的观点,刘邦不喜欢这些文绉绉的奏章,就对陆贾破口大骂:"天下是骑马打仗打出来的,哪里用得着这些?"陆贾对他讲了一番道理:"您能够骑马打天下,难道可以骑马治理天下吗?当初的吴王夫差、晋国的智伯,还有秦始皇,都是因为用尽武力而亡的。假如秦朝一统天下之后,施行仁义,效法先王,陛下今天还能得到天下吗?"听完这番话,刘邦顿时羞愧难当,恭请陆贾给他讲解天下得失的原因。每个人都会犯过错,但有了过错不去掩盖,及时更改,不妨碍他成为一个有道君子;每个人都有自己的弱点,但有了弱点不去遮掩,师法贤人,不妨碍他成为仁人志士。刘邦尊贤使能、从谏如流的优点值得我们学习!

思考讨论

1. 你心目中的贤能是什么样子？试举例说明。
2. 墨子认为，对于贤能之士要"富之、贵之、敬之、誉之"，如果你做到了贤能，却没有获得相应的待遇，你还会坚持做一个贤能的人吗？为什么？

尚同上

子墨子言曰：古者民始生未有刑政之时，盖其语，人异义。是以一人则一义，二人则二义，十人则十义，其人兹众，其所谓义者亦兹众[1]。是以人是其义，以非人之义，故交相非也。是以内者父子兄弟作怨恶[2]，离散不能相和合；天下之百姓，皆以水火毒药相亏害。至有余力，不能以相劳[3]；腐朽余财，不以相分；隐匿良道，不以相教。天下之乱，若禽兽然。

关键词：异义　相非

注释

[1]兹众：越多。兹：通"滋"，增益、加多的意思。　[2]以：同"已"，既而的意思。内者：一家之内。　[3]相劳：相互帮助。

译文

墨子说：古时人类刚刚产生，还没有刑法与政治的时候，人们所说的话都有不同的意义。所以同一句话，一人就有一种意义，两人就有两种意义，十人就有十种意义。人越多，不同的意义也就越多。每个人都以为自己的意义对而别人的意义错，因而相互攻击。既而在家庭内，父子兄弟之间开始相互怨恨，家人离散而不能和睦相处。天下的百姓，都用水、火、毒药相互残害，以致有余力的人不能帮助别人；多余的钱财宁愿让它腐烂，也不分给别人；有好的学问见解也自己隐藏起来，不肯教给别人。天下混乱，有如禽兽的世界一般。

夫明虖天下之所以乱者[1]，生于无政长，是故选天下之贤可者[2]，立以为天子。天子立，以其力为未足，又选择天下之贤可者，置立之以为三公。天子、三公既以立，以天下为博大，远国异土之民，是非利害之辩，不可一二而明知[3]，故画分万国[4]，立诸侯国君。诸侯国君既已立，以其力为未足，又选择其国之贤可者，置立之以为正长[5]。

关键词：立政长　选贤能

注释

[1]虖(hū)：即"乎"。　　[2]贤可者：贤能而可以当政的人。
[3]一二：应为"一一"，即逐一明白。　　[4]画：同"划"。
[5]正长：即政长，行政长官。

译文

明白了天下之所以混乱的原因，是由于没有行政长官，所以人们就选择天下贤能又可为政的人，立之为天子。立了天子之后，认为力量还不够，又选择天下贤能又可为政的人，把他们立为三公。天子、三公已立，由于天下地域辽阔，远方异邦的人民对于是非利害的区别，还不能一一了解，所以又把天下划分为万国，然后设立诸侯国君。诸侯国君已立，又认为他们的力量还不够，在他们国内选择一些贤能的人，把他们立为行政长官。

正长既已具，天子发政于天下之百姓，言曰："闻善而不善[1]，皆以告其上。上之所是，必皆是之；上之所非，必皆非之。上有过则规谏之，下有善则傍荐之[2]。上同而不下比者，此上之所赏而下之所誉也。意若闻善而不善，不以告其上；上之所是弗能是，上之所非弗能非；上有过弗规谏，下有善弗傍荐，下比不能上同者，此上之所罚，而百姓所毁也。"上以此为赏罚，甚明察以审信[3]。

关键词：上同　下比

注释

[1]善而不善：这里的"而"作连词，与、和的意思。　[2]傍荐：广泛地举荐。傍：通"旁"。　[3]审信：审慎可信。

译文

行政长官已经设立之后，天子就向天下的百姓发布政令，说道："不管听到好的事情还是坏的事情，都必须报告给上面。上面认为是对的，大家都必须认为对；上面认为是错的，大家都必须认为错。上面有过失，就应该规谏；下面有好人好事，就应当广泛地推荐给国君。与上面保持一致，不与下面勾结，这是上面所赞赏、下面所称誉的。假如听到好的事情和坏的事情都不向上面报告；上面认为对的却认为不对，上面认为错的却认为没错；上面有过失不能规谏，下面有好人好事不能访求举荐；与下面勾结而不与上面保持一致，这是上面所要惩罚，也是百姓所要非议的。"上面根据这些方面来进行赏罚，就能明察秋毫，符合实际。

是故里长者[1]，里之仁人也。里长发政里之百姓，言曰："闻善而不善，必以告其乡长。乡长之所是，必皆是之；乡长之所非，必皆非之。去若不善言，学乡长之善言；去若不善行，学乡长之善行。"则乡何说以乱哉[2]？察乡之所治何也？乡长唯能壹同乡之义[3]，是以乡治也。乡长者，乡之仁人也。乡长发政乡之百姓，言曰："闻善而不善者，必以告国君。国君之所是，必皆是之；国君之所非，必皆非之。去若不善言，学国君之善言；去若不善行，学国君之善行。"则国何说以乱哉？察国之所以治者何也？国君唯能壹同国之义，是以国治也。

关键词：壹同　国治

注释

[1]里长：一里之长。仿周代闾胥、里宰之制，负责掌管户口、赋役之事，后代或置或废，建制不一。　　[2]何说：怎么说。以：能、会的意思。　　[3]壹同：统一。

译文

因此，里长就是这一里内的仁人。里长向里中的百姓发布政令说："无论听到好的言论和不好的言论，都必须报告给乡长。乡长认为对的，大家都必须认为对；乡长认为错的，大家都必须认为错。去掉你们不好的话，学习乡长的好话；去掉你们不好的行为，学习乡长的好行为。"那么，乡里怎么会说混乱呢？考察这一乡之所以得到治理是什么原因呢？是由于乡长能够统一全乡的意见，所以乡内就治理好了。乡长是这一乡的仁人。乡长向乡中的百姓发布政令说:"无论听到好的言论还是不好的言论,都必须把它报告给国君。国君认为是对的,大家都必须认为对;国君认为是错的,大家都必须认为错。去掉你们不好的话,学习国君的好话;去掉你们不好的行为,学习国君的好行为。"那么,国内怎么会说混乱呢?考察一国之所以得到治理是什么原因呢?是因为国君能统一国中的意见,所以国内就治理好了。

国君者,国之仁人也。国君发政国之百姓,言曰:"闻善而不善,必以告天子。天子之所是,皆是之;天子之所非,皆非之。去若不善言,学天子之善言;去若不善行,学天子之善行"。则天下何说以乱哉?察天下之所以治者何也?天子唯能壹同天下之义,是以天下治也。天下之百姓皆上同于天子,而不上同于天,则灾犹未去也。今若天飘风苦雨,溱溱而至者[1],此天之所以罚百姓之不上同于天者也。是故子墨子言曰:"古者圣王为五刑[2],请以治其民[3]。譬若丝缕之有纪[4],罔罟之有纲[5],所以连收天下之百姓不尚同其上者也[6]。"

关键词:上同于天　纲纪

注释

[1]溱溱：当为"凑(còu)凑"，不断，频繁。　　[2]五刑：中国古代五种刑罚之统称，在不同时期，五种刑罚的具体所指并不相同。在西汉汉文帝前，五刑指墨、劓(yì)、刖(yuè)、宫、大辟；隋唐之后，五刑则指笞、杖、徒、流、死。这里是指前者。　　[3]请：通"情"，确实、的确的意思。　　[4]纪：把丝线分开的主要线索。[5]罔罟(gǔ)：渔猎所用的网。罔：同"网"。罟：网的总称。[6]连收：控制，约束。

译文

国君是这一国的仁人。国君发布政令于国中百姓，说道："不管听到好的事情还是坏的事情，都必须报告给天子。天子认为是对的，大家都必须认为对；天子认为是错的，大家都必须认为错。去掉你们不好的话，学习天子的好话；去掉你们不好的行为，学习天子的好行为。"那么，还怎么能说天下会乱呢？我们考察天下治理得好的原因是什么呢？是因为天子能够统一天下的意见，所以天下就治理好了。天下的老百姓都知道与天子一致，而不知道与天一致，那么灾祸还不能彻底除去。现在假如天刮大风、持续下雨，频频发生，这就是上天对那些不与上天一致的百姓的惩罚。所以墨子说："古时圣王制定五种刑罚，确实是用它来治理人民的。就好比丝线有头绪、渔猎的网有纲一样，是用来控制那些不与上面意见一致的老百姓的。"

文史链接

特务政治

墨子主张尚同,讲求的是统一意志、步调一致,从而避免离乱纠纷,使社会归于安定。在这篇文章里,墨子提到了以贤能为根本标准的官吏推选制度,尽管在具体如何推选上语焉不详,但毋庸置疑的是,墨子思想有着民主政治的因素。方授楚在《墨学源流》中指出,天子"对民负责""则选择之者亦人民欤""或墨家后学,修正墨子之说,改天选而为民选"。萧公权也认为,"墨家尚同实一变相之民享政治论"(萧公权,《中国政治思想史》)。当然,墨子受时代条件的局限,不可能提出一套令现代人满意的方案,甚至还存在一些值得商榷的观点。在这一篇里,墨子的有些观点就不免走向了极端,带有浓厚的专制主义色彩。比如对于跟上面意见不一致的老百姓就要约束甚至施行刑罚。此外,墨子还主张打小报告,检举揭发,甚至还提出"设耳目以通上下之情",有主张建立特务制度的嫌疑。刘泽华指出:"墨子一方面倡导相互告密,另一方面又提出最高统治者要有一批'贤良'的羽翼遍布全国进行侦察暗探和监视。""建立亲信羽翼集团,一方面可以了解民情,另一方面可借以实行权术政治。""这里,墨子把监察、特务与权术结合在一起了。"(刘泽华,《中国政治思想史·先秦卷》)

但在中国历史上,墨子并非是最早主张利用特务监视民众的人。早在西周末年,公元前9世纪,因周厉王对国人横征暴敛,残暴无道,民众对之怨声载道。为了禁止臣民对他的"诽谤",周厉王从卫国找来一个巫人,替他打探消息。只要有人在一起议论政事，一经巫人上报就处以极刑。在这种恐怖统治之下，民众是敢怒不敢言，在路上遇到了，只能相互以目光来表达心中的愤恨。周厉王再也听不到民众埋怨他的言论，就认为自己的特务统治非常成功，还向召公夸耀说："我能制止国人对我的诽谤，现在国人都不敢说我的坏话了。"召公劝诫他："防民之口，甚于防川。"他对此置若罔闻，还沾沾自喜于国人一片沉默，并继续任用巫人执行特务统治，这样持续了三年，民众终于忍无可忍，起来造反，把周厉王赶跑了。

周厉王并没有给这个巫人封官授爵，所以巫人还并非是正式意义上的特务。三国时期魏武王曹操则正式为特务设置了一个职位——校事，用来"广耳目，察群下"，监视臣僚。当时任职的是卢洪、赵达等人。他们的主要工作就是侦探、检举、处置对曹操心怀不满或有反叛嫌疑的文臣武将。曹操赋予他们的权力很大，"上察宫庙，下摄众司，官无局业，职无分限"，可以说满朝文武都在监视之内。其中死于特务的小报告之手的名士就有许攸。在官渡之战开始之后，许攸背叛袁绍，投靠曹操，凭着自己对袁绍军团的了解，为曹操屡献良策，扭转败局，取得官渡之战的胜利。胜利之后，许攸有点居功自傲，在曹操面前也放肆起来，屡次不顾场合和礼数，呼喊曹操的小名，并炫耀自己的功劳。后来有一次许攸随曹操离开邺城，出东门时就对别人说："曹操一家要不是我，怎么可能还进得了东门啊。"这种私下的调侃被校事听到了，随后便上报曹操，曹操按捺不住心中的怒火，给许攸捏造了一个罪名，便将他处死了。

到了隋唐时期，杨广夺位、玄武门之变、武则天夺权、李林甫专权都与特务活动相关。宋元时期较有代表性的就是秦桧的特务统治。明代则设立了庞大的特务机构,即锦衣卫、东厂、西厂和内行厂,汪直、刘瑾、魏忠贤都是历史上有名的特务头子。到了清朝,顺治为了加强对臣民的侦控,实行了密折制度。康熙继位后,认为密折能够使"人不能欺朕,亦不敢欺朕",并命令亲信大臣经常向他呈密奏。现存康熙朝的密奏有三千余件。雍正上台后,为了巩固皇权,大力推行密奏。短短十三年的统治时间里,就有一千二百多人向雍正上呈密奏。雍正还将密奏制度程序化,从缮折、装匣传递,到批阅、发还和收缴,都有相应的规章制度,运行得有条不紊。此外,清朝统治者为了维护统治,大兴文字狱,检举揭发几乎无孔不入。其中庄廷鑨明史案株连甚广,为文字狱大案。庄廷鑨是浙江富商,因病目盲,于是立志效法作《左传》的盲人左丘明,想写出一部传世史书。但他只是粗通文墨,并无撰史之才能。只好去买曾为明朝大学士的朱国桢的明史遗稿,并花费重金延揽诸多才子为之编校。该书在内容上并没有大的不妥,只是触犯了很多忌讳。例如对清朝正统不予认可,继续沿用明朝年号,并著录了清朝忌讳的建州女真、明末崇祯之事等。书成之后,庄廷鑨定名为《明史辑略》,并标明为自己所著。不久之后,庄廷鑨便去世了。其父庄允城将《明史辑略》刊行,后来小人吴之荣见到此书有忤逆清廷之嫌,在敲诈不成后,向官府告发,将事情闹大,最后一直闹到当时的辅政大臣鳌拜那里。鳌拜对此事的处理是逮捕并严厉处置涉案的相关人士。庄允城死于狱中,庄廷鑨被开棺焚骨,那些帮他编校的才子们全被处死,就连刻书、卖书、藏书之人也未能幸免于难。前后因《明史辑略》牵连被杀者七十余人,被充军边疆者几百人,所牵连者千余人。此后,清朝屡兴文字狱,知识界可谓是风声鹤唳。柳诒徵在《中国文化史》中说:"雍乾以来,志节之士,荡然无存……稍一不慎,祸且不测。"至此,墨子的"尚同"已经被统治者推向了另一个极端——扭曲人格,钳制思想。

思考讨论

1. 当有少数人的意见和众人不同甚至针锋相对的时候,应该如何对待少数人的意见?
2. 当你和同学出现分歧时,你觉得如何处理比较公正?

兼爱中

子墨子言曰:仁人之所以为事者[1],必兴天下之利,除去天下之害,以此为事者也。然则天下之利何也?天下之害何也?子墨子言曰:今若国之与国之相攻,家之与家之相篡[2],人之与人之相贼,君臣不惠忠[3],父子不慈孝,兄弟不和调[4],此则天下之害也。

关键词:仁者之事 天下之富

注释

[1]为事:处理事务。　[2]篡:篡夺,以强力夺取。
[3]惠:施恩惠。忠:忠诚。　[4]和调:和睦,和谐。

译文

墨子说:仁人处理事务的原则,一定是推行对天下有利的,去除对天下有害的,以此来处理事务。但是,天下的利是什么,而天下的害又是什么呢?墨子说:现在像国与国之间相互攻打,家族与家族之间相互掠夺,人与人之间相互残害,君不爱臣,臣不忠君,父不慈子,子不孝父,兄弟之间不和睦,这些都是天下之害。

然则崇此害亦何用生哉[1]?以不相爱生邪[2]?子墨子言:以不相爱生。今诸侯独知爱其国,不爱人之国,是以不惮举其国以攻人之国。今家主独知爱其家[3],而不爱人之家,是以不惮举其家以篡人之家。今人独知爱其身,不爱人之身,是以不惮举其身以贼人之身。是故诸侯不相爱,则必野战;家主不相爱,则必相篡;人与人不相爱,则必相贼;君臣不相爱,则不惠忠;父子不相爱,则不慈孝;兄弟不相爱,则不和调。天下之人皆不相爱,强必执弱,富必侮贫,贵必敖贱[4],诈必欺愚。凡天下祸篡怨恨,其所以起者,以不相爱生也,是以仁者非之。

关键词:不相爱　生祸害

注释

[1]崇:应为"察",考察的意思。何用生:何以生,从何生的意思。　　[2]以:因为。不相爱:应当是"相爱"。　　[3]家主:指公卿大夫。　　[4]敖:同"傲"。

译文

那么考察这些大害又是因何而生的呢?是因为不相爱产生的吗?墨子说:是因为不相爱产生的。现在的诸侯只知道爱自己的国家,不爱别人的国家,所以不惜举全国之力去攻打别人的国家。现在的家族宗主只知道爱自己的家族,而不爱别人的家族,所以不惜举全家之力去掠夺别人的家族。现在的人只知道爱自己,而不爱别人,所以不惜举全身之力去残害别人。所以诸侯之间不相爱,就必然交战于旷野;家族宗主之间不相爱,就必然相互掠夺;人与人不相爱,就必然相互残害;君与臣不相爱,就必然君不爱臣,臣不忠君;父与子不相爱,就必然父不慈子,子不孝父;兄与弟不相爱,就必然不和睦。全天下的人都不相爱,强大的就必然控制弱小的,富足的就必然欺侮贫困的,尊贵的就必然傲视卑贱的,奸诈的就必然欺骗愚笨的。举凡天下祸患、掠夺、埋怨、愤恨产生的原因,都是因为不相爱,所以仁者认为它是不对的。

既以非之,何以易之?子墨子言曰:以兼相爱、交相利之法易之。然则兼相爱、交相利之法将奈何哉?子墨子言:视人之国若视其国;视人之家若视其家;视人之身若视其身。是故诸侯相爱,则不野战;家主相爱,则不相篡;人与人相爱,则不相贼;君臣相爱,则惠忠;父子相爱,则慈孝;兄弟相爱,则和调。天下之人皆相爱,强不执弱,众不劫寡[1],富不侮贫,贵不敖贱,诈不欺愚。凡天下祸篡怨恨可使毋起者,以相爱生也,是以仁者誉之[2]。

关键词:兼相爱 交相利

注释

[1]劫:抢夺。　　[2]誉:赞誉,称赞。

译文

既然认为不相爱不对,那用什么去改变它呢?墨子说:用彼此关爱、大家互利的方法去改变它。既然这样,那么彼此关爱、大家互利应该怎样做呢?墨子说道:看待别人国家就像自己的国家一样,看待别人的家族就像自己的家族一样,看待别人的生命就像自己的生命一样。这样的话,诸侯之间相爱,就不会发生野战;家族宗主之间相爱,就不会发生掠夺;人与人之间相爱,就不会相互残害;君臣之间相爱,就会君惠臣忠;父子之间相爱,就会父慈子孝;兄弟之间相爱,就会相互和睦。天下的人都相爱,强大的就不会控制弱小的,人多的就不会掠夺人少的,富足的就不会欺侮贫困的，尊贵的就不会傲视卑贱的，奸诈的就不会欺骗愚笨的。举凡天下的祸患、掠夺、埋怨、愤恨都可以使之不产生，就是因为相爱的关系，所以仁者称赞它。

然而今天下之士君子曰：然，乃若兼则善矣[1]。虽然，天下之难物于故也[2]。子墨子言曰：天下之士君子，特不识其利、辩其故也[3]。今若夫攻城野战，杀身为名，此天下百姓之所皆难也。苟君说之[4]，则士众能为之。况于兼相爱、交相利，则与此异。夫爱人者，人必从而爱之；利人者，人必从而利之；恶人者，人必从而恶之；害人者，人必从而害之。此何难之有？特上弗以为政，士不以为行故也。

关键词：兼爱不难

注释

[1]乃若：如果。　[2]难物：即难事。于故：当作"迂故"，即迂阔之事。　[3]特：只是。辩其故：懂得其中的道理。辩：同"辨"，辨别，懂得。故：缘故，道理。　[4]说：通"悦"。以下的"说"皆为此意。

译文

然而现在天下的士人君子们说：对！如果能兼爱当然是好的。虽然如此，兼爱却是天下一件难办而不切实际的事。墨子说道：天下的士人君子们，只是不能认识兼爱的益处、懂得兼爱的道理罢了。现在如果说攻城野战，为成名而牺牲性命，这本来是天下的百姓都难以做到的事。但只要君主喜欢，那么民众就能做到。何况兼相爱、交相利与之相比，则是完全不同的。关爱别人的人，别人也必定会关爱他；有利于别人的人，别人也必定有利于他；憎恶别人的人，别人也必定憎恶他；损害别人的人，别人也必定损害他。实行这种兼爱有什么困难呢？只是由于君主不把它用在政事上，士人不把它付诸行动的缘故。

昔者晋文公好士之恶衣[1]，故文公之臣，皆牂羊之裘[2]，韦以带剑，练帛之冠[3]，入以见于君，出以践于朝。是其故何也？君说之，故臣为之也。昔者楚灵王好士细要[4]，故灵王之臣，皆以一饭为节[5]，胁息然后带[6]，扶墙然后起。比期年[7]，朝有黧黑之色[8]。是其故何也？君说之，故臣能之也。昔越王勾践好士之勇，教驯其臣，和合之，焚舟失火，试其士曰："越国之宝尽在此！"越王亲自鼓其士而进之，士闻鼓音，破碎乱行，蹈火而死者，左右百人有余，越王击金而退之。

关键词:上行下效

注释

[1]恶衣:粗劣的衣服。 [2]牂(zāng)羊之裘:比较低档的皮衣。牂羊:即母羊。裘:皮衣。 [3]练帛之冠:质地较差的帽子。练帛:质地粗疏的绢帛。 [4]要:同"腰"。 [5]一饭为节:一天只吃一顿饭来节食。一饭:一天吃一顿饭。节:节制。 [6]胁息:吸气。 [7]比:等到。期(jī)年:一年。 [8]黧(lí):黑色。

译文

从前晋文公喜欢士人穿粗劣的衣服,所以文公的臣下都穿着用母羊皮缝制的皮衣,腰间系一根牛皮带子挂剑,头戴粗疏的绢帛制成的帽子,就这样入宫参见君主,出来会于朝廷。这是什么缘故呢?因为君主喜欢这样,所以臣子就这样做。从前楚灵王喜欢细腰的士人,所以灵王的臣子就每天只吃一顿饭来节食,深吸一口气然后才系上腰带,扶着墙然后才能站得起来。等到一年之后,朝廷大臣都面色发黑。这是什么缘故呢?因为君主喜欢这样,所以臣子能做到这样。从前越王勾践喜爱士兵勇猛,训练他的臣子时,先把他们集合起来,然后放火烧船,考验他的将士说:"越国的财宝全在这船里。"越王亲自擂鼓,激励将士前进。将士听到鼓声,都乱了阵脚不顾次序奋勇向前,蹈火而死的人一百人有余,越王这才鸣金收兵。

是故子墨子言曰：乃若夫少食、恶衣、杀身而为名，此天下百姓之所皆难也。若苟君说之[1]，则众能为之；况兼相爱、交相利，与此异矣！夫爱人者，人亦从而爱之；利人者，人亦从而利之；恶人者，人亦从而恶之；害人者，人亦从而害之。此何难之有焉？特上不以为政，而士不以为行故也。

关键词：上不为政　下不为行

注释

[1]若苟：假如。

译文

所以墨子说道：像少吃饭、穿简陋衣服、牺牲性命来求得名声，这都是天下百姓难以做到的事。假如君主喜欢它，那么民众就能做到。何况兼相爱、交相利是与此完全不同呢！关爱别人的人，别人也必定关爱他；有利于别人的人，别人也必定有利于他；憎恶别人的人，别人也必定憎恶他；损害别人的人，别人也必定损害他。这种兼爱有什么难实行的呢？只是由于君主不将它用在政事上，而士人不将它付诸行动的缘故。

然而今天下之士君子曰：然，乃若兼则善矣。

虽然，不可行之物也。譬若挈太山越河济也[1]。子墨子言：是非其譬也。夫挈太山而越河济，可谓毕劫有力矣[2]。自古及今，未有能行之者也。况乎兼相爱、交相利，则与此异。古者圣王行之。何以知其然？古者禹治天下，西为西河渔窦[3]，以泄渠孙皇之水[4]。北为防原泒[5]，注后之邸[6]，嘑池之窦[7]，洒为底柱[8]，凿为龙门，以利燕代胡貉与西河之民[9]。东为漏之陆[10]，防孟诸之泽[11]，洒为九浍[12]，以楗东土之水[13]，以利冀州之民；南为江汉淮汝[14]，东流之，注五湖之处，以利荆楚干越与南夷之民[15]。此言禹之事，吾今行兼矣[16]。

关键词：圣者行兼　非不可为

注释

[1]河：黄河。济：济水。　[2]毕劫：当为"毕劼(jié)"，有力的样子。　[3]西河：古代西部地区南北流向的黄河。渔窦：疑为"漯窦"，即黑水。　[4]泄：排泄。渠孙皇：三条水的名字，即渠水、孙水和湟水，都在西河黑水流域。　[5]防原泒(gū)：三条水的名字，地址不详。　[6]后之邸：古大泽名，在今山西太原祁县东。　[7]嘑(hū)池之窦：即呼沱河。窦：沟渠的意思。　[8]洒为底柱：在砥柱山被分流。洒：分流。底柱：即砥

柱山。　　[9]燕代:古国的名称。燕国在今河北北部和辽宁西部;代国在今河北蔚县东北。胡貊:古代北方的部族名称。　[10]漏:疏导。之陆:当为大陆,在河北巨鹿。　　[11]防:拦截。孟诸:古代河南商丘东北的湖泽名。　　[12]九浍(kuài):九条河水。　　[13]楗(jiàn):限制的意思。　　[14]江:长江。汉:汉水。淮:淮河。汝:汝水。　　[15]荆楚:即楚国。干(hán)越:即吴国和越国。因古代干国被吴国所灭,故称吴。　　[16]吾今行兼:我们现在也该施行这种兼爱了。

译文

　　然而现在天下的士君子们说:对!如果能兼爱当然是好的。虽然这样很好,却是一件无法实行的事。就好比要举起泰山越过黄河与济水一样。墨子说道:这不是个恰当的比喻。举起泰山而越过黄河和济水,可以说是强劲有力的了,但自古及今,没有人能做得到。而兼相爱、交相利与此则是完全不同的。古时的圣王就曾做到过。凭什么知道他们这样做了呢?古时大禹治理天下,在西边疏通了西河与黑水,用来排泄渠水、孙水和湟水;在北边又疏通防水、原水、泒水,使之注入昭余祁湖和呼沱河,在黄河中的砥柱山分流,再凿开龙门山,以有利于燕、代、胡、貊与黄河以西地区的人民。在东边穿泄大陆的积水,为孟诸之泽修堤坝,分为九条河,以此限制东土的洪水,并使得冀州的人民受益。在南边疏通长江、汉水、淮河、汝水,使之东流,注入太湖一带的湖泊里,以利于荆楚、吴越和南夷的人民。这是大禹实行兼爱的事迹,我们现在也应该施行这种兼爱。

昔者文王之治西土，若日若月，乍光于四方，于西土，不为大国侮小国，不为众庶侮鳏寡，不为暴势夺穑人黍稷狗彘[1]。天屑临文王慈[2]，是以老而无子者，有所得终其寿；连独无兄弟者[3]，有所杂于生人之间；少失其父母者，有所放依而长[4]。此文王之事，则吾今行兼矣。昔者武王将事泰山，隧传曰[5]："泰山有道。曾孙周王有事[6]，大事既获[7]，仁人尚作，以祗商夏[8]，蛮夷丑貊。虽有周亲，不若仁人。万方有罪，维予一人。"此言武王之事，吾今行兼矣。是故子墨子言曰：今天下之士君子，忠实欲天下之富[9]，而恶其贫；欲天下之治，而恶其乱，当兼相爱、交相利。此圣王之法，天下之治道也，不可不务为也。

关键词：圣王行兼　天下治道

注释

[1]穑(sè)人：农民，庄稼汉。黍(shǔ)稷：泛指农作物。狗彘(zhì)：泛指牲口家畜。　[2]屑临：青睐的意思。　[3]连：艰难，疾苦。　[4]放依：依靠。　[5]隧：当作"遂"。　[6]曾孙：古代帝王祭天时的谦称。　[7]大事：指讨伐商纣之事。既获：已得胜利。　[8]祗：读为"振"，即拯救。商夏：这里

指中原。 [9]忠实:内心确实。

译文

从前周文王治理西周,就像太阳和月亮一样,射出的光辉照耀四方和西周大地。他不自恃是大国就欺侮小国,不自恃人多就欺侮鳏寡孤独,不倚仗强暴势力去掠夺农夫的粮食牲畜。上天眷顾文王的慈爱,所以年老无子的人,可以得以善终;孤苦无兄弟的人,可以在人们中间有所成就;幼小失去父母的人,有所依靠而长大成人。这是周文王实行兼爱的事迹,我们现在也应该实行这种兼爱。从前周武王将祭祀泰山,遂奏陈:"泰山之神有灵!曾孙周王有事祷告。现在大事已成功,一批仁人起而相助,用以拯救商夏百姓及四方少数民族。虽有至亲,不如仁人。如果百姓有什么过失,由我一人承当。"这是周武王实行兼爱的事迹,我们现在也应该实行这种兼爱。所以墨子说道:现在天下的君子,内心确实希望天下富足,而厌恶贫穷;希望天下得治,而厌恶混乱。那就应当实行兼相爱、交相利的政策,这是圣王的法则,治理天下的正道,不可不努力去做。

文史链接

三家分晋

在开篇的时候,墨子谈到了当时社会礼崩乐坏,天下混乱的现象:"国之与国之相攻,家之与家之相篡,人之与人之相贼。"墨子的批评并非夸大其词。司马迁也曾感叹:"春秋之中,弑君三十六、亡国五十二,诸侯奔走不得保其社稷者不可胜数。"(《史记·太史公自序》)这些国家走向覆灭,一方面是因为外部侵略,即国与国"相攻",另一方面则是国家内部的大家族在羽翼丰满之后予以篡夺,所以孔子也曾感言:"吾恐季孙之忧,不在颛臾,而在萧墙之内也。"(《论语·季氏》)这其中比较典型的案例就是三家分晋。

晋国之所以会出现这种情况,其实跟晋献公时的"骊姬之乱"有关。晋献公有六位妻子,共五个儿子。其中有齐姜所生的太子申生、狐姬所生的重耳、狐姬的妹妹小戎子所生的夷吾、骊姬所生的奚齐及其陪嫁妹妹所生的卓子。对于普通人家来说,生了五个儿子是好事,所谓"多子多福",高兴都还来不及。但对于帝王诸侯来说,却有一个麻烦,那就是究竟让谁继承王位的问题。按照一般的习俗惯例,要立长子为嗣。但问题就在于晋献公对骊姬特别宠爱,而骊姬也野心勃勃,希望自己的儿子奚齐能够成为太子。为此,她步步为营,试图将异己逐个铲除。她首先是买通晋献公的亲信,让他们向晋献公献策,将太子申生、重耳和夷吾以保家卫国之名调离京城。其次便开始陷害太子申生。她在申生献给晋献公的酒肉里下毒,造成申生谋害父王的假象。申生尽管知道了骊姬的阴谋,但又不忍父王因惩罚骊姬而伤心,最后选择了自杀。剩下的就只有重耳和夷吾了。骊姬又设计陷害他们,令晋献公发兵讨伐自己的骨肉,重耳和夷吾便流亡在外。公元前651年,晋献公去世,骊姬总算如愿以偿,将自己的儿子奚齐立为国君。但就在为晋献公举行丧礼的过程中,奚齐就被太子申生的老师里克杀死。尔后大夫荀息又立奚齐的弟弟卓子为国君,没过几天,里克又将卓子和骊姬杀死。随后,里克便迎接重耳回国即位,但被重耳谢绝,于是重耳的弟弟夷吾登位,是为晋惠公。经过这场"骊姬之乱",晋国从此不再立公子、公孙为贵族,这就是所谓的"晋无公族"。

既然"晋无公族",那么各家异姓大夫的势力就有了膨胀的可能。而在晋成公时,"宦卿之适子而为之田,以为公族",异姓大夫由此代为公族,这意味着晋公室不再独大,从而为异姓卿大夫的作乱提供了条件。到了晋文公、晋襄公时,狐氏、赵氏、先氏、郤氏、胥氏等氏族颇有权势,之后又出现了韩氏、魏氏、栾氏、范氏、荀氏等强大世族。这些家族正如墨子所言的"家之与家之相篡",到了春秋晚期就剩下了赵、魏、韩、范、智、中(hóng)行氏六家,是为"六卿"。到了公元前497年,范氏、中行氏趁赵氏内乱,试图打倒赵鞅。结果本来就对范、中行不满的韩、魏两家终于找到了借口,于是联合智氏一起帮助赵氏反攻范氏、中行氏。最后范氏、中行氏逃往齐国,赵、韩、魏、智四家分掉了这两家的土地,变成了四家专权的局面,而其中势力最大的就是智氏。

智氏的野心也逐渐膨胀起来。公元前455年,智伯瑶向韩康子直接索要土地。韩康子本想拒绝,但他手下谋士向他献策:与其得罪傲慢无礼的智伯瑶,令韩智两族交战不断,不如暂且隐忍,让出一部分土地,等到其他氏族拒绝智伯瑶后发生冲突,坐收渔利。韩康子于是就送了个万家之邑给智伯瑶。智伯瑶得逞之后,更加狂妄贪婪。他接着便向魏宣子索要一个万家之邑。魏国的谋士也明白其中的玄机,于是魏宣子也答应了智伯瑶的要求。既然两家都献出了土地,在智伯瑶看来,剩下的赵氏应该也不在话下。但出乎意料的是,赵襄子的态度与前面两位截然不同,智伯瑶大怒,便联合韩魏发兵围攻晋阳,并约定胜赵之后,三分赵的土地。公元前453年,智伯瑶在久攻不下之后,决汾水淹晋阳。此时的晋阳就在覆灭之间。这时候,赵襄子的谋士张孟谈去拜访了韩康子、魏宣子。张孟谈告诉他们,智伯瑶狼子野心,贪得无厌,如果晋阳城破,赵氏灭亡,下一个要遭灭顶之灾的就是韩、魏。韩康子、魏宣子听了张孟谈的话,正中下怀,于是约定反戈一击,共灭智氏。韩、魏和赵趁着智伯瑶毫无戒备,立即发动反击。赵襄子派出部队,杀死智氏军守堤的士兵,决开堤防反灌,让洪水冲进智伯营里,韩、魏军趁势从背后、侧翼进攻,赵襄子大败智氏军,擒杀智伯瑶。获胜后,赵襄子难解心中之恨,于是砍下智伯瑶的首级,并雕刻上漆,当饮酒之器具。之后又大肆搜捕,将智氏宗室灭族。

自此晋国强族只剩下赵、韩、魏三家。晋国国君虽仍在位,早已形同虚设。公元前434年,晋哀公去世,晋幽公即位,韩、赵、魏再次瓜分晋国剩余土地,只可怜晋幽公身为一国之主,只剩下绛与曲沃两块土地。从此韩、赵、魏称为三晋。后人便将此事称为三家分晋。公元前403年,周威烈王册命晋大夫魏斯、赵籍、韩虔为诸侯。这标志着当时的中央政权承认了韩、赵、魏的合法政治地位。司马光在《资治通鉴》中便以此作为战国的开始。

思考讨论

1. 墨子认为,社会的纷乱起源于人们之间不相爱,你觉得他的观点正确吗?

2. 人与人之间的相互关爱应该毫无差别、一视同仁吗?

3. 谈谈你对兼爱的理解。

非攻上

今有一人,入人园圃[1],窃其桃李。众闻则非之,上为政者得则罚之。此何也?以亏人自利也。至攘人犬豕鸡豚者[2],其不义又甚入人园圃窃桃李[3]。是何故也?以亏人愈多,其不仁兹甚,罪益厚。至入人栏厩[4],取人牛马者,其不仁义又甚攘人犬豕鸡豚。此何故也?以其亏人愈多。苟亏人愈多,其不仁兹甚,罪益厚。至杀不辜人也,扡其衣裘[5],取戈剑者[6],其不义又甚入人栏厩取人牛马。此何故也?以其亏人愈多,苟亏人愈多,其不仁兹甚矣,罪益厚。当此,天下之君子皆知而非之,谓之不义。今至大为攻国[7],则弗知非,从而誉之,谓之义。此可谓知义与不义之别乎?

关键词:不义当非

注释

[1]园:即果园。圃:即菜园,这里主要是指果园。　[2]豚(tún):小猪。　[3]甚:超过。　[4]栏厩:关牛马的圈。

[5]拕(tuō):即拖。这里是抢夺、夺取的意思。　　[6]戈剑:戈与剑,这里泛指兵器。　　[7]大为攻国:应为"大为不义攻国"。后文重复出现此语,故依据下文改之。

译文

现在假如有一个人,跑到别人的果园里,偷摘人家的桃子、李子。众人听说后就要指责他,上面执政的人抓住他后就要处罚他。这是为什么呢?因为他损人利己。至于偷盗别人的鸡犬、牲猪的人,他的不义又超过到别人的果园里去偷桃李。这是为什么呢?因为他损人更多,他的不仁也就更大,罪过也就更重。至于进入别人的牛栏马厩内,偷取别人的牛马,他的不仁不义又比偷盗别人鸡犬、牲猪的更甚。这是为什么呢?因为他损人更多。一旦损人更多,他的不仁也就更大,罪过也就更重。至于妄杀无辜之人,夺取别人的皮衣和戈剑,这种人的不义又超过钻进别人的牛栏马厩偷取别人的牛马。这是为什么呢?因为他损人更多。一旦损人更多,那么他的不仁也就更大,罪过也就更重。对此,天下的君子都知道谴责他,指责他的不义。现在最大的不义是攻打别国,而人们却不知道去谴责他,反而跟着赞美这种行为,称之为义。这能够说是明白义与不义的区别吗?

杀一人谓之不义,必有一死罪矣。若以此说往[1],杀十人,十重不义[2],必有十死罪矣;杀百人,百重不义,必有百死罪矣。当此,天下之君子皆知而非之,谓之不义。今至大为不义攻国,则弗知非,从而誉之,谓之义,情不知其不义也[3],故书其言以遗后世。若知其不义也,夫奚说书其不义以遗后世哉[4]?今有人于此,少见黑曰黑,多见黑曰白,则以此人不知白黑之辩矣[5];少尝苦曰苦,多尝苦曰甘,则必以此人为不知甘苦之辩矣。今小为非,则知而非之;大为非攻国,则不知非,从而誉之,谓之义。此可谓知义与不义之辩乎?是以知天下之君子也,辩义与不义之乱也。

关键词:杀人不义　君子辩义

注释

[1]说往:类推、推度。　[2]十重:十倍。　[3]情:的确,实在。　[4]奚说:怎么解释。　[5]则以此人不知:应为"则必以此人为不知"。

译文

杀掉一个人叫作不义,必定会被判处死罪。如果按照这种说法类推,杀掉十个人,就是十倍的不义,必定会被判处十重死罪;杀掉一百人,就是有百倍的不义,必定会被判处百重死罪。对于这种行为，天下的君子都知道谴责它，称它不义。现在有人做很大的不义之事，去攻打别人的国家，而人们却不知道去谴责他，反而跟着赞美这种行为，称之为义。他们确实不懂得那是不义的，所以才把那些称赞不义的话传诸后世。如果他们知道那是不义的，又怎么解释他们把这些不义之事记载下来传诸后世呢？假如现在这里有一个人，看见少许黑色就说是黑的，看见很多黑色却说是白的，那么人们就会认为这个人不懂得白和黑的区别。少尝一点苦味就说是苦的，多尝些苦味却说是甜的，那么人们就会认为这个人不懂得苦和甜的区别。现在，对于做了很小一点错事的人，人们就都知道他错了，并谴责他；而对于犯了攻打别的国家这么大过错的人，人们却不知道谴责他，反而跟着赞美这种行为，称之为义。这能够说是明白义与不义的区别吗？所以由此可知天下的君子，把义与不义的区别弄得多么混乱啊。

文史链接

不义之战

墨子反对不义的攻战，把打仗杀人看作与入园行窃、攘人猪羊一样可耻的行为。墨子善于使用类推的方式，将人们习以为常的妄念由浅入深地加以点破，给人以出其不意但又言之有理的感觉，相信每一个读完《非攻》的人都会对战争及战争英雄产生新的看法。当然，墨子对战争的剖析并非《非攻》一篇，在《墨子》中还有很多精彩的论述。

在《耕柱》中，墨子劝说鲁阳文君不要攻打小国。他说，大国去攻打小国,就好像小孩子玩骑马游戏一样。玩骑马游戏的结果是小孩子并没有骑到真正的马,反而把双腿累坏了。如今大国去攻打小国,以攻打的大国来说,战事一开,农夫就无法耕种,妇人就不能织布,所有生产活动都要为战争让路。而被攻打的小国,农夫也无法耕作,妇人也不能织布,也只能一心一意放在战争上面。这么打来打去,最后的结果就是破坏生产,损害战争双方的利益,白忙活一场。

在《鲁问》里,墨子再次劝阻鲁阳文君攻战。墨子对鲁阳文君说:"如果现在鲁阳境内的大都城去攻打小都城,大家族去侵夺小家族,把对方的人民都杀掉,夺取他们的牛马猪狗、布帛粮食和金银珠宝,您会怎么办?"鲁阳文君说:"鲁阳境内都是我的臣民,要是出现了大都城去攻打小都城,大家族去侵夺小家族,夺取他人财物的情况,我一定会重重惩罚。"墨子便接过鲁阳文君的话,质问道:"上天兼有天下,就好像您兼有鲁阳境内一样。您都会对肆意攻伐的臣下严惩不贷,那上天要是知道您去攻打郑国,只怕上天也会降罪于您啊!"鲁阳文君听后仍然强辩:"先生为什么要阻止我攻打郑国呢?我攻打郑国是顺从天意啊!郑人三代都杀国君,上天降罪于他们,使郑国三年没有收成。我这是替天行道啊。"墨子说:"郑人三代杀其国君,上天已经降罪于他们,使郑国三年没有收成,上天的惩罚已经够了。现在您又发兵攻打,还说自己是顺从天意。这就好比有一个人,他的孩子顽劣不成材,于是便将孩子鞭打了一顿。这时候邻居的家长也拿起木棒来打,说:'我打这孩子,是顺他父亲的心意。'这不是非常荒谬吗?"

在《鲁问》里,墨子不仅劝阻了鲁阳文君,还打消了齐王攻打鲁国的念头。他仍然是采取循循善诱的方式,让对方自己明白其中的道理。他向齐王说:"假如现在这里有一把刀,拿人头来试刀,手起刀落,人头落地,这样的刀称得上锋利吧。"齐王说:"锋利!"墨子接着说:"那么多拿几个人头来试刀,也是一下子就砍断头,这样的刀称得上锋利吧。"齐王说:"锋利。"墨子于是便说:"刀证明是锋利的了,那谁将遭受杀人带来的不祥呢?"齐王说:"刀被证明是锋利,那试刀的人要遭受杀人带来的不祥。"墨子于是调转话头,质问齐王:"兼并别国土地,覆灭别国军队,残杀别国的百姓,那么谁将遭受战争带来的灾祸呢?"齐王听完后就明白了墨子的意思,但苦于层层推理都是建立在自己做出的判断的基础之上,只好承认说:"我将遭受这灾祸。"

先秦时期,主张非攻的不止墨家,道家、儒家,甚至以兵法擅长的兵家也反对战争。老子说:"以道佐人主者,不以兵强天下。其事好还。师之所处,荆棘生焉。"(《道德经·第三十章》)意思是说用"道"来辅佐国君的人,不会靠武力在天下逞强。打仗这种事,总会得到报应。军队所过之处,长满了荆棘。大战之后,必定出现荒年。他还说:"兵者不祥之器,非君子之器,不得已而用之,恬淡为上。胜而不美,而美之者,是乐杀人。夫乐杀人者,则不可得志于天下矣。"(《道德经·第三十一章》)他跟墨子一样,都认为战争会带来灾祸。如果不得已要打仗,最好是淡然处之。取得了胜利,也不应该得意,如果得意,那就是喜好杀人。凡是喜好杀人的,不可能在天下取得成功。老子甚至还认为,胜利之后不应该开表彰会,而应该举行追悼会。这就是所谓"战胜以丧礼处之"。

孔子对战争的态度也是敬而远之。子贡向孔子问政。孔子回答说:"使粮食充足,使军备充足,使百姓信赖政府。"子贡再问:"如果迫不得已要去掉一项,先去掉这三项中的哪一项?"孔子说:

"去掉军备。"(《论语·颜渊》)卫灵公向孔子询问有关作战布阵的方法。孔子回答说:"礼仪方面的事,我是曾经听说过的;军队方面的事,却不曾学习过。"(《论语·卫灵公》)孔子并非真的不知道行军打仗之事,只是反对用军事暴力解决问题。孟子对"春秋无义战"的状况则表示极大的愤慨,他说:"争地以战,杀人盈野;争城以战,杀人盈城,此所谓率土地而食人肉,罪不容于死。故善战者服上刑。"(《孟子·离娄上》)孟子认为,好战之人为了争城夺地,不惜横尸遍野,他们应该受到最重的刑罚。

孙武在《孙子兵法》中,也明确指出战争是不得已的下下策。他说:"故上兵伐谋,其次伐交,其次伐兵,其下攻城。"最高明的兵法是使用策略取胜,而非在战场上厮杀。对于那些夸耀自己战功的人,孙武的评价并不高:"是故百战百胜,非善之善者也;不战而屈人之兵,善之善者也。"孙膑在《孙膑兵法》中警示后人:"乐兵者亡,而利胜者辱。"乐于征战,喜好胜利,终将导致灭亡。但可惜的是,时至今日,战争不但没有消亡,反而带来越来越大的破坏。那些动辄鼓噪战争的人们难道非要走到"杀人盈国"的境地才能冷静下来倾听古人的劝说吗?

思考讨论

1. 墨子的非攻是针对所有的战争吗?
2. 你对战争的看法是怎样的?

节用上

圣人为政一国,一国可倍也[1]。大之为政天下[2],天下可倍也。其倍之,非外取地也,因其国家,去其无用之费,足以倍之。圣王为政,其发令、兴事、使民、用财也,无不加用而为者[3],是故用财不费,民德不劳[4],其兴利多矣。

关键词:去无用之费

注释

[1]倍:作动词,使财利增加一倍。　[2]大:作动词,扩大。　[3]加用:加,增益。用:实用。　[4]民德:民众。德:通"得"。

译文

圣人治理一个国家,一国的财利可以增加一倍。如果扩大开来让圣人治理天下,天下的财利可以增加一倍。这增加的一倍,并不是向外掠夺土地得来的,而是根据国家的具体情况,省去无用之费,使得财力倍增的。圣王治理国家,他发布命令、兴办事业、役使民众、使用财物,无一不是有益于实用才去做的,所以使用财物不浪费,民众能够不劳苦,他实现的利益就多了。

其为衣裘何以为？冬以圉寒[1]，夏以圉暑。凡为衣裳之道，冬加温，夏加清者[2]，芊鉬不加者去之[3]。其为宫室何以为？冬以圉风寒，夏以圉暑雨，有盗贼加固者，芊鉬不加者去之。其为甲盾五兵何以为[4]？以圉寇乱盗贼。若有寇乱盗贼，有甲盾五兵者胜，无者不胜，是故圣人作为甲盾五兵。凡为甲盾五兵，加轻以利，坚而难折者，芊鉬不加者去之。其为舟车何以为？车以行陵陆，舟以行川谷，以通四方之利。凡为舟车之道，加轻以利者，芊鉬不加者去之。凡其为此物也，无不加用而为者，是故用财不费，民德不劳，其兴利多矣。

关键词：实用　兴利

注释

[1]圉(yù)：同"御"，抵御。　[2]清(qīng)：凉爽。　[3]芊鉬：当为"鲜且"，即鲜艳好看的意思。一说为"取之"之物，断句应为"冬加温，夏加清者芊鉬(取之)，不加者去之"，以下皆同。这两种说法都说得通。　[4]五兵：五种兵器，一般指戈、矛、弓矢、殳(shū)、戟。

译文

圣人制造衣服是为了什么呢?冬天用来御寒,夏天用来防暑。缝制衣服的原则是:冬天能益于保暖,夏天能有利于凉爽,至于美观的装饰,如果不能增加这些功能的就应该舍弃。圣人建造房子是为了什么呢?冬天用来抵御风寒,夏天用来抵挡炎热和雨水,有盗贼再加坚固一点即可,至于美观的装饰,如果不能增加这些功能的就应该舍弃。圣人制造铠甲、盾牌和戈矛等五种兵器是为了什么呢?用来抵御外寇和盗贼。如果有外寇盗贼,拥有铠甲、盾牌和戈矛等五种兵器的就会胜利,而没有的就要失败。所以圣人要制造铠甲、盾牌和戈矛等五种兵器。凡是制造铠甲、盾牌和戈矛等五种兵器,要能增加轻便锋利、坚固而难以折断的特点,至于美观的装饰,如果不能增加这些功能的就应该舍弃。圣人制造车、船又是为了什么呢?车是用来行陆地,船是用来行水道,以此来沟通四方的利益。凡是制造车、船的原则,是要让它更加轻快便利,至于美观的装饰,如果不能增加这些功能的就应该舍弃。凡是圣人制造的这些东西,无一不是有益于实用才去做的,所以使用财物不浪费,民众能够不劳苦,他实现的利益就多了。

有去大人之好聚珠玉、鸟兽、犬马[1],以益衣裳、宫室、甲盾、五兵、舟车之数,于数倍乎[2]!若则不难。故孰为难倍?唯人为难倍。然人有可倍也。昔者圣王为法曰[3]:"丈夫年二十[4],毋敢不处家[5]；女子年十五，毋敢不事人[6]。"此圣王之法也。圣王既没，于民次也[7]。其欲蚤处家者[8]，有所二十年处家[9]；其欲晚处家者，有所四十年处家。以其蚤与其晚相践[10]，后圣王之法十年，若纯三年而字[11]，子生可以二三年矣[12]。此不惟使民蚤处家，而可以倍与？且不然已[13]。

关键词：倍人之道

注释

[1]有：同"又"。　　[2]于数：在数量上。　　[3]为法：制定法律。　　[4]丈夫：古时男子的通称。　　[5]处家：娶妻成家。　　[6]事人：这里指嫁人，侍奉夫君。　　[7]次：即"恣"，放纵，听任。　　[8]蚤(zǎo)：通"早"。　　[9]有所：有时。　　[10]践：通"减"。　　[11]纯三年而字：全都三年生一个孩子。纯：都、全的意思。字：生子的意思。　　[12]年：应为"人"。　　[13]且不然已：但是却不这样。且：然而。已：同"矣"。

译文

又去掉王公大人们所爱好搜集的珠玉、鸟兽、犬马的费用，用来增加衣服、房屋、甲盾、五种兵器、车船的数量，使之增加几倍，也不是什么难事。然而，什么是难以成倍增加的呢？只有人口是难以成倍增加的。然而人口也有可以成倍增加的办法。古代圣王制订法令说道:"男子年到二十,不许不成家;女子年到十五,不许不嫁人。"这是圣王的法令。圣王去世以后,听任百姓放纵自己,那些想早点成家的,有时二十岁就成家;那些想迟点成家的,有时四十岁才成家。拿那些早成家的与晚成家的年龄相平均,与圣王规定的法令相差十年。如果婚后都三年生一个孩子,就可多生两三个孩子了。让老百姓早点成家,不是可以使人口成倍增加吗?然而现在当政的人却不这样做。

今天下为政者,其所以寡人之道多[1]。其使民劳,其籍敛厚[2],民财不足、冻饿死者,不可胜数也。且大人惟毋兴师以攻伐邻国[3],久者终年,速者数月。男女久不相见,此所以寡人之道也。与居处不安、饮食不时、作疾病死者,有与侵就橐[4]、攻城野战死者,不可胜数。此不令为政者所以寡人之道、数术而起与[5]?圣人为政特无此。不圣人为政[6],其所以众人之道亦数术而起与?故子墨子曰:"去无用之务,行圣王之道[7],天下之大利也。"

关键词:寡人之道

注释

[1]寡人:这里的意思是使人口数量减少。　　[2]籍敛:赋

税,税收。　　[3]惟毋:语助词,无实义。　　[4]有与:又加上。有:同"又"。侵就:指侵夺。僾㐸(ài tuó):指被敌人埋伏突击。[5]不令:不善。一说"令"为"今",是如今、当下的意思,这种说法也说得通。　　[6]不:当为"夫"。　　[7]去无用之务,行圣王之道:另有版本为"去无用,之圣王之道"。

译文

现在当政的人,他们使人口减少的办法倒是多方面的。他们使百姓劳苦,收取的赋税十分繁重。百姓因财用不足而冻死、饿死的,不计其数。而且当政的人只知兴师动众去攻打邻国,时间久的要一年,快的也要几个月,夫妻长期不相见,这就是减少人口的根源。加上居住不安定、饮食不按时、生病而死的,再加上被敌人掳走和伏击打死的,以及攻城野战而死的,也不计其数。这些不善为政的人,他们使人口减少,究其原因,那是由于他们自己采取了多种手段而造成的啊!圣人治理国家绝对没有这种情况。圣人施政,他们使人口众多,究其原因,那是由于他们采取多种手段而实现的啊!所以墨子说:"去掉无用的东西,实行圣王的治国之道,这是天下的大利呀。"

文史链接

骄奢亡国

墨子主张节用,矛头所指并非当时的普通民众,而是骄奢淫逸的王公贵族。在《墨子·七患》中，墨子批判道："（王公贵族们）以最高的奖赏去赏赐无功的人；掏空国库去购置车马衣裘和奇珍异宝；役使百姓劳苦不堪地去修造宫室、观赏游乐的场所；死了之后在棺木外还要做多重外棺，做很多衣衾。他们活着的时候，大修亭台楼榭，死了又大建坟墓。"是为"上不厌其乐，下不堪其苦"。统治者们忧愁的是如何用新的玩意去刺激享乐后的空虚，用一种无聊去代替另一种无聊；而劳苦大众却在莺歌燕舞的高台之下为衣食不全而焦虑，在这歌舞升平的世上苟活下去居然变成了一种奢望。于是，原本和谐安定的国家分化为两个极端，一边是王公贵族的豪奢享乐，醉生梦死；另一边却是人民群众的饥肠辘辘，哀鸿遍野。即便如此，不少统治者仍然抱怨着民脂民膏不足以花费，绞尽脑汁想榨干人民的最后一滴血；而劳苦大众也不堪屈辱，有的逃亡他国，有的发起暴动，有的转为寇盗，使得本已风雨飘摇的天下更加动荡不安。这样的昏乱之世如何不令墨子痛心疾首呢？

墨子说："民有三患：饥者不得食，寒者不得衣，劳者不得息，三者民之巨患也。"（《墨子·非乐上》）老百姓为什么会落得如此地步？墨子告诉我们，不是因为"以其常役，修其城郭""以其常征，收其租税"，正常的劳役和赋税虽然使民众伤财劳累，但不致造成困苦损伤。问题在于王公贵族们欲求过剩，不用心于天下苍生，而沉迷于宫室、衣服、饮食、舟车、蓄私之中。于是就"厚作敛于百姓，暴夺民衣食之财"（《墨子·辞过》）。在原有的徭役赋税基础上层层加码，老百姓如何不陷入困窘呢？孟子也说："有布缕之征，粟米之征，力役之征。君子用其一，缓其二。用其二而民有殍，用其三而父子离。"（《孟子·尽心下》）意思是说，有征收布帛的赋税,有征收谷物的赋税,有征发人力的赋役。开明的君主在三者之中,采用一种,其他两种暂时缓用。如果同时采用两种,有的老百姓会被饿死;如果三种同时征收,那样,父子就会分家,谁也不顾谁了。而据杨宽在《战国史》中记载,齐国由于统治者剥削残酷,劳动人民生产的东西要被剥夺三分之二。此外,贵族又到处设立关卡勒索财货,所谓"逼介之关,暴征其私",连贵族的宠妾也到市上去强行掠夺,所谓"内宠之妾,肆夺于市"。民生可谓艰难。此外,还有高利贷商人趁着人民穷困,进行盘剥。荀子批判道:"行贷而食人。"(《荀子·儒效》)民间疾苦之深可以想见。

聚敛了百姓的财富之后,王宫大人们又怎么办呢?明末清初思想家黄宗羲在《原君》中痛斥:"其既得之也,敲剥天下之骨髓,离散天下之子女,以奉我一人之淫乐。"这正是那些统治者的真实写照。楚灵王役使民力七年,倾举国之力修章华台,据说该宫殿"台高十丈,基广十五丈""以豪华富丽夸于诸侯",当时被誉为"天下第一台"。而楚灵王就在这高台之上寻欢作乐,丝竹管弦之声终日不绝。卫懿公爱好养鹤,玩物丧志。他把鹤编队起名,请专人训练它们鸣叫、舞蹈,还给鹤赐予爵禄,上等的鹤享受大夫的爵禄,次等的鹤等同士人,养鹤训鹤的人也均加官晋爵。每次出去游玩,都带上鹤,并载于车前,称之为"鹤将军"。为了养鹤,每年耗费大量的资财,为此向老百姓加派粮款,民众饥寒交迫,怨声载道。齐桓公吃腻了山珍海味,易牙为他献上用自己儿子炖的人肉;周景公厌倦了中和之声,便铸造大钟无射以娱耳目。诸如此类的荒唐事不胜枚举。这些骄奢淫逸的君王最后也都不得善终。楚灵王被楚国人民轰下台,吊死郊外;卫懿公豢养的鹤大夫、鹤士人并不能帮他克敌制胜,终究兵败被杀;齐桓公信任连亲生骨肉都可以用来烹饪的易牙,最后被活活饿死;周景公不听劝阻,声势惊人,霸气十足的无射铸成次年,他便气绝身亡。

墨子谈节用语重心长,可惜听得进去的统治者少之又少。诚如孟子所言,这并非是"挟泰山以超北海"之事,不是在能力上做不到,而是不愿意去做。到了战国后期,为统治者专制集权张目的韩非子也劝诫君主们力行节俭,反对奢侈浪费。他说:"人主乐美宫室台池,好饰子女狗马以娱其心,此人主之殃也。为人臣者尽民力以美宫室台池,重赋敛以饰子女狗马,以娱其主而乱其心,从其所欲而树私利其间,此谓养殃。"(《韩非子·八奸》)他告诫统治者若是喜好声色犬马,下场就是被臣下操纵。他还说:"好宫室台榭陂池,事车服,器玩好,罢潞百姓,煎靡货财者,可亡也"。(《韩非子·亡征》)追求奢华将会导致亡国之祸。秦始皇听取了韩非子的权谋之术,但对主张节用的良言却置若罔闻,一统天下之后修建阿房宫,修得"五步一楼,十步一阁;廊腰缦回,檐牙高啄;各抱地势,钩心斗角",可惜豪奢的阿房宫光鲜的背后是无数民众的愤怒,终于"楚人一炬,可怜焦土"(杜牧,《阿房宫赋》)。

思考讨论

1. 国家要走向强盛,家庭要走向富裕,你认为是节约重要还是开源重要?
2. 你认为你的生活开支合理吗?有没有应当节约之处?
3. 节约和吝啬的区别是什么?

天志上

子墨子言曰：今天下之士君子，知小而不知大。何以知之？以其处家者知之。若处家得罪于家长，犹有邻家所避逃之。然且亲戚、兄弟、所知识[1]，共相儆戒[2]，皆曰："不可不戒矣！不可不慎矣！恶有处家而得罪于家长而可为也？"非独处家者为然，虽处国亦然。处国得罪于国君，犹有邻国所避逃之。然且亲戚、兄弟、所知识，共相儆戒，皆曰："不可不戒矣！不可不慎矣！谁亦有处国得罪于国君而可为也？"此有所避逃之者也，相儆戒犹若此其厚，况无所逃避之者，相儆戒岂不愈厚，然后可哉？且语言有之曰[3]："焉而晏日[4]焉而得罪，将恶避逃之？"曰："无所避逃之。"夫天不可为林谷幽门无人[5]，明必见之[6]。然而天下之士君子之于天也，忽然不知以相儆戒[7]，此我所以知天下士君子知小而不知大也。

关键词：知小而不知大

注释

[1]然且:然而,但是。所知识:认识的人。　　[2]儆(jǐng):通"警",警告的意思。　　[3]语言有之:俗话说。　　[4]焉而:于、在的意思。下一句"焉而得罪"的"焉而"是语助词。晏日:光天化日。　　[5]幽门:门,当为间。幽间:僻静幽深之处。　　[6]明:这里指上天的目光。　　[7]忽然:疏忽的样子。

译文

墨子说道:现在天下的士人君子只知道小道理,而不知道大道理。怎么知道是这样呢?从他们处身于家的情况就可以知道。如果一个人处在家族中而得罪了家长,他还可以逃避到邻居家去。然而父母、兄弟和相识的人,都相互警诫说:"不可不戒备呀!不可不谨慎呀!怎么会有处在家族中而可以得罪家长的呢?"不仅处身于家的情况如此,就是处身于国也是这样。如果处在国中而得罪了国君,还有邻国可以逃避。然而父母、兄弟和相识的人,都相互警诫说:"不可不戒备呀!不可不谨慎呀!怎么会有处身于国而可以得罪国君的呢?"这还是有地方可以逃避的,人们相互告诫还如此严重,更何况那些没有地方可以逃避的人呢?相互告诫难道不应该更加严重,然后才可以吗?而且俗话说:"在光天化日之下犯了罪,有什么地方可以逃避呢?"回答是:"没有地方可以逃避。"上天不会对山林深谷幽暗无人的地方有所忽视,他明晰的目光一定会见到一切。然而天下的士人君子对于天,却疏忽得不知道以此相互警诫。这就是我之所以知道天下的士人君子只知道小道理而不明白大道理的原因。

然则天亦何欲何恶？天欲义而恶不义。然则率天下之百姓以从事于义，则我乃为天之所欲也。我为天之所欲，天亦为我所欲。然则我何欲何恶？我欲福禄而恶祸祟[1]。若我不为天之所欲而为天之所不欲，然则我率天下之百姓以从事于祸祟中也。然则何以知天之欲义而恶不义？曰天下有义则生，无义则死；有义则富，无义则贫；有义则治，无义则乱。然则天欲其生而恶其死，欲其富而恶其贫，欲其治而恶其乱。此我所以知天欲义而恶不义也。

关键词：天欲义而恶不义

注释

[1]祟(suì)：鬼神降祸于人叫作祟。

译文

那么上天喜欢什么、厌恶什么呢？上天喜欢义而厌恶不义。那么率领天下的百姓去做合乎义的事，这就是我们在做上天所喜欢的事了。我们做上天所喜欢的事，上天就会做我们所喜欢的事。那么我们又喜欢什么、厌恶什么呢？我们喜欢福禄而厌恶祸患。如果我们不做上天所喜欢的事，而去做上天所不喜欢的事，那么我们就是率领天下的百姓陷身于祸患灾殃中去了。那么怎么知道上天喜欢义而厌恶不义呢？回答说：天下有义的就生存，无义的就死亡；有义的就富有，无义的就贫穷；有义的就太平，无义的就混乱。而上天喜欢人类生存而讨厌他们死亡，喜欢人类富有而讨厌他们贫穷，喜欢人类太平而讨厌他们混乱。这就是我所以知道上天喜欢义而厌恶不义的原因。

曰：且夫义者政也[1]。无从下之政上，必从上之政下。是故庶人竭力从事，未得次己而为政[2]，有士政之；士竭力从事，未得次己而为政，有将军、大夫政之；将军、大夫竭力从事，未得次己而为政，有三公、诸侯政之；三公、诸侯竭力听治[3]，未得次己而为政，有天子政之；天子未得次己而为政，有天政之。天子为政于三公、诸侯、士、庶人，天下之士君子固明知；天之为政于天子，天下百姓未得之明知也。故昔三代圣王禹汤文武，欲以天之为政于天子，明说天下之百姓[4]，故莫不犓牛羊[5]，豢犬彘[6]，洁为粢盛酒醴[7]，以祭祀上帝鬼神，而求祈福于天。我未尝闻天下之所求祈福于天子者也[8]，我所以知天之为政于天子者也。

关键词:从上政下

注释

[1]政:通"正",即匡正的意思。　　[2]次己:任意,擅自。次:通"恣",放纵、恣意的意思。为政:做事、从事的意思。下文出现的"为政"皆为此意。　　[3]听治:听政,处理政务。　　[4]明说:明白地告诉。　　[5]犓(chú):同"刍",用草料喂养牲畜。　　[6]豢(huàn):用谷米喂养。　　[7]粢(zī)盛酒醴(lǐ):祭神的谷物美酒。　　[8]天下:应为"天"。

译文

再说,义是用来匡正人的。不能从下来匡正上,必须从上来匡正下。所以老百姓竭力做事,但不得任意去做,有士人匡正他们;士人竭力做事,但不得任意去做,有将军、大夫匡正他们;将军、大夫竭力做事,也不得任意去做,有三公、诸侯匡正他们;三公、诸侯竭力听政治国,也不得任意去做,有天子匡正他们;天子不得任意去治政,有上天匡正他。天子匡正三公、诸侯、士、庶人,天下的士人君子固然明白地知道;上天匡正天子,天下的百姓却未能清楚地知道。所以从前三代的圣王,如禹、汤、周文王、周武王,想把上天匡正天子的事,明白地告诉天下的百姓,因此没有人不喂牛羊、养猪狗,预备洁净的粢盛酒醴,用来祭祀上帝鬼神,从而祈求上天降下福祉。我从未听说过上天向天子求福的,所以我知道上天是匡正天子的。

故天子者,天下之穷贵也[1],天下之穷富也。故欲富且贵者,当天意而不可不顺。顺天意者,兼相爱,交相利,必得赏;反天意者,别相恶,交相贼,必得罚。然则是谁顺天意而得赏者?谁反天意而得罚者?子墨子言曰:昔三代圣王禹汤文武,此顺天意而得赏也;昔三代之暴王桀纣幽厉[2],此反天意而得罚者也。

关键词:顺天意得赏　反天意得罚

注释

[1]穷:最,极。　　[2]幽厉:指周代昏君周幽王、周厉王。

译文

因此天子是全天下最尊贵的人,也是全天下最富有的人。所以想要大富大贵的人,对天意就不可不顺从。顺从天意的人,相互关爱,交相得利,必定会得到赏赐;违反天意的人,互相厌恶,交相残害,必定会得到处罚。那么谁顺从天意而得到赏赐呢?谁违反天意而得到惩罚呢?墨子说道:从前三代圣王禹、汤、周文王、周武王,这些是顺从天意而得到赏赐的;从前三代暴王桀、纣、周幽王、周厉王,这些是违背天意而得到惩罚的。

然则禹汤文武其得赏何以也？子墨子言曰：其事上尊天，中事鬼神，下爱人。故天意曰："此之我所爱，兼而爱之；我所利，兼而利之。爱人者，此为博焉；利人者，此为厚焉。"故使贵为天子，富有天下，业万世子孙，传称其善。方施天下，至今称之，谓之圣王。然则桀纣幽厉，得其罚何以也？子墨子言曰：其事上诟天，中诟鬼，下贼人。故天意曰："此之我所爱，别而恶之；我所利，交而贼之。恶人者，此为之博也；贼人者[1]，此为之厚也。"故使不得终其寿，不殁其世[2]，至今毁之，谓之暴王。

关键词：赏善罚恶　暴王

注释

[1]贼：伤害，危害。　　[2]不殁其世：不得善终。

译文

然而禹、汤、周文王、周武王得到赏赐是因为什么呢？墨子说：他们所做的事，对上尊敬上天，于中敬奉鬼神，对下关爱民众。所以天意说："他们对于我所爱的，没有区别全都关爱；对于我所使之受益的，也都让他们受益。关爱别人，这是最博大的；使别人受益,这是最深厚的。"所以使他们贵为天子,富有天下,子子孙孙不绝,传颂他们的美德。再把这美德遍施于天下,到现在还受人称道,被称为圣王。那么桀、纣、周幽王、周厉王得到惩罚又是什么原因呢?墨子说:他们所做的事,对上辱骂上天,于中辱骂鬼神,对下残害人民。所以天意说:"他们对我所爱的,有所区别而憎恶;对于我所使之受益的,交相残害。憎恶别人,这是最为广泛的;残害别人,这是最为深重的。"所以使他们不能寿终正寝,不得善终。人们至今还在唾骂他们,称他们为暴君。

然则何以知天之爱天下之百姓?以其兼而明之[1]。何以知其兼而明之?以其兼而有之。何以知其兼而有之?以其兼而食焉。何以知其兼而食焉?四海之内,粒食之民[2],莫不犓牛羊,豢犬彘,洁为粢盛酒醴,以祭祀于上帝鬼神。天有邑人[3],何用弗爱也[4]?且吾言杀一不辜者[5],必有一不祥。杀不辜者谁也?则人也。予之不祥者谁也?则天也。若以天为不爱天下之百姓,则何故以人与人相杀,而天予之不祥?此我所以知天之爱天下之百姓也。

关键词:天爱百姓　不祥

注释

[1]兼而明之:全部使之成长。明:成长的意思。　　[2]粒食之民:吃谷物的百姓。　　[3]邑人:即百姓,下民。　　[4]何用:即"为何"。　　[5]不辜:无辜,无罪。

译文

那么怎么知道上天关爱天下的百姓呢?因为他对百姓全都不加区别地使之成长。怎么知道他对百姓全都不加区别地使之成长呢?因为他全都不加区别地抚养。怎么知道他全都不加区别地抚养呢?因为他全都不加区别地供给食物。怎么知道他全都不加区别地供给食物呢?因为四海之内,凡是吃谷物的百姓,无不喂牛羊,养猪狗,做好洁净的粢盛酒醴,用来祭祀上帝鬼神。上天拥有下民,怎么会不关爱他们呢?而且我曾说过,杀了一个无辜的人,必定会有一桩灾祸。杀害无辜之人的是谁呢?是人。降下灾祸的是谁呢?是上天。如果认为上天不关爱天下的百姓,那么为什么人与人互相残害,上天要降下灾祸呢?这是我知道上天关爱天下百姓的原因。

顺天意者,义政也;反天意者,力政也[1]。然义政将奈何哉?子墨子言曰:处大国不攻小国,处大家不篡小家,强者不劫弱,贵者不傲贱,多诈者不欺愚。此必上利于天,中利于鬼,下利于人。

三利无所不利,故举天下美名加之,谓之圣王。力政者则与此异,言非此,行反此,犹倖驰也[2]。处大国攻小国,处大家篡小家,强者劫弱,贵者傲贱,多诈欺愚。此上不利于天,中不利于鬼,下不利于人。三不利无所利,故举天下恶名加之,谓之暴王。

关键词:义政　力政

注释

[1]力政:暴力统治。　[2]倖驰:背道而驰的意思。倖:当为"僢(chuǎn)"。

译文

顺从天意的,就是义政;违反天意的,就是暴政。那么义政应是怎样的呢?墨子说:处于大国地位的不攻打小国,居于大家族地位的不掠夺小家族,强者不胁迫弱者,尊贵的人不傲视低贱的人,狡诈的人不欺压愚笨的人。这必定上有利于天,中利于鬼神,下利于民众。做到这三利就会无所不利,所以人们会把天下最好的名声加给他,称之为圣王。而暴政则与此不同,在言论上攻击义,行动上违反义,犹如背道而驰。处于大国地位的攻打小国,居于大家族地位的掠夺小家族,强者胁迫弱者,尊贵的人傲视低贱的人,狡诈的人欺压愚笨的人。这上不利于天,中不利于鬼神,下不利于民众。这三者不利就什么都不利了,所以人们将天下最坏的名声加给他,称之为暴君。

子墨子言曰:我有天志,譬若轮人之有规,匠人之有矩。轮匠执其规矩,以度天下之方圜[1],曰:中者是也,不中者非也。今天下之士君子之书,不可胜载,言语不可尽计,上说诸侯,下说列士[2],其于仁义则大相远也。何以知之?曰:我得天下之明法以度之[3]。

关键词:天志 规矩

注释

[1]圜:即"圆"。　　[2]列士:有名望的人。　　[3]明法:这里指天志。

译文

墨子说:我们有了上天的意志,就好像制车轮的人有了圆规,木匠有了方尺。制车轮的人和木匠拿着他们的圆规和方尺来量度天下的方和圆,说:符合的就是对的,不符合的就是错的。现在天下的士人君子的书,多得用车都载不完,言语多得都算不清,他们对上游说诸侯,对下游说有名望的人,但他们距离仁义却相差很远。怎么知道呢?回答是:我用天下的明法来衡量他们。

文史链接

罪己诏

墨子主张"天志",认为上天是明察秋毫的,具有赏善罚恶的道德意志,如果不遵从"义",为非作歹,无论你是高高在上的君王,还是默默无闻的庶民,哪怕是逃到天涯海角,上天也一定会施行惩罚。墨子还专门写了一篇《明鬼》,警告那些君主,世界上是有鬼的,如果君主枉杀良臣,那么这些良臣就会化为厉鬼前来索命。当然,这些观念从今天的眼光来看,的确是荒诞不经的,但设想在科学蒙昧的两千多年前,提出这样的观点来遏制君主的专制独裁也是难能可贵的。而在后世,尽管君王们没有信奉墨子的思想,但有意志的上天的观点倒是被很多君王所接受。在中国的历史长河里,也形成了非常有特色的"罪己诏"文化。

所谓诏书,是一种古代君主下达命令的文书。但"罪己诏"非常特殊,它不是下达命令,而是皇帝下诏自责,以昭示天下。说得通俗一点,就是皇帝觉得自己有了过失,写下一封检讨书。那么这封检讨书是向谁检讨呢？古代的皇帝号称"九五之尊",是至高无上的,但皇帝也被称为"天子",即上天在人间的代理人。因此,尽管在尘世间没有谁可以位于皇帝之上,但在红尘之外还有上天是一切的主宰。所以皇帝要向上天检讨。汉代大儒董仲舒就认为,"天者,百神之君也,王者之所最尊也。"（《春秋繁露·郊义》）天子最为尊崇的就是天。此外,天人之间还是交互感应的。董仲舒认为,春、夏、秋、冬正好与人的喜、怒、哀、乐相配；金、木、水、火、土五行跟人的仁、义、礼、智、信五德相配；天以一岁为一循环,人的身体有小的骨节三百六十六块,合于一年的日数;人有大的骨节十二块,合于一年的月数;人的身躯内有五脏,合于天的五行之数;外有四肢,合于一年的四时之数。因此,如果帝王在位期间出现了大的水旱灾荒,尤其是一些离奇古怪的事件,就表明上天对帝王在人间处理事务的成绩有所不满。在这个时候,皇帝就要出来做一番检讨了。

现在所知最早的"罪己诏"实际上是商朝的建立者成汤所作。史书上记载,当时天下接连大旱七年,百姓的生活极为困苦。于是成汤亲自到桑林进行祷告,他说:"罪过在我自身,我不敢自我宽恕,因为这些在上天心里都明明白白。如果我一人有罪,请不要让万方(天下各个诸侯国)承担;如果万方有罪,请让我一人承担吧!"

西汉武帝也下过"罪己诏",这就是著名的《轮台罪己诏》。这封诏书作于公元前89年,是中国历史上第一份内容丰富、保存完整的"罪己诏"。汉武帝之所以会写下这封检讨书,是因为在各个方面都遭受了打击。在宫殿内,出了有名的"巫蛊之祸",受株连者达数万人,连他宠爱的卫子夫和太子都未能幸免于难。在内政上,汉武帝为了通神求仙,大费资财,却一无所得。他对外好大喜功,大肆挥霍,对匈奴先后十多次用兵,导致国库空虚,民不聊生,各地民变之事此起彼伏。在这样的情形下,此时年近古稀的汉武帝,终于醒悟到自己一生犯下诸多错误,实在是有愧于苍天大地和黎民百姓,于是就写下了这封诏书。在这封诏书里,汉武帝承认自己的错误,并指出,现在最重要的是禁止苛政暴行,停止擅自增加赋税,全力以农业为本,让老百姓养马以免除徭役赋税,有必备的军备即可。这封诏书下达之后,汉朝的统治政策开始转变,重新回到了"文景之治"时的休养生息政策,各地的民变也逐渐平息。

后来,汉明帝、唐宪宗、宋理宗、明思宗等人都下过"罪己诏"。据统计,在中国历史上,总共有八十九位皇帝下过"罪己诏"。最后一份是民国五年袁世凯所下的撤销帝制的总统令。清朝皇帝下诏的比例最高,十位皇帝中有八位下过"罪己诏"。然而事实证明,靠"罪己诏"期盼老天爷网开一面,赐福于人,使王朝国泰民安只是一厢情愿的幻想。天若是真有道德意志,怜悯之心,怎么会坐视天下苍生陷于苦难而袖手旁观,又怎么会因为天子一封简单的诏书就不追究肇事者的责任?孔子早就告诫过人们:"获罪于天,无所祷也。"(《论语·八佾》)不痛改前非,反而"不问苍生问鬼神",最终肯定不会有好下场的。

思考讨论

1. 你相信天有意志吗?你的身边有没有发生过"善有善报,恶有恶报"的事情。如果有,可以与大家分享一下。
2. 你觉得人间的灾祸和上天的意志有关系吗?

非命中

子墨子言曰:凡出言谈、由文学之为道也[1],则不可而不先立义法[2]。若言而无义,譬犹立朝夕于员钧之上也[3],则虽有巧工,必不能得正焉。

然今天下之情伪[4],未可得而识也,故使言有三法[5]。三法者何也?有本之者[6],有原之者[7],有用之者。于其本之也,考之天鬼之志,圣王之事。于其原之也,征以先王之书。用之奈何?发而为刑政。此言之三法也。

关键词:言有三法 本之 原之 用之

注释

[1]由文学:写作文章的意思。由:当作"为"。文学:文章。 [2]则不可而不先立义法:当为"则不可不先立义法"。义:同"仪",标准,准则。 [3]立朝夕:立表观测早晚日影以定东西方向。员钧:即运钧,古代制作陶器所用的转轮。 [4]情伪:真伪。情:通"诚",真实情况的意思。 [5]法:原则,法则。 [6]本:追根溯源。 [7]原:缘由。

译文

墨子说:凡是发表言论、写作文章的原则,不可不先树立一个标准。如果言论没有标准,就好像把测时仪器放在制作陶器的转轮上。即使工匠心灵手巧,也不能得到正确的答案。但是现在世上的真假,不能得到辨识,所以言论要有三种法则。哪三种法则呢?是对事要追根溯源,要推究事情的缘由,要应用于实践。在追根溯源方面,要用天帝、鬼神的意志和圣王的事迹来考察它。

在推究事情的缘由方面,要用先王的书来验证它。怎样把言语付诸实践呢?要应用于刑法政令上面。这就是言论的三条标准。

今天下之士君子[1],或以命为亡。我所以知命之有与亡者,以众人耳目之情,知有与亡。有闻之,有见之,谓之有;莫之闻,莫之见,谓之亡。然胡不尝考之百姓之情?自古以及今,生民以来者,亦尝有见命之物,闻命之声者乎?则未尝有也。若以百姓为愚不肖,耳目之情不足因而为法,然则胡不尝考之诸侯之传言流语乎?自古以及今,生民以来者,亦尝有闻命之声,见命之体者乎?则未尝有也。然胡不尝考之圣王之事?古之圣王,举孝子而劝之事亲,尊贤良而劝之为善,发宪布令以教诲,明赏罚以劝沮[2]。若此,则乱者可使治,而危者可使安矣。若以为不然,昔者桀之所乱,汤治之;纣之所乱,武王治之。此世不渝而民不改[3],上变政而民易教。其在汤、武则治,其在桀、纣则乱。安危治乱,在上之发政也,则岂可谓有命哉!夫曰有命云者,亦不然矣。

关键词:有命　无命

注释

[1]今天下之士君子:此句下当有"或以命为有"五字。
[2]劝沮(jǔ):鼓励和禁止。沮:阻止。　　[3]渝:改变。

译文

现在天下的士人君子,(有的认为命是有的,)有的认为命是没有的。我之所以知道命的有或没有,是根据众人所见所闻的实情来判断有或没有。有听过它,有见过它,才叫有;没听过它,没见过它,就叫没有。既然如此,为什么不试着用百姓的实际来考察呢?自古到今,自有人类以来,有曾见过命的形象、听过命的声音的人吗?从未有过。如果认为百姓愚蠢无能,所见所闻的实情不能当作准则,那么为什么不试着用诸侯所流传的话来考察呢?自古到今,自有人民以来,有曾听过命的声音、见过命的形体的人吗?从未有过。那么为什么不用圣王之事来考察呢?古时圣王,举拔孝子,鼓励他侍奉双亲;尊重贤良,鼓励他做善事,颁发宪令来教诲人民,严明赏罚以奖善止恶。这样,则可使混乱变为太平,使危险转为安宁。如果认为不是这样,那么请看从前桀把国家搞乱,汤治理了;纣把国家搞乱,武王治理了。这个世界不变,人民不变,君王改变了政令,人民就容易教导了。在商汤、武王时变得太平,在桀、纣时则变得混乱。安宁、危险、太平、混乱,原因在于君王所发布的政令,怎能说是有命呢?那些说有命的,并不是对的。

今夫有命者言曰：我非作之后世也[1]，自昔三代有若言以传流矣[2]，今故先生对之[3]？曰：夫有命者，不志昔也三代之圣善人与[4]？意亡昔三代之暴不肖人也[5]？何以知之？初之列士桀大夫[6]，慎言知行，此上有以规谏其君长，下有以教顺其百姓。故上得其君长之赏，下得其百姓之誉。列士桀大夫声闻不废，流传至今。而天下皆曰其力也，一见命焉[7]。

关键词：声闻　力　命

注释

[1]作之后世：后人编造、发明。　[2]若言：这样的话。　[3]故：应为"胡"，为什么的意思。　[4]志：知道。　[5]意亡：或许没有。　[6]列士：名士。桀：通"杰"，杰出。　[7]一见命：不会说这是他们的命。一见，应为"不曰亓(qí)"，亓即其。

译文

现在说"有命"的人说：并不是我在后世才说这种话的，自三代时就有这种话流传了。先生为什么痛恨它呢？答道：说"有命"的人，不知是从前三代的圣哲善人呢？还是三代的残暴无能的人？怎么知道的呢？古时候的名士和杰出的大夫，说话谨慎，行动敏捷,对上能规劝进谏君长,对下能教导百姓。所以上能得到君长的奖赏,下能得到百姓的赞誉。名士和杰出的大夫声名没有废止,一直流传到今天。天下人都说是他们的努力,必定不会说这是他们的命。

是故昔者三代之暴王,不缪其耳目之淫[1],不慎其心志之辟[2],外之驱骋田猎毕弋[3],内沉于酒乐,而不顾其国家百姓之政,繁为无用[4],暴逆百姓,使下不亲其上。是故国为虚厉,身在刑僇之中[5],必不能曰:"我罢不肖[6],我为刑政不善。"必曰:"我命故且亡[7]。"虽昔也三代之穷民,亦由此也,内之不能善事其亲戚,外不能善事其君长,恶恭俭而好简易[8],贪饮食而惰从事,衣食之财不足,使身至有饥寒冻馁之忧,必不能曰:"我罢不肖,我从事不疾。"必曰:"我命固且穷。"虽昔也三代之伪民[9],亦犹此也。繁饰有命,以教众愚朴之人。

关键词:不肖 繁饰有命

注释

[1]缪(miù):同"纠",纠正的意思。　[2]辟:通"僻",邪僻。　[3]毕:捕兽所用的网。弋(yì):射鸟所用的系绳之箭。

[4]繁为:大量地做。　　[5]僇(lù):通"戮",杀。　　[6]罢:疲惫,疲弱。不肖:不贤,不才。　　[7]故:通"固",原本,本来,注定。　　[8]简易:简慢轻浮。　　[9]伪民:弄虚作假之民。

译文

所以古时三代的暴君,不改正他们过度的声色享受,对他们内心的邪僻不谨慎,在外则驱车打猎射鸟,在内则沉湎于饮酒作乐,而不顾国家和百姓的政事,做了许多无用的事,对百姓凶暴,使下位的人不敬重在上位的人。所以国家空虚,社稷倾覆,自己也处于刑戮之中。他们不肯说:"我疲懒无能,我没处理好刑法政事。"而必然要说:"我命中注定要灭亡。"即使是古时三代的贫穷人,也都是这样说。对内不能好好地对待双亲,在外不能好好地对待君长。厌恶恭敬勤俭而喜好简慢轻率,贪于饮食而懒于劳作。衣食财物不足,致有饥寒冻馁的忧患。他们必不会说:"我疲懒无能,不能勤快地劳作。"一定会说:"我命中注定要穷。"即使是三代虚伪的人,也都这样说。粉饰"有命"之说,用以教唆那些愚笨朴实的人。

久矣,圣王之患此也,故书之竹帛,镂之金石。于先王之书《仲虺之告》曰[1]:"我闻有夏人矫天命[2],布命于下,帝式是恶[3],用阙师[4]。"此语夏王桀之执有命也,汤与仲虺共非之。先王之书《太誓》之言然,曰:"纣夷之居[5],而不肯事上帝,弃阙其先神而不祀也[6],曰:'我民有命'。毋僇其务[7]。天不亦弃纵而不葆[8]。"此言纣之执有命也,武王以《太誓》非之。有于三代不国有之曰:"女毋崇天之有命也。"命三不国亦言命之无也[9]。于召公之《执令》亦然[10],且:"敬哉!无天命,惟予二人,而无造[11],言不自降天之哉得之[12]。"在于商、夏之《诗》《书》曰:"命者,暴王作之。"且今天下之士君子,将欲辩是非利害之故,当天有命者[13],不可不疾非也。执有命者,此天下之厚害也,是故子墨子非也。

关键词:暴王执有命　墨子疾非命

注释

[1]《仲虺(huǐ)之告》:《尚书》篇名,已亡佚。仲虺:商汤的贤相。告:即诰,是古代帝王给臣子的命令。　[2]矫天命:假传天命。　[3]帝式是恶:上帝讨伐这种罪恶。式:当作"伐"。[4]用阙师:因此令他的军队覆灭。用:因而。阙:当作"丧厥"。[5]居:通"倨",傲慢。　[6]弃阙其先神而不祀也:当为"弃厥先神祇而不祀也"。　[7]毋僇其务:当为"毋缪罪厉",不悔改罪愆。毋缪:不尽力,不努力。　[8]天不亦弃纵而不葆:当作"天亦纵弃之而不葆"。　[9]命三不:当作"今三代百"。[10]召公:周武王之弟,名奭(shì),曾辅佐武王灭商。

[11]造：当为"诰"，即告诫之意。

[12]言不自降天之哉得之：当为"吉不降自天，是我得之"。

[13]天：当为"执"。

译文

圣王担忧这个问题已经很久了，所以把它写在竹帛上，刻在金属和石头上。先王的书《仲虺之告》中说："我听说夏代的人假托天命，对下面的人发布命令，所以天帝厌弃他，使他丧失了军队。"这是说夏朝的君王桀主张有命，而汤与仲虺共同批驳他。先王的书《太誓》也这样说道："纣十分倨傲无礼，不肯侍奉上天，抛弃他先人的神灵而不去祭祀，说：'我有命'。并且不悔改他的罪愆。天帝也抛弃了他而不保佑他。"这是说纣王主张有命，武王作《太誓》反驳他。在三代百国的书上也有这样的话："你们不要崇信上天是有天命的。"现在三代百国的书中也都说没有天命。召公的《执令》也是如此："要虔敬啊！不要相信天命。我俩执政，不能不相互诫勉，好事不会从天下掉下来的，只能是我们自己求得的。"在商、夏时代的《诗经》《尚书》中说："天命是暴君捏造的。"现在天下的士人君子，想要辨明是非利害的原因，对于主张有命的人，不能不赶快批驳。主张有命的人，是天下的大害，所以墨子反驳他们。

文史链接

壶子算命

墨子认为，国家的兴亡强弱、个人的荣辱得失并非是"命运"

的安排，而是由自身的力量决定。如果人们将一切都归之于命运，那么就会导致"上不听治，下不从事"，也就是在上位的统治者不去管理政事，在下位的老百姓不愿耕种劳作。如此一来，国家就会陷入混乱，黎民将无立锥之地，因此，墨子指责主张"有命"的说法是"暴人之道"。墨子的这种观念即使放在今日，仍然是有进步意义的。现代西方哲学中的存在主义似乎也与墨子的观念遥相呼应。譬如法国哲学家萨特说："存在先于本质。"意味着人没有一个事先确定好的所谓本质，所谓的人生道路，相反首先是人的存在、露面和出场，然后才说明自身。人的存在决定着自我的本质，而非所谓的命运主导着一切。中国历史上也有不少人持否定命定论的观点。譬如与墨子同处于战国时期的庄子就常常嘲笑那些相信命运的人。《庄子·应帝王》中的一则故事就是一个很好的例证。

郑国有一个神巫，名叫季咸，他能测知人的死生、存亡、祸福、寿夭，卜算出年月日，准确如神。郑国人看到他，都纷纷走避。列子见到他，却很崇拜，回去告诉壶子说："原先我以为先生的道术最高深了，现在又看到更了不起的。"壶子说："我教过你表面的虚文，还未谈到真实的部分，你就以为自己明白道了吗？全是雌鸟而没有雄鸟，又怎么会产卵呢？你用表面的虚文与世人周旋，一定会想要凸显自己，这样就让人有机会算出你的命运。你试着请他来，替我看看相。"

第二天，列子带着季咸来见壶子。见过面出去后，季咸对列子说："唉！你的先生快要死了，活不了了，不会超过十天！我看他神色有异，呼吸像湿灰一般沉重。"列子进入屋内，哭得眼泪沾湿了衣襟，把这个消息告诉壶子。壶子说："刚才我显示给他看的是地象,是不动不止的阴静状态。他大概是看我闭塞住自得的生机了。再请他来看看。"第二天,列子又带季咸来了。季咸见了壶子后,出去对列子说:"真是幸运,你的先生正好遇到我。有救了,全然有生气了,我看见他闭塞的生机开始活动了。"列子进屋把这个消息告诉壶子。壶子说:"刚才我显示给他看的是天地相通之象。名与实都不存于心,一线生机从脚跟发出。他大概是看到我生机发动了。明天再请他来看看。"

隔天,列子又带季咸来,季咸见了壶子后,出去对列子说:"你的先生动静不定,我无法为他看相。等他平静下来,我再看吧。"列子进屋把这句话转告壶子。壶子说:"刚才我显示给他看的是太虚无迹之象。他大概是看到我神情平衡的生机了。鲸鱼盘旋之处形成深渊,止水之处形成深渊,流水之处形成深渊。深渊有九种情况,我在此显示了三种。明天再请他来看看。"第二天,两人又来见壶子。季咸还未站定,就慌忙逃走了。壶子说:"快去追他。"列子追出去,已经来不及了。他回来报告壶子,说:"不见踪影了,不知去向了,我追不到他。"壶子说:"刚才我显示给他看的是完全不离本源的状态。我以空虚之心随顺他,使他不知我究竟是谁,一下以为我顺风而倒,一下以为我随波逐流,所以立刻逃走了。"经过这次事件,列子才明白自己什么也没学会,就告辞回家,三年不外出。帮助妻子烧火做饭,喂猪像是伺候人一样。对于世间事物毫不在意,抛弃雕琢而回归朴素,超然独立于尘世之外,在纷扰的人间守住本性,终生如此。

> 思考讨论

1. 墨子对命定论持否定态度,他认为命定论的主要问题在哪里?

2. 有人说,性格决定命运;还有人说,星座、血型决定命运。你觉得这些说法正确吗?如果不正确,你如何反驳他们?

非儒下

儒者曰:"亲亲有术[1],尊贤有等。"言亲疏尊卑之异也。其《礼》曰:丧父母三年;其、后子三年[2];伯父、叔父、弟兄、庶子其[3];戚族人五月[4]。若以亲疏为岁月之数,则亲者多而疏者少矣,是妻、后子与父同也。若以尊卑为岁月数,则是尊其妻子与父母同[5],而亲伯父宗兄而卑子也[6],逆孰大焉。其亲死,列尸弗敛,登堂窥井,挑鼠穴,探涤器,而求其人焉。以为实在,则戆愚甚矣[7];如其亡也[8],必求焉,伪亦大矣!

关键词:等差之爱

> 注释

[1]亲亲有术:后一个"亲"为名词,意为亲近的人。术:当为

"杀(shài)",等差、等级的意思。　　[2]其:当为"妻"。后子:嫡长子。　　[3]庶子:宗法制度下家庭的旁支所生的儿子。其:同"期(jī)",指一年。　　[4]戚族:指外姓姻亲及同姓族人。　　[5]若以尊卑为岁月数,则是尊其妻子与父母同:当为"若以尊卑为岁月之数,则尊者多而卑者少矣,是尊其妻、后子与父母同"。这样才与上文"若以亲疏为岁月之数"对应。　　[6]亲伯父宗兄而卑子也:意思是把伯父亲兄同庶子一样看待。亲:当为"视"。宗兄:庶子对嫡子年长于己者的尊称。卑子:即庶子。而:当为"如"。　　[7]戆(gàng):愚笨、呆愣。　　[8]如:当为"知"。

译文

儒家学派的人说:"爱亲人当因亲有等差而有区别,尊敬贤人也当因贤者有差别而不同。"这是说亲疏、尊卑是有区别的。他们的《仪礼》说:父母死了要服丧三年;妻子和长子死了也要服丧三年;伯父、叔父、弟兄、庶子死了要服丧一年;亲戚族人死了服丧五个月。如果按照亲疏关系来定服丧的年月,则亲的多而疏的少,那么,妻子、长子的服丧时间与父母的相同。如果按照尊卑来定服丧的年月,则尊的多而卑的少,那么是把妻子、儿子看作与父母一样尊贵,而把伯父、宗兄和庶子看作一样的,这是多么大逆不道啊! 他们的父母死了,却把尸体陈列着而不入殓,或登上屋顶以望远,或窥探水井之深,或挖掘鼠穴以察幽微,或拿出洗涤的器具以现先人手泽,用这些方法为死人招魂。如果真的以为死者的灵魂还在,那就太愚蠢了。如果明明知道灵魂不在,却还一定要寻求,那就太虚伪了!

取妻身迎[1]，衹禭为仆[2]，秉辔授绥[3]，如仰严亲。昏礼威仪，如承祭祀。颠覆上下，悖逆父母，下则妻子[4]，妻子上侵事亲，若此可谓孝乎？儒者曰：迎妻妻之奉祭祀，子将守宗庙，故重之。应之曰：此诬言也！其宗兄守其先宗庙数十年，死丧之其；兄弟之妻奉其先之祭祀，弗散[5]。则丧妻子三年，必非以守奉祭祀也。夫忧妻子以大负累[6]，有曰[7]："所以重亲也。"为欲厚所至私，轻所至重，岂非大奸也哉！

关键词：重妻轻亲　颠覆上下

注释

[1]取：通"娶"。身迎：亲身迎娶。　[2]衹禭（zhī duān）：当为缁袘（zī yí），黑色下摆的衣服。一说禭应为"颛"，是恭敬、敬谨之义。　[3]秉辔（pèi）授绥：新郎亲自驾车，并把登车用的引绳递给新妇。辔：驾牲口的绳子。绥：车上作拉手用的绳子。[4]下则妻子：当作"父母下列"。一说"则"为"即"，迁就的意思。[5]弗散：不服丧。散：当为"服"。　[6]忧：即"优"，优厚，优待。负累：错误。　[7]有：又。

注释

娶妻要亲身迎接,穿着黑色下摆的衣裳来做仆人的事,为她驾车,手里拿着缰绳并把引绳递给新妇,就好像承奉父母驾车一样。婚礼的隆重,就像在恭敬地祭祀祖先一样。上下颠倒,悖逆父母,竟然把父母的地位列为妻子和长子之下,而妻子和长子的地位却向上侵犯了父母,像这样迎亲,能叫作孝吗?儒家的人回答说:妻子要供奉祭祀,长子要守宗庙,所以敬重他们。我们回应他说:这是谎话!他们的宗兄守他先人宗庙几十年,死了却只为他们服丧一年;兄弟的妻子也供奉他们祖先的祭祀,却不为她们服丧,那么为妻子、长子服丧三年,一定不是因为守奉祭祀的原因。这样过于优待妻子、长子已经是个大错误了,却又说:"这是为了尊重父母。"这是想厚待自己所偏爱的人,轻视自己应当最重视的人,这样的事难道不是非常奸邪的事吗?

有强执有命以说议曰[1]:"寿夭贫富,安危治乱,固有天命,不可损益。穷达、赏罚、幸否有极[2],人之知力,不能为焉!"群吏信之,则怠于分职;庶人信之,则怠于从事。吏不治则乱,农事缓则贫,贫且乱政之本,而儒者以为道教[3],是贼天下之人者也。

关键词:强执有命 祸害天下

注释

[1]说议:辩解。　[2]否(pǐ):不幸。　[3]道教:这里的意思是教导。道:同"导"。

译文

又有儒家之徒顽固地坚持有命的主张,并辩解道:"寿夭、贫富、安危治乱,本来就有天命,不能减少增加。得志与不得志、受赏与遭罚、幸与不幸都有定数,人的知识和力量是无能为力的。"官吏们相信了这些话,则对分内的事懈怠;普通人相信了这些话,则对劳作懈怠。官吏不治理就会混乱,农事一懈怠就要贫困,既贫困又混乱就违背了政事的根本,而儒家的人把它当作教化之道,这是残害天下的人啊。

且夫繁饰礼乐以淫人[1],久丧伪哀以谩亲[2],立命缓贫而高浩居[3],倍本弃事而安怠傲[4],贪于饮食,惰于作务,陷于饥寒,危于冻馁,无以违之。是若人气,鼸鼠藏[5],而羝羊视[6],贲彘起[7]。君子笑之,怒曰:"散人!焉知良儒!"夫夏乞麦禾,五谷既收,大丧是随,子姓皆从,得厌饮食[8]。毕治数丧[9],足以至矣。因人之家以为翠[10],恃人之野以为尊。富人有丧,乃大说,喜曰:"此衣食之端也[11]。"

关键词：繁饰礼乐　久丧乞食

注释

[1]淫：迷惑。　[2]谩：欺骗。　[3]缓贫：安贫。浩居：同"傲倨"，傲慢的意思。　[4]倍：通"背"。本：根本。[5]人气：当作"乞人"。气：通"乞"。鼸(xiàn)鼠：田鼠。[6]羝(dī)：公羊。　[7]贲(fén)：同"豮"，被阉割的公猪。[8]厌：通"餍"，满足。　[9]毕治数丧：几次丧事办完。[10]翠：即"膵(cuì)"，肥的意思。　[11]端：来源，机会。

译文

用繁杂的礼乐去迷惑人，用久丧和虚假的悲哀欺骗死去的双亲。造出有命的说法，让人们安于贫困并以此傲世。违背治国的根本、荒废天下的生产，却让人们安于懈怠、贪于饮食而懒于劳作，陷于饥寒冻馁而无法摆脱。这些人似人中的乞丐，像偷藏食物的田鼠，像瞪眼看东西的公羊，像跃起而食的阉猪。君子嘲笑他们，他们就怒道："平庸无才的人怎能知道良儒呢！"他们夏天向人乞讨麦子和稻子，五谷都收割完了，就靠替人办理丧事混饭吃，他们的子孙也都跟着去，吃饱喝足。几家丧事办完了，他们的生计也就足够了。他们依仗别人的家产来养肥自己，依靠别人田地的收入来称尊。当富人有丧事，他们就非常欢喜，说："这是衣食的来源啊！"

儒者曰：君子必服古言然后仁[1]。应之曰：所谓古之言服者，皆尝新矣，而古人言之服之，则非君子也？然则必服非君子之服，言非君子之言，而后仁乎？又曰：君子循而不作[2]。应之曰：古者羿作弓，伃作甲[3]，奚仲作车[4]，巧垂作舟[5]，然则今之鲍函车匠[6]皆君子也；而羿、伃、奚仲、巧垂皆小人邪？且其所循人必或作之，然则其所循皆小人道也？

关键词：因循守旧

注释

[1]服古言：应为"古言服"，即古代的言论和服饰。
[2]循而不作：遵循前人而不创新。　　[3]伃：应为"杼（zhù）"，夏王少康之子，传说他在位期间发明一种用兽皮做的甲，是中国战甲的创始人。　　[4]奚仲：传说是夏朝的车正，擅长造车。
[5]巧垂：传说是尧时的能工巧匠，发明了船。　　[6]鲍：通"鞄（páo）"，指制皮革的工匠。函：指制铠甲的工匠。

译文

儒家的人说：君子的言论、服饰一定要依照古人，然后才称得上仁。我们回应道：所谓古代的言论和服饰，都曾经是新的。而古人用了这些言论与服饰，那他们就不是君子了吗？那么他们就一定要穿不是君子的衣服,说不是君子的话,这样才合乎仁吗?儒家之士又说:君子只遵循前人的做法而不创新。我们回答他说:古代的羿制造了弓,伃制造了甲,奚仲制造了车,巧垂制造了船。既然如此,那么今天的鞋匠、甲匠、车工、木匠都是君子了,而后羿、伃、奚仲、巧垂都是小人了吗?况且他们所遵循的东西,一定是有人创作的,这样的话,后人所遵循的都是小人之道了?

又曰:君子胜不逐奔,掩函弗射[1],施则助之胥车[2]。应之曰:若皆仁人也,则无说而相与[3]。仁人以其取舍是非之理相告,无故从有故也[4],弗知从有知也,无辞必服,见善必迁,何故相[5]?若两暴交争,其胜者欲不逐奔,掩函弗射,施则助之胥车,虽尽能,犹且不得为君子也。意暴残之国也,圣将为世除害,兴师诛罚,胜将因用儒术令士卒曰:"毋逐奔,掩函勿射,施则助之胥车。"暴乱之人也得活,天下害不除,是为群残父母而深贱世也[6],不义莫大矣!

关键词:作战　仁义　除害

注释

[1]掩函弗射:即对于躲藏起来的人就不要射击了。掩:掩藏。函:即"藏"。　[2]施则助之胥车:孙诒让认为,这句话似

乎是讲敌军战败而逃后,我方帮他们推行重车。文字上应有脱漏之处。　　[3]无说而相与:没有相互敌对的理由可说。[4]故:理由,道理。　　[5]何故相:应为"何故相与",意思是怎么会相互敌对呢?　　[6]贱:应为"贼"。

译文

儒家之士又说:君子打了胜仗不要追赶逃兵,不要射击那些躲藏起来的人,敌人溃败时,还要帮敌人推车。我们回答他说:如果双方都是仁人,那么就不会相互敌对。仁人把自己取舍是非的道理互相告知,没道理的听从有道理的,不知道的听从知道的。说不出理由的必定要折服于对方,看到善的必定会改造自己。又怎么会互相敌对呢?如果两个恶人互相争斗,战胜的人不追赶逃敌,不射击那些躲藏起来的人,敌人溃败时还帮助推车,那么即使这些都能做到,也不能被称为君子。对于暴君统治的国家,圣人准备为世上除害,兴师诛伐,如果战胜了就将用儒家的方法命令士卒说:"不要追赶逃敌,不要射击那些躲藏起来的人,敌人溃败时还帮助推车。"那么残暴作乱的人就得以活命,天下的祸害也没有除掉,这是在残害众人的父母,深深地危害天下,没有比这更大的不义了!

又曰:君子若钟,击之则鸣,弗击不鸣。应之曰:夫仁人事上竭忠,事亲得孝,务善则美,有过则谏,此为人臣之道也。今击之则鸣,弗击不鸣,隐知豫力[1]，恬漠待问而后对[2]。虽有君亲之大利，弗问不言。若将有大寇乱，盗贼将作，若机辟将发也[3]，他人不知，己独知之，虽其君亲皆在，不问不言，是夫大乱之贼也。以是为人臣不忠，为子不孝，事兄不弟[4]，交，遇人不贞良。夫执后不言，之朝，物见利使己，虽恐后言。君若言而未有利焉，则高拱下视，会噎为深[5]，曰："唯其未之学也。"用谁急[6]，遗行远矣。

关键词：人臣之道　弗击不鸣　大乱之贼

注释

[1]隐知豫力：隐藏智慧，保留余力。　[2]恬漠：沉默、冷淡的样子。　[3]机辟：机关，是一种古代机械发射装置，也是打猎常用的器具。　[4]弟：同"悌(tì)"，敬爱兄长。　[5]会噎为深：闭口不能言，如同噎着了一样。　[6]谁：当为"虽"。

译文

儒家之士又说：君子就像钟一样，敲它就发出声音，不敲就不发出声音。我们回答他说：仁人事上尽忠，事亲尽孝，有善就称美，有过就谏阻，这才是做人臣的原则。现在却敲它才响，不敲就不响，隐藏智谋，留有余力，安静冷淡地等待别人发问，然后才作答。即使对君主和双亲有大利的事，不问也不说。如果将发生大的寇乱,盗贼即将举事,就好像一种安置好的机关一触即发,别人不知这事,只有自己知道,即使君主和双亲都在,不问就不说,这种人实际是大乱之祸根。以这种态度做人臣就不忠,做儿子就不孝,事兄就不恭顺,待人就不诚实善良。他们遇事后退不言,但到朝廷上,看到有利于自己的东西,唯恐说得比别人迟。君主如果说了对自己无利的事,就高拱两手,往下低头看,好像嘴被噎住了一样,还说:"这个我未曾学过。"虽有急事需要他,他却已弃君远走了。

文史链接

非 儒

墨子批评儒家只知遵循前人之道,不知创新;指责儒家持有命之说,实为"暴人之道";对残贼之人还惺惺作态讲仁义,是"贼天下人";鼓吹礼乐为假,骗取钱财为实。这些批评虽然有以偏概全之嫌,但也有不少是切中肯綮的。

历史上对儒家批评的人还有不少。与孔子同时代的晏婴就曾向准备重用孔子的齐景公说:"儒学者滑稽善辩,不可以用法来约束他;傲慢任性,不可以作为臣下来任用他;他崇尚丧礼,追求尽哀,不惜破败家产也要举行厚葬之礼,不可让这种主张成为风气;他到处游说求取官俸,不可以用他来治理国家。从上古大贤生后,就制定了礼乐,直到周王室衰败了而礼乐也出现了残缺。现在孔子极力推崇仪容服饰,上朝下朝都有烦琐的礼节,刻意快步行走的规矩,这些繁文缛节恐怕几代人都不能学完,一整年也做不完一套礼仪。您想用他的主张来改变齐国的风俗,恐怕这不适合去引导百姓。"齐景公听完后,就不再向孔子请教礼仪了。

庄子对儒家的讥讽更多。在《庄子》一书里,常可见他用孔子及其弟子做主人公,借儒家之口反驳儒家之理的寓言故事。在《外物》篇里,庄子对儒家可谓极尽讽刺之能事。庄子说,儒者盗墓时,也会用到《诗经》与《礼记》。大儒生传话下来说:"太阳已经出来了,事情进行得如何?"小儒生说:"裙子与上衣尚未脱下,口里还含着一颗珠子。"大儒生说:"《诗经》上早就写着:'青青的麦穗,生长在山坡上。生前不布施给人,死后又何必含珠!'抓着他的鬓发,按着他的胡须,你用铁锤敲他的下巴,慢慢拨开他的两颊,不要碰坏了口里的珠子。"在《胠箧(qū qiè)》里,庄子也借盗跖之口来揶揄儒家。故事说:有弟子问盗跖说:"盗也有道吗?"盗跖说:"怎么能没有道呢?人胆猜测屋中有宝藏,这是圣明;入内时领先,这是勇敢;退出时殿后,这是义气;判断进退时机,这是智谋;分赃公平,这是仁恩。不具备这五项条件而能成为大盗,那是天下不曾有过的。"在庄子看来,儒家所作的教化百姓之事,实际上就如同人们为了防备盗贼,把贵重之物放在箱子里,绑好绳索,关紧锁钮,还以为自己聪明,而实际上大盗一来,背起箱子直接就跑,还生怕绳索和锁钮不牢固。儒家的所作所为就是帮助大盗积累和看守财物。

魏晋时期,玄学盛行,对儒家的批评更多。"竹林七贤"之一的阮籍曾写下一篇《大人先生传》讥讽当时的腐儒。他笑话那些恪守礼法的腐儒,说他们都是一群虱子,躲在裤缝深处,藏在烂棉絮之中,自以为找到了一个安乐窝。平时走路的时候不敢离开裤缝的边际,活动的时候不敢脱离裤裆这个范围,还自以为一举一动是符合礼教、得中绳墨的。肚子饿了就拼命咬人,自以为可以吃到天荒地老。但是等到大火来临、生灵涂炭的时候,这群虱子还在裤裆里躲着,不能出来。

南北朝时期,佛教发展非常迅速。所谓"南朝四百八十寺,多少楼台烟雨中",其实南朝的寺庙何止四百八十处,各地大小寺庙加起来有数万间之多。其中以信仰佛教而闻名的梁武帝萧衍更是几次舍身入佛门,都是大臣花了几亿钱重新赎回。他提出"三教同源说",抬高佛教,贬低儒道,他说道有九十六种,唯佛一道是正道,其余九十五种名为邪道。佛祖如来和老子、孔子是师徒关系,儒道两教来源于佛教,佛教为黑夜之明月,儒、道即拱月之星。

至于隋唐,帝王们对佛道尤为热衷,唐朝甚至有五位皇帝因听信道士的方术,服食丹药中毒而死。宋明时期儒学虽然有所发展,被称之为"宋明理学",但对儒家持批评意见的也大有人在。被视为异端的李贽就说自己倔强难化,不信仙、释,故见道人则恶,见僧则恶,见道学先生则尤恶。他写了一篇《题孔子像于芝佛院》,文中说:儒学先辈们根据自己的主观臆断猜测讲授孔子的著作,父亲和老师沿袭儒学先辈们的观点朗诵记忆着孔子的著作,学生们朦朦胧胧地听着记着。大家的意见都一致,没有破旧立新,千百年来同一个格律,还不自知。不说"仅仅朗诵他的话语",而说"已经知道这个人了";不说"勉强把没有弄懂当作弄懂了",而说"弄懂了就是弄懂了"。时至今日,即使有批判发现的眼光,也没有发挥它作用的地方。他还大力提倡个性解放、男女平等,对于突破儒家千年以来的僵化观念发挥了重要的作用。

其实,不管是儒家,还是墨家,或是佛道,都有可以肯定之处,也有值得批评之处。正如李贽所言:"咸以孔子之是非为是非,故未尝有是非耳。"(《藏书世纪列传总目前论》)天下的学问若非要执于一端,不顾其余,那么必定会越走越窄,卒成朽木。

思考讨论

1. 墨子在批评儒家时,谈到了为父母守丧三年,你同意墨子对此的批评意见吗?孔子认为:"子生三年,然后免于父母之怀。夫三年之丧,天下之通丧也。"(《论语·阳货》)你认为孔子的话有道理吗?

2. 如果有人比较有条理地批评你,你会采取什么样的态度回应?

公　输

公输盘为楚造云梯之械[1],成,将以攻宋。子墨子闻之,起于[2],齐行十日十夜而至于郢[3],见公输盘。公输盘曰:"夫子何命焉为[4]?"子墨子曰:"北方有侮臣,愿借子杀之。"公输盘不说。子墨子曰:"请献十金。"公输盘曰:"吾义固不杀人。"子墨子起,再拜曰:"请说之。吾从北方闻子为梯,将以攻宋。宋何罪之有?荆国有余于地[5],而不足于民,杀所不足,而争所有余,不可谓智;宋无罪而攻之,不可谓仁;知而不争,不可谓忠；争而不得，不可谓强；义不杀少而杀众，不可谓知类[6]。"公输盘服。子墨子曰："然乎？不已乎？"公输盘曰："不可。吾既已言之王矣。"子墨子曰："胡不见我于王？"公输盘曰："诺。"

关键词：攻宋　公输盘

注释

[1]公输盘：又作公输般，公输为姓，为鲁国的能工巧匠，是后世传说中的鲁班。云梯：一种古代战争器械，用于攀越城墙攻城。　[2]起于："起于"后当补一"鲁"字，即从鲁国出发。　[3]齐：即"疾"。郢：楚国国都，今湖北荆州江陵。　[4]何命焉为：有什么指教。　[5]荆国：即楚国。　[6]知类：懂得类推的道理。

译文

公输盘为楚国制造攻城的云梯，造成后，准备用它攻打宋国。墨子听说了，就从鲁国动身，赶了十天十夜的路，到达楚国国都郢，见到公输盘。公输盘说："先生有什么指教？"墨子说："北方有一个欺侮我的人，我想拜托你杀了他。"公输盘听了很不高兴。墨子说："我愿意献给你十镒黄金作为酬劳。"公输盘说："我奉行义，决不杀人。"墨子站起来，对公输盘拜了两次说："请听我说说这义。我在北方听说你造了云梯，打算用它攻打宋国。宋国有什么罪呢？楚国有多余的土地，而人口却不足，现在牺牲自己不足的人口,掠夺有余的土地,不能说有智慧;宋国没有罪却攻打它,不能说是仁;自己知道这些,不去谏阻,不能称作忠;谏阻而没有成功,不能算是强;你奉行义,不去杀那一个人,却来杀害众多的宋国百姓,不能说懂得类推的道理。"公输盘服了他的话。墨子又问他:"既然如此,为什么不取消进攻宋国这件事呢?"公输盘说:"不能。我已经向楚王承诺了。"墨子说:"为什么不把我引荐给楚王呢?"公输盘说:"好吧。"

子墨子见王,曰:"今有人于此,舍其文轩[1],邻有敝舆,而欲窃之;舍其锦绣,邻有短褐,而欲窃之;舍其梁肉[2],邻有糠糟,而欲窃之。此为何若人?"王曰:"必为窃疾矣。"子墨子曰:"荆之地方五千里,宋之地方五百里,此犹文轩之与敝舆也;荆有云梦[3],犀兕麋鹿满之[4],江汉之鱼鳖鼋鼍为天下富[5],宋所为无雉兔狐狸者也[6],此犹梁肉之与糠糟也;荆有长松、文梓、梗楠豫章[7],宋无长木,此犹锦绣之与短褐也。臣以三事之攻宋也,为与此同类。臣见大王之必伤义而不得。"王曰:"善哉!虽然,公输盘为我为云梯,必取宋。"

关键词:窃疾 伤义

注释

[1]文轩:涂饰文采的有棚的车。　　[2]梁肉:泛指精美食物。　　[3]云梦:古代指洞庭湖、洪湖泽一大片沼泽地。[4]兕(sì):雄性犀牛。　　[5]鼋(yuán):为鳖类中最大的种类,又称绿团龟。鼍(tuó):鳄鱼类,又名中华鳄、扬子鳄。[6]雉:野鸡。　　[7]梗(pián):黄梗木。楠:建筑和制器具的贵重木材。豫章:樟树。

译文

墨子见了楚王,说:"现在这里有一个人,舍弃他的华丽彩车不坐,邻居有辆破车,他却想把它偷来;舍弃他的锦绣衣服不穿,邻居有一件粗布短衣,他却想把它偷来;舍弃他的精美菜肴不吃,邻居有些糟糠,他却想把它偷来。这是一个什么样的人呢?"楚王回答说:"这人一定患了偷窃病。"墨子说:"楚国的土地方圆五千里;宋国的土地方圆五百里,这就像拿彩车与破车相比。楚国有云梦大泽,犀牛麋鹿充满其中,长江、汉水中的鱼、鳖、鼋、鼍富甲天下;宋国却连野鸡、兔子、狐狸都没有,这就像拿美食佳肴与糟糠相比。楚国有松树、梓木、黄梗木、楠木、樟树等名贵木材;宋国连棵大树都没有,这就像拿锦绣衣服与粗布短衣相比。从这三方面的事情看,我认为楚国进攻宋国,与有偷窃病的人是同一种类型。我认为大王您如果这样做,一定会伤害了道义,而不会有好结果的。"楚王说:"说得好啊! 虽然如此,公输盘已经给我造好了云梯,我一定要攻打宋国。"

于是见公输盘。子墨子解带为城[1],以牒为械[2],公输盘九设攻城之机变[3],子墨子九距之[4]。公输盘之攻械尽,子墨子之守圉有余。公输盘诎[5],而曰:"吾知所以距子矣,吾不言。"子墨子亦曰:"吾知子之所以距我,吾不言。"楚王问其故,子墨子曰:"公输子之意,不过欲杀臣。杀臣,宋莫能守,可攻也。然臣之弟子禽滑釐等三百人,已持臣守圉之器,在宋城上而待楚寇矣。虽杀臣,不能绝也。"楚王曰:"善哉!吾请无攻宋矣。"

子墨子归,过宋。天雨,庇其闾中[6],守闾者不内[7]也。故曰:治于神者,众人不知其功;争于明者,众人知之。

关键词:守圉有余　无攻宋　宋人不内

注释

[1]带:衣带,腰带。　[2]牒:木片。　[3]机变:机巧变化。　[4]距:通"拒"。　[5]诎(qū):无言以对、无计可施的样子。　[6]闾(lǘ):里巷的门。　[7]内:同"纳",接纳。

译文

　　于是楚王又叫来公输盘。墨子解下衣带,围成一座城的样子,用小木片当作守备的器械。公输盘九次巧妙地设置不同的器械来攻城,墨子九次阻挡了他的进攻。公输盘攻城的器械用尽了,墨子的守御措施还绰绰有余。公输盘无计可施,说:"我知道用什么办法对付你了,但我不说。"墨子也说:"我知道你用什么办法对付我,我也不说。"楚王问他原因。墨子回答说:"公输盘的意思,不过是杀了我。杀了我,宋国就没有人能防守了,楚国就可以进攻。但是,我的弟子禽滑釐等三百人,早已拿着我守御用的器械,在宋国的都城上等待楚军的入侵呢。即使杀了我,也不能阻止他们的抵抗。"楚王说:"好吧!我不攻打宋国了。"

　　墨子从楚国归来,经过宋国,天下着雨,他想到里巷去避雨,守闾门的人却不接纳他。所以说:运用神机的人,众人不知道他的功劳;而在明处争辩不休的人,众人却都知道他。

文史链接

弭兵之会

　　墨子风尘仆仆地赶到楚国,消弭了一场战争,宋国人还不知道自己躲过了一劫。这是墨子的仗义,但也是宋国的悲哀。宋国是一个处在楚国、齐国、魏国等大诸侯国之间的小国。虽然宋襄公曾经也被称为"春秋五霸"之一,但实际上宋国既没有强大的军事实力,也没有广阔的土地,只有一群躲在夹缝中生存的民众而已。所以宋襄公趾高气扬没几年，就在泓水之战中被楚军射中大腿，一命呜呼。宋国此后常常被几个大国轮番欺凌，今天楚国来攻打，就依附于楚国；明天晋国来围城，便归顺于晋国。这种尴尬的局面使得宋国的处境十分为难。为了避免兵灾，消除国与国之间的矛盾，宋国不能总是指望有墨子这种行侠仗义的人来助自己一臂之力，更何况在墨子出生之前，宋国就早已存在了。所以他们也想了一些办法，这就是春秋时期的弭兵之会。

这个主意是宋国的执政大夫华元提出来的。当时正是晋楚相争正酣之际，双方打得精疲力竭，不分上下，于是只好暂时停止厮杀。华元就借机利用他与楚国的令尹子重和晋国的执政栾武子之间的私人关系，游说晋楚两国罢兵和谈。晋楚两国本来也有暂缓战争的打算，正好有个中间人出来调解，免除了身为大国的尴尬，于是晋楚欣然同意在宋国举行和谈会议。

这次和谈的主要成果，就是晋楚双方约定此后不再相互用兵。如果楚国有难，晋国应该帮忙讨伐；如果晋国有难，楚国也要尽到相应的义务。两国之间加强往来，共同对付背叛的小国。谁违背了这个盟约，就要遭受神明的惩罚。协议达成之后，宋国也得到了暂时的安宁。但实际上这种盟约在晋楚两国看来完全没有任何神圣性，只不过需要养兵休整，积蓄力量，所以暂且答应宋国的要求。三年之后，楚国便撕毁盟约，开始攻打晋国。

楚国虽然兵多将广，但晋国也是实力雄厚，楚国贸然进攻的结果是连续大败两场。此时后方的吴国见有机可乘，便开始侵扰楚国。前有败局，后有威胁，楚国又有了休战的打算。而此时的晋国虽然在前方屡屡获胜，但国内却是一片内乱，异姓大族之间正忙于争权夺利，拼得你死我活。战争已经持续三十多年了，如果继续跟楚国对峙下去,说不定会因为后院失火而输掉战争。因此,晋国此时也有意休战。这个时候,处在夹缝中饱受兵荒马乱之苦的宋国,又抓住时机,开始充当中间人,让晋楚两国坐下来和谈。

第二次和谈仍然是宋国召集,只是主持大会的换成了向戌。这次会议参与的诸侯国多达十四个,算是规模盛大了。虽然是和谈会议,但是气氛却一点都不和谐。楚国一开始就提出比较蛮横的要求,要让原来分别附属于晋楚两国的中小诸侯国,同时向两个国家朝贡。这个要求看起来没什么,实际上楚国没几个附属国,大多数都是晋国的,所以实际上是占晋国便宜。在最后的歃(shà)血仪式上,楚国又抢先歃血,争抢盟主的位置。最后的会议结果就是重申了第一次和谈晋楚交相利的原则,同时所有的附属国必须既朝晋又朝楚。这样一来晋楚不用争来争去,大家共同瓜分小国利益。成语有言"朝秦暮楚",实际上宋国是"朝晋暮楚",老老实实地缴纳双倍的供奉,终于换来了几十年的安宁。

宋国最后的灭亡是咎由自取的。在宋康王的时候,有一只小鸟在城墙的角落生了一只鹯(zhān)鸟。宋康王让太史占卜,太史说:"小鸟生了大鸟,一定能称霸天下。"宋康王听了之后非常高兴,于是出兵灭掉了滕国,进攻薛国,夺取了淮北的土地。宋康王屡战屡胜,变得非常自信。他想尽快实现霸业,于是用箭射天,又鞭打土地,还砍掉了土神、谷神的神位,把它们烧掉,说:"我用威力降服天下鬼神。"他责骂那些年老敢于劝谏的大臣,剖开驼背人的背,砍断早晨过河人的腿,国中的人都十分惊恐。齐国听说后趁机进攻宋国。战事一开,百姓便四处逃散,城也没守住,很快宋康王就被齐国人抓住杀掉了。从此,宋国便灭亡了。

思考讨论

1. 墨子凭借一己之力消除了一场战争,却不能终止整个战国的混战,但他仍然四处奔走,尽力而为。他的行为从实际效果而言,无异于扬汤止沸、杯水车薪,却获得后世的广泛赞扬,你认为其中原因何在?

2. 你还听说过历史上其他用言语制止战争的事情吗?与大家分享一下。

第二章 荀子

荀子,姓荀,名况。因受时人所尊重,所以号为"卿",即荀卿。又因"荀"和"孙"古音相近,又被称为孙卿。关于荀子的字,说法不一。汉代刘向说"兰陵人善为学,盖以孙卿也。长老至今称之,曰兰陵人喜字为卿"。所以后世很多学者如胡适、钱穆、梁启雄、杨柳桥、孔繁都认为,荀子的字就是卿。三国时期的徐干则认为,荀子可能跟孟子一样,在战国时期,因为"乐贤者寡",所以

荀子像

"同时之人,不早记录",即认为荀子的字没有传下来。加之古人的名和字一般都有相应之处,如张飞,字翼德,飞同翼相应;诸葛亮,字孔明,亮与明相应。考之"况"与"卿"含义并无相关之处,所以称"卿"为字或有不妥。今暂且存疑。

至于荀子的籍贯,据司马迁《史记·孟子荀卿列传》记载为赵人。至于具体的处所,有三种说法:第一种是从荀子的姓来考证,认为"荀"姓为"郇"国转变而来,而郇(xún)国在今山西临猗一带。

第二种认为荀子本姓孙,"孙"姓起源于卫国,而卫国在今河南濮阳西北。第三种根据司马迁把荀子称为赵人,而非赵国人,依照约定俗成的解释,赵人即河北邯郸人。三种说法都有可取之处,但还有待之后的出土文献来确定。

荀子的生卒没有明确记载,根据已有史料记载,推测他的政治学术活动在公元前298年到前238年之间。荀子和孟子一样,虽然不是孔子的嫡传弟子,但都对儒家学说了如指掌。他私淑于大儒子弓,年轻时便已博学善辩。《史记》记载他约五十岁来到齐国游学,当时齐国学者云集,田骈等人过世之后,荀子成为最年长资深的老师,曾经三次担任稷下学宫的祭酒。祭酒是学宫中名望崇高的、在祭祀时举酒祭神的老师。所以,荀子在齐国可谓德高望重。公元前285年,荀子曾企图说服齐国实行儒家的仁义王道,任用儒者,但齐湣(mǐn)王不采纳荀子的建议,加之有人在齐湣王面前诋毁荀子,荀子就只好离齐去楚。在楚国期间,春申君让他作了兰陵的县令。春申君死后,荀子被废黜,便留在兰陵安享晚年,专门从事著述与教学。门下弟子有李斯、韩非、浮丘伯、张苍等,再传弟子有汉文帝时"治平为天下第一"的吴公、以《过秦论》闻名的思想家贾谊等。在楚期间荀子还打破"儒者不入秦"的惯例,公元前260年,他会见了秦昭王和秦相范雎,他赞赏秦国变法的结果,但也建议秦昭王重用儒者,实行仁义,只是他的学说没有得到秦昭王的青睐。他还去过赵国,在赵孝成王面前与临武君议论兵法,主张"以不敌之威,辅服人之道"。但最后还是选择留居楚国,直至老死。

劝学(节选)

君子曰:学不可以已[1]。青,取之于蓝而青于蓝[2];冰,水为之而寒于水。木直中绳[3],𫐓以为轮[4],其曲中规,虽有槁暴[5],不复挺者,使之然也。故木受绳则直,金就砺则利[6],君子博学而日参省乎己[7],则知明而行无过矣。

故不登高山,不知天之高也;不临深溪[8],不知地之厚也;不闻先王之遗言,不知学问之大也。干、越、夷、貉之子[9],生而同声,长而异俗,教使之然也。《诗》曰:"嗟尔君子,无恒安息。靖共尔位,好是正直。神之听之,介尔景福[10]。"神莫大于化道[11],福莫长于无祸。

关键词:博学　参省

注释

[1]已:停止。　[2]蓝:即蓼(liǎo)蓝,一种草本植物,有解毒、解热与杀菌之功效,也可作为一种提炼出蓝色的染料,靛(diàn)青就是从蓼蓝中提取。　[3]中(zhòng):符合。绳:指墨线,木匠用以测定木材的曲直。　[4]𫐓(róu):用火熏烤使木材变得弯曲。　[5]槁暴(gǎo pù):晒干。暴:同"曝",太阳晒。

[6]砺:磨刀石。　　[7]参省(cān xǐng):反省检查。一说参,通"叁",意思是要从多方面或多次反省自己。　　[8]溪:山涧。[9]干、越:古国名。今在江苏、浙江一带。夷、貊(mò):我国古代东方与北方少数民族的泛称。　　[10]"嗟(jiē)尔"句:出自《诗经·小雅·小明》。恒:常,总是。靖共:靖恭,恭谨地奉守。介:佐助,帮助。景:大。　　[11]神:这里指神智,精神。

译文

君子说:学习不能够停止。靛青从蓼蓝中提取,却比蓼蓝更青;冰由水凝固而成,但比水更寒冷。木材笔直得符合木匠的墨线,但用火熏烤,就可以弯成车轮,而且弯曲的程度就像与圆规画的一样,即使再经过火烤、曝晒,它也不能再恢复原样了,这是熏烤弯曲使它变成这样。所以木材经过墨线量过才能取直,刀剑在磨刀石上磨过才能变得锋利,君子广泛地学习,并且每天多次检查反省自己,那就会智慧高明,行为没有过错了。

所以,不登上高山,就不知道天有多高;不亲临深涧,就不知道地有多厚;没有听到过前代圣王的遗言,就不知道学问有多博大。干国、越国、夷族和貊族的孩子,刚生下来的时候,他们的哭声是一样的,但长大后习俗却不同了,这是因为后天的教化使他们这样的。《诗经》上说:"君子啊,不要总是贪图安逸,要恭谨地对待你的本职,爱好正直的德行。上帝知道了,就会赐予你莫大的幸福。"精神修养没有比受道的教化更大的,福分没有比没灾没祸更长远的。

吾尝终日而思矣,不如须臾之所学也。吾尝跂而望矣[1],不如登高之博见也。登高而招,臂非加长也,而见者远;顺风而呼,声非加疾也[2],而闻者彰。假舆马者[3],非利足也,而致千里;假舟楫者,非能水也,而绝江河[4]。君子生非异也[5],善假于物也。

关键词:善学 善假于物

注释

[1]跂(qǐ):踮起脚。　　[2]疾:壮,这里指声音洪亮。[3]假:借助,凭借。舆马:车马。　　[4]绝:渡过。　　[5]生:通"性",指人的天资、天赋。

译文

我曾经整天思考,却不如片刻的学习。我曾经踮起脚远望,却不如登上高处看得广阔。登上高处招手,手臂并没有加长,但远处的人就能看见;顺着风向呼喊,声音并没有更加洪亮,但听的人却听得很清楚。借助车马远行的人,脚走得并不快,但能够到达千里之外;借助舟船渡河的人,并不擅长游泳,却能够横渡江河。君子的生性与别人并无不同,只不过是善于借助外物罢了。

积土成山,风雨兴焉;积水成渊,蛟龙生焉;

积善成德,而神明自得[1],圣心备焉。故不积跬步[2],无以至千里;不积小流,无以成江海。骐骥一跃[3],不能十步;驽马十驾[4],功在不舍。锲而舍之,朽木不折;锲而不舍,金石可镂。螾无爪牙之利[5],筋骨之强,上食埃土,下饮黄泉,用心一也。蟹八跪而二螯[6],非蛇鳝之穴无可寄托者[7],用心躁也。是故无冥冥之志者[8],无昭昭之明;无惛惛之事者[9],无赫赫之功。行衢道者不至[10],事两君者不容。目不能两视而明,耳不能两听而聪。螣蛇无足而飞[11],梧鼠五技而穷[12]。《诗》曰:"尸鸠在桑,其子七兮。淑人君子,其仪一兮。其仪一兮,心如结兮[13]。"故君子结于一也。

关键词:积累 专注

注释

[1]神明:最高精神境界。　[2]跬(kuǐ)步:古人的半步,相当于今之一步。　[3]骐骥:千里马,骏马。　[4]驽(nú)马:劣马。　[5]螾(yǐn):通"蚓",指蚯蚓。　[6]螯(áo):节足动物的第一对脚。足端两歧,开合如钳,可取食并作防卫之用。[7]鳝(shàn):同"鳝"。　[8]冥冥:幽暗,这里比喻专注精诚,埋

头苦干。　　[9]惛(hūn)惛:与"冥冥"同义,皆为专心致志之义。[10]衢(qú)道:十字路,歧路。　　[11]螣(téng)蛇:古代传说中一种能飞的神蛇。　　[12]梧鼠:应为"鼫(shí)鼠",据说有五种技能:能飞但飞不上屋顶;能爬但爬不上树顶;能游但游不到山涧;能打洞但洞不能掩身;能走但走不过别的动物。所以才说鼫鼠"五技而穷"。　　[13]"尸鸠(jiū)"句:出自《诗经·曹风·尸鸠》。尸鸠,即布谷鸟,传说这种鸟养育幼子早上从上而下,傍晚则从下而上,平均如一,一视同仁。这里主要以尸鸠的如一为喻,告诫人们学习要用心专一坚固。

译文

　　土堆积起来就成了山,风雨就会在这里兴起;水汇积起来成为深潭,蛟龙便会在这里生长;积累善行,就能成为有道德的人,就会达到精神的最高境界,从而具备圣人的心智。所以不半步半步地积累,就无法到达千里之外的地方;不汇集众多的小溪流,就不能形成江海。骏马一跳,不能超过十步;劣马跑十天也能走得很远,因为它不曾放弃行走。用刀子刻东西,如果半途而废,即使是腐烂的木头也不能刻断;如果持之以恒,坚持不懈,就连金属和石头都能雕成花纹。蚯蚓没有锐利的爪牙,也没有强壮的筋骨,但它上能吃到地上的泥土,下能喝到地下的泉水,这是因为它用心专一的缘故。螃蟹有八只脚两只螯,但如果离开了蛇或鳝所居住的洞穴,它就无处安身,这是因为它用心浮躁的缘故。所以一个人要是没有专一精诚的精神,就不能获得清明的智慧;不专心致志地工作,就不可能有显赫的成绩。人彷徨于歧路,就不能到达目的地；人同时侍奉两个君主，就不会在道义上被宽容。这就像眼睛不能同时看清楚两件东西，耳朵不能同时听清楚两种声音一样。螣蛇虽没有脚，但是能飞；鼫鼠虽有五种技能，但是处境困窘。《诗经》说："布谷鸟居住在桑树上，喂养着七个雏儿。那些善人君子啊，他们的行为仪态多么坚定专一。行为专一不偏邪，意志才能坚定不移。"所以君子学习要坚定专一。

学，恶乎始[1]？恶乎终？曰：其数则始乎诵经[2]，终乎读《礼》；其义则始乎为士[3]，终乎为圣人。真积力久则入，学至乎没而后止也[4]。故学数有终，若其义则不可须臾舍也。为之，人也；舍之，禽兽也。故《书》者[5]，政事之纪也；《诗》者，中声之所止也[6]；《礼》者，法之大分[7]，类之纲纪也[8]；故学至乎《礼》而止矣！夫是之谓道德之极。《礼》之敬文也[9]，《乐》之中和也[10]，《诗》《书》之博也，《春秋》之微也，在天地之间者毕矣。

关键词：学习次第　真积力久

注释

[1]恶：哪里，何处。　[2]数：次第顺序。经：指儒家经典，即《诗》《书》《礼》《乐》《易》《春秋》。另说"经"为"书"之误，即《尚书》，这样才能与下文从《书》开始介绍对应。　[3]义：意义。

[4]没:通"殁(mò)",去世。　　[5]《书》:《尚书》,汉以后又称《书经》,是上古历史文献的汇编。　　[6]中声:心声,一说为中和之声。　　[7]大分:前提、要领、纲要、总纲。　　[8]纲纪:纲要。　　[9]文:文明,礼仪。　　[10]《乐》:《乐经》,今已不存,毁于秦始皇焚书坑儒。

译文

学习,从哪里开始?到哪里结束?答案是:从学习的顺序来说,是从诵读经文开始,到研读《礼》为止;从学习的意义来说,是从做一个读书人开始,到成为圣人为止。诚心积累,长期努力,就能深入,学习到死然后才停止。所以从学习的顺序来说,是有尽头的;但如果从学习的意义来说,是片刻也不能停止的。努力学习,就成为人;放弃学习,就成了禽兽。《尚书》,是记载古代政事的;《诗经》,是心声的归结;《礼》,是法制的要领,万事万物的总纲。所以学到《礼》就到头了,这可以叫作达到了道德的极境。《礼》的敬重文明礼仪,《乐》的中正和乐,《诗》《书》的见闻广博,《春秋》的微言大义,将天地之间的一切道理都包括进去了。

君子之学也,入乎耳,箸乎心[1],布乎四体,形乎动静;端而言,蠕而动,一可以为法则。小人之学也,入乎耳,出乎口。口耳之间则四寸耳,曷足以美七尺之躯哉?古之学者为己,今之学者为人。君子之学也,以美其身;小人之学也,以为禽犊[2]。故不问而告谓之傲[3]，问一而告二谓之囋[4]。傲，非也；囋，非也；君子如向矣[5]。

关键词：君子之学　小人之学　为己为人

注释

[1]箸(zhù)：通"著"，显明，明通。　　[2]禽犊：赠献之物，这里比喻卖弄。　　[3]傲：急躁。　　[4]囋(zá)：多言，唠叨。[5]向：通"响"，回响，回声。指的是"善待问者如撞钟，小叩小鸣，大叩大鸣，不叩不鸣"。

译文

君子学习，听在耳里，记在心中，灌注到全部身心，表现在一举一动上；端正地说话，和缓地行动，这样微小的言行都可以成为别人效法的对象。小人学习，耳朵里进，嘴巴里出。口耳之间不过四寸罢了，怎么能够致美于七尺长的身躯呢？古代的人学习是为了修养自身，现在的人学习是为了给别人看。君子的学习，是用它来完美自己的身心；小人的学习，只是把学问当作家禽小牛之类的礼物去讨好别人。所以别人没问就去告诉的叫作急躁，别人问一件事而告诉两件事的叫作唠叨。急躁，是不对的；唠叨，也是不对的；君子回答别人，就像钟的回响，问什么答什么。

百发失一，不足谓善射；千里跬步不至，不足谓善御；伦类不通[1]，仁义不一，不足谓善学。学也者，固学一之也。一出焉，一入焉，涂巷之人也[2]；其善者少，不善者多，桀、纣、盗跖也[3]；全之尽之，然后学者也。君子知夫不全不粹之不足以为美也，故诵数以贯之[4]，思索以通之，为其人以处之，除其害者以持养之。使目非是无欲见也，使耳非是无欲闻也，使口非是无欲言也，使心非是无欲虑也。及至其致好之也，目好之五色，耳好之五声，口好之五味，心利之有天下。是故权利不能倾也，群众不能移也，天下不能荡也[5]。生乎由是，死乎由是，夫是之谓德操。德操然后能定，能定然后能应。能定能应，夫是之谓成人。天见其明[6]，地见其光[7]，君子贵其全也。

关键词：善学者一　全之尽之　德操

注释

[1]伦类：泛指各类事物、事理。　[2]涂巷之人：指普通老百姓。涂：同"途"，道路。　[3]盗跖(zhí)：传说是春秋末年的一个大盗。　[4]诵数：诵说。　[5]荡：动摇。　[6]见：同"现"，显现的意思。　[7]光：同"广"，宽大广阔的意思。

译文

射一百支箭,有一支没有射中,就不能说是擅长射箭;驾车走了一千里的路程,还差半步没有走完,就不能叫作善于驾车;对各类事理不能融会贯通,对仁义之道不能坚持如一,就不能称之为善于学习。学习,就要做到一心一意。一会儿学得进去,一会儿学不进去,那是普通老百姓。他们之中好的少,不好的多,夏桀、商纣、盗跖就是这样的人;完全地、尽心尽力地学习,这样才称得上是个真正的学者。君子知道做学问不全面、不纯正是不足以称之为完美的,所以要诵说经典以求融会贯通,用心思索以求领会通晓,效法良师益友去努力实行它,根除一切有害的东西来培养保护它。不该看的,眼睛不看;不该听的,耳朵不听;不该说的,嘴巴不说;不该想的,内心不去思考。等到了极其爱好学习的境地,就像眼睛喜爱看五色、耳朵喜爱听五声、嘴巴喜爱吃五味、内心喜好拥有天下一样。因此,权力利益不能打动他,人多势众不能改变他,天下万物不能使他动摇。活着是这样,到死也是这样,这就叫作道德操守。具备了这样的道德操守,就有了定力,有了定力就能够应付自如。既有定力,又能应付自如,这样才是有成就的人。天显现它的光明,地显现它的广阔,君子的可贵之处就在于德行的完美。

文史链接

学习之道

荀子谈学习,对"生而知之者"的天才不作推崇,对"不学而能""不虑而知"的"良知良能"谈得很少,因为荀子的眼光具有浓厚的现实主义的色彩,他所在意的对象是一般的民众,他所关心的主旨是理论的现实可行性。而处在战国中后期的背景之下,经过孔孟两代大圣人之后的儒家已经显得有些风雨飘摇了。墨家、道家、阴阳家等学派大行其道,如果儒家继续抱着一些"迂阔而远于事情"的主张,而不去适应周围已经变化了的环境,那么儒家的薪火就有熄灭的危险。荀子开篇讲劝学意味深长,既有君子应该学习的内容和次第,又有学习的方法和技巧,还有勉励和鞭策君子学习动机的警语。其中荀子反复强调的就是一定要有专心致志、锲而不舍的精神。在荀子看来,人与人之间并不存在"唯智与下愚不移"的情况,只要努力学习,不断积累,再愚笨的人也可以有一番作为。荀子还说"涂之人可以为禹",圣人没有什么神秘莫测的,只要掌握正确的学习方法,路上的一般人也可以成为像大禹一样的圣人。圣人只是后天不断努力积累的结果。

虽然人们把孔子当作圣人,但实际上孔子从不以圣人自居。孔子也不是"生而知之"的天才,他的成长是一个不断积累的过程。有学生问孔子,为什么老师有这么多才华呢?孔子只是说:我年少的时候身份十分卑贱,什么事情都要自己亲自去做,所以就什么也都会一点而已。孔子谈到自己的学习,他说:"我非生而知之者,好古,敏以求之者也。"(《论语·述而》)我的知识是爱好古代文化,勤奋敏捷学习得来的。孔子谈到自己的好学非常自豪。他说:"十室之邑,必有忠信如丘者焉,不如丘之好学也。"(《论语·公冶长》)有人在忠信上比得上我,但在好学这一点上像我这样的不多啊。孔子还要求自己"默而识之,学而不厌,诲人不倦",强调坚持不懈地努力。他利用各种方式增加自己的知识,如

第二章 荀子 | 125

他"入太庙,每事问",见到不清楚的问题,就勇敢地向别人请教。他用来评价孔文子的"敏而好学,不耻下问"放在他自己身上也非常合适。孔子对学习不是一种功利的态度,而是把学习当作一种乐趣,他说自己学习的时候"发愤忘食,乐以忘忧,不知老之将至云尔"(《论语·述而》)。学习对于他来说,完全就是一种享受了。有一种良好的学习态度,持之以恒,不断积累,最后便自然而然地达到了"从心所欲不逾矩"的境界。

三国时期的吕蒙是一位能征善战的猛将。他十六岁的时候就偷偷随着自己的姐夫邓当去讨伐山贼。邓当后来发现他在军中,大吃一惊,喝令他不得随军打战。但吕蒙仍然坚持参战。邓当只好告诉吕蒙的母亲,当吕母责骂吕蒙时,吕蒙说:"我实在无法忍受贫贱的生活,如果让我行军打仗的话,说不定还能够获取军功,到时候就可以大富大贵。况且不探虎穴,安得虎子呢?"吕母也只好作罢。吕蒙后来十分勇猛,邓当去世之后,他已经较有名望,被张昭推荐担任别部司马的职务。但吕蒙因为年少不读书,文化程度较低,每次有大事向孙权禀报,都要找别人捉刀代笔。很多人都私下讥笑吕蒙。有一天,孙权就对吕蒙说:"你现在当权管事了,不能不学习啊!"吕蒙长期行军打仗,对读书十分反感,于是就拿军务繁忙来推辞。孙权便说:"我难道是让你去研究儒家经学,去当博士官吗?我只是要你粗通文墨,了解历史就行了。再说你管理的事务跟我相比,算得上繁忙吗?会比光武帝刘秀和曹操的事情多吗?当年光武帝一样是军务缠身,但他照样是手不释卷;如今曹操转战南北,同样是手不释卷啊。"吕蒙听了,理屈词穷,十分羞愧,于是就潜心学习,专心致志,不知疲倦。经过一段时间的学习之后,他的所见所闻,已经远远超出了一般的读书人。后来鲁肃遇到吕蒙,在他面前谈天说地,可没想到的是吕蒙这时谈论天下大事如数家珍且颇有见地。鲁肃见状是又惊又喜:"我以前只听说吕将军一身好武艺,没有想到,今日一见,你的学识精深广博,早已不是以前人们说的吴下阿蒙啊。"吕蒙回答说:"士别三日,即当刮目相看。如今与关羽为敌,他非常好学,对《左传》烂熟于心,我要对付他,当然也要多读书了。"随后便向鲁肃献上了三个计策,鲁肃听后,对他越发敬佩。

生活在今天的我们,不也常常拿事务繁忙来作为不学习的托词吗?扪心自问,我们真的有那么忙吗?就算我们忙,诚如孙权所言,我们的忙碌和压力能比得上刘秀和曹操吗?只要有心向学,坚持不懈,像吕蒙这种毫无文化基础的武将都可以变得学识渊博,何况处在今日优越条件下的我们呢?

思考讨论

1. 荀子的学习方法对你有什么启示?你有过持之以恒尔后豁然开朗的体会吗?

2. 你学习的目的是什么?在学习的过程中能否感受到乐趣?如果有乐趣或烦恼,能否给大家详细分享一下具体内容?

修身(节选)

见善,修然必以自存也[1];见不善,愀然必以自省也[2]。善在身,介然必以自好也[3];不善在身,菑然必以自恶也[4]。故非我而当者[5],吾师也;是我而当者,吾友也;谄谀我者,吾贼也。故君子隆师而亲友,以致恶其贼。好善无厌,受谏而能诫,虽欲无进,得乎哉!小人反是,致乱而恶人之非己也,致不肖而欲人之贤己也,心如虎狼,行如禽兽,而又恶人之贼己也。谄谀者亲,谏争者疏,修正为笑,至忠为贼,虽欲无灭亡,得乎哉!《诗》曰:"噏噏呰呰,亦孔之哀。谋之其臧,则具是违;谋之不臧,则具是依[6]。"此之谓也。

关键词:自存自省　隆师亲友

注释

[1]修然:整饬的样子。存:审查,检查。　[2]愀(qiǎo)然:忧惧的样子。　[3]介然:坚固的样子。　[4]菑(zāi)然:灾害在身的样子。菑:通"灾"。　[5]当:恰当。　[6]"噏(xī)噏"六句:出自《诗经·小雅·小旻(mín)》。噏噏:意为附和。呰(zǐ)呰:诋毁、诽谤之意。孔:很、十分的意思。臧(zāng):好、善的意思。

译文

见到善行,一定要认真对照自己检查是否有这种行为;见到不善的行为,一定要惊心警惕地检讨自己。自己身上有善,要坚定不移地珍视它;自己身上有不善,要像厌恶灾祸一样厌恶它。所以,批评我且中肯恰当的人,是我的老师;肯定我且中肯恰当的人,是我的朋友;谄媚我的人,是害我的谗贼。所以君子要尊重老师,亲近朋友,而极为痛恨那些谄媚自己的贼人。追求好的德行永不满足,受到规谏而能警惕,即使想不进步也做不到啊!小人则与此相反,自己做尽胡乱之事,却厌恶别人批评自己;做尽丑恶之事,却期望别人说自己贤能;自己心地如同虎狼,行为如同禽兽,却又憎恨别人妨害自己。他们亲近阿谀奉承自己的人,疏远直言规劝自己的人,把纠正自己错误的话视为讥笑,把极为忠诚的人当作谗贼,这样的人即使想不灭亡也做不到啊!《诗经》说:"又附和来又诽谤,真是使人很悲伤。谋略之中那好的,却被非难丢一旁。谋略之中不好的,却全照办弗思量。"说的就是这样的人吧。

扁善之度[1],以治气养生,则后彭祖[2];以修身自名,则配尧、禹。宜于时通,利以处穷[3],礼信是也。凡用血气、志意、知虑,由礼则治通,不由礼则勃乱提僈[4];食饮、衣服、居处、动静,由礼则和节,不由礼则触陷生疾[5];容貌、态度、进退、趋行,由礼则雅,不由礼则夷固僻违[6]、庸众而野。故人无礼则不生,事无礼则不成,国家无礼则不宁。《诗》曰:"礼仪卒度,笑语卒获[7]。"此之谓也。

关键词:礼法 守礼

注释

[1]扁善之度:即无所往而不善、放之四海而皆准的法则。扁:通"遍"。　　[2]彭祖:传说他经历了虞、夏、商、周,活了八百岁,常以他作为寿星的代称。　　[3]穷:困窘,困境。
[4]勃:通"悖",意为荒谬,荒诞不经。提僈:松弛懈怠。
[5]触陷生疾:一举一动都有毛病。一说为触发危险,发生疾困。
[6]夷固:傲慢。僻违:偏邪不正。　　[7]"礼仪"两句:出自《诗经·小雅·楚茨(cí)》。卒:尽,完全。获:得当。

译文

君子有无往而不善的法则,用它来调养血气,养护身体,那么寿命可以跻身于彭祖之列;用它来洁身自好,那么自己可与尧、禹媲美。既适宜于显达的顺境,也适宜于困窘的境遇,这全在于礼法和信义。凡是使用血气、意志、智慧和思虑的时候,遵循礼义就通达顺利,不遵循礼义就产生谬误错乱,松弛懈怠;在吃饭、穿衣、居处及活动的时候,遵循礼义的行为就会和谐适当,不遵循礼义则一举一动都会发生问题;人的容貌、态度、进退、行走,遵循礼义就温雅可亲,不遵循礼义就显得傲慢偏邪,庸俗粗野。所以人没有礼义就不能生存,做事没有礼义就不能成功,国家没有礼义就不能安宁。《诗经》说:"礼仪如果完全符合法度,一言一笑就会完全得当。"说的就是这个意思。

以善先人者谓之教[1],以善和人者谓之顺[2];以不善先人者谓之谄,以不善和人者谓之谀。是是、非非谓之知,非是、是非谓之愚。伤良曰谗[3],害良曰贼。是谓是、非谓非曰直。窃货曰盗,匿行曰诈,易言曰诞[4],趣舍无定谓之无常[5],保利弃义谓之至贼。多闻曰博,少闻曰浅。多见曰闲[6],少见曰陋。难进曰偍[7],易忘曰漏。少而理曰治,多而乱曰秏[8]。

关键词:德目　恶行

注释

[1]先:引导,前导。　　[2]和:附和。　　[3]谗:用言语陷害人、攻击人。　　[4]易言:指说话轻浮、轻率。　　[5]趣舍:取舍。　　[6]闲:博大,广博。　　[7]偍(tí):迟缓。　　[8]秏(mào):通"眊",蒙昧不明,混乱。

译文

用善良的言行来引导别人的叫作教导,用善良的言行来附和别人的叫作顺应;用不良的言行来引导别人的叫作谄媚,用不良的言行来附和别人的叫作阿谀。以是为是、以非为非的叫作明智,以是为非、以非为是的叫作愚蠢。中伤贤良叫作谗毁,陷害贤良叫作残害。对的就说对、错的就说错叫作正直。偷窃财物叫作盗窃，隐瞒自己的行为叫作欺诈，轻率胡言叫作荒诞，取舍没有个定准叫作无常，为了保住利益而背信弃义的叫作至贼。听闻多叫作渊博，听闻少叫作浅薄。见得多叫作广博，见得少叫作鄙陋。进展艰难叫作迟缓，容易忘记叫作遗漏。举措简明扼要而有条理叫作政治清明，措施繁复铺陈而混乱叫作混乱不明。

治气养心之术：血气刚强，则柔之以调和；知虑渐深[1]，则一之以易良；勇胆猛戾[2]，则辅之以道顺[3]；齐给便利[4]，则节之以动止；狭隘褊小[5]，则廓之以广大；卑湿、重迟、贪利[6]，则抗之以高志[7]；庸众驽散[8]，则劫之以师友[9]；怠慢僄弃[10]，则炤之以祸灾[11]；愚款端悫[12]，则合之以礼乐，通之以思索。凡治气养心之术，莫径由礼，莫要得师，莫神一好。夫是之谓治气养心之术也。

关键词：治气　养心　礼法　良师　专一

注释

[1]渐深：思想深沉而不明朗的样子。　[2]猛戾：凶狠暴躁，乖张。　[3]道顺：引导并使之驯顺的意思。道：通"导"。顺：通"训"。　[4]齐给便利：敏捷轻快，这里指行为不够慎重、稳沉。　[5]褊(biǎn)小：气量狭小。　[6]卑湿：低下的意

思。重迟:宽缓,迟钝的意思。　　[7]抗:举,在此为激发、鼓励之意。　　[8]驽散:才能低劣而散漫。　　[9]劫:夺取,这里指靠师友来根除旧弊。　　[10]僄(piào)弃:轻佻而自暴自弃。　　[11]炤:同"照",明确告之的意思。　　[12]愚款:单纯憨厚。端悫(què):端正朴实。

译文

调理血气、养护身心的方法是:对血气刚强的人,就用心平气和来柔化他;对思虑过于深沉复杂的人,就用坦率善良来纠正他;对勇敢大胆、凶猛暴戾的人,就开导他,使其驯顺;对行动轻率求快的人,就用举止安静来节制他;对胸怀狭隘、气量很小的人,就用宽宏大量来扩大他;对志向低下、思想迟钝、贪图小利的人,就用高远的志向来激发他;对庸俗、低能、散漫的人,就用良师益友来改造他;对怠慢轻浮、自暴自弃的人,就明确地用灾祸之事警醒他;对过于朴实单纯的人,就用礼乐来调和他,用思索来疏导他。大凡理气养心的方法,没有比遵循礼义更直接的了,没有比得到良师更重要的了,没有比专心致志、一心一意更神妙的了。这就是理气养心的方法。

夫骥一日而千里,驽马十驾则亦及之矣。将以穷无穷、逐无极与[1]?其折骨绝筋,终身不可以相及也。将有所止之[2],则千里虽远,亦或迟、或速、或先、或后,胡为乎其不可以相及也?不识步道者,将以穷无穷逐无极与[3]?意亦有所止之与[4]?夫"坚白""同异""有厚无厚"之察[5],非不察也,然而君子不辩,止之也;倚魁之行[6],非不难也,然而君子不行,止之也。故学曰:"迟,彼止而待我,我行而就之,则亦或迟、或速、或先、或后,胡为乎其不可以同至也?"

关键词:有所止

注释

[1]穷无穷:穷尽无穷的意思。无极:没有终点。　　[2]止:终点,止境。这里指限度,范围。　　[3]步道者:行路的人。[4]意:通"抑",或者,还是的意思。　　[5]坚白:即"离坚白",是战国时名家公孙龙的命题。指的是石头具有坚硬和白色两种属性,但这二者是各自独立的。眼睛看到"白"而看不出"坚",手摸到"坚"而不能感知"白"。同异:是战国时名家惠施的论题。他认为事物的同异是相对的。从具体的事物来看,事物之间可以有相同之处,也可以有相异之处,如桌子和椅子从构造、用途而言是不同的,但我们可以把它们都称之为家具。从宇宙万物的总体来看,万物既可以说是相同的,也可以是相异的。因为万物都可以称之为物质,万物又各有其相异的特性。有厚无厚:也是惠施提出的哲学命题。他说:"无厚不可积也,其大千里。"认为平面从厚(体积)来说是无,但面积仍可大至千里。一说"有厚无厚"是春秋时邓析的论题。　　[6]倚魁:通"奇傀",奇怪的意思。

译文

骏马一日行一千里的路程,劣马走十天也能达到。如果是走完那无可穷尽的路途,追逐那没有终点的行程呢?这样的话,劣马即便是跑断了骨头,走断了脚筋,一辈子也赶不上骏马。如果有一个限度,那么千里的路程虽然很远,也不过是有的跑得慢一点,有的跑得快一点,有的先到一些,有的后到一些,怎么可能走不到呢?不认识道路的人,是走完那无可穷尽的路途,追逐那没有终点的行程呢?还是有所止境呢?对"坚白""同异""有厚无厚"等命题的考察分析,君子不是不明察,但是君子不去争辩它,是因为凡事有个限度。出奇怪异的行为,做起来不是不难,但是君子不去做,也是因为凡事有个限度啊。所以学者们说:"我迟缓落后了,别人停下来等我,我便努力地追赶上去,那也就不过是或迟缓一些,或迅速一些,或冒前一些,或落后一些,怎么会到不了同一个地方呢?"

故蹞步而不休,跛鳖千里;累土而不辍,丘山崇成[1]。厌其源[2],开其渎[3],江河可竭;一进一退,一左一右,六骥不致。彼人之才性之相县也[4],岂若跛鳖之与六骥足哉?然而跛鳖致之,六骥不致,是无他故焉,或为之,或不为尔!道虽迩,不行不至;事虽小,不为不成。其为人也多暇日者[5],其出人不远矣。

关键词:不行不至　不为不成

注释

[1]崇:通"终",最终,终究。　　[2]厌:塞,堵塞。[3]渎:沟渠。　　[4]县:同"悬",差距,悬殊。　　[5]多暇日者:指有许多空闲日子的人,这里意为极其懒惰之人。

译文

所以半步半步地走个不停,瘸了腿的甲鱼也能走到千里之外;堆积泥土不中断,山丘终究能堆成。堵塞水源,开通沟渠,那么江河也会干枯;一会儿前进一会儿后退,一会儿向左一会儿向右,就是六匹骏马拉车也不能到达目的地。至于各人的资质,即使相距遥远,哪会像瘸了腿的甲鱼和六匹骏马之间那样悬殊呢?然而,瘸了腿的甲鱼能够到达目的地,六匹骏马却不能到达,这没有其他的缘故啊,只是一个去做,一个不去做罢了! 路程虽然很近,不走就不能到达;事情虽然很小,不做就不能完成。那些游手好闲怠惰的人,他的成就即使超过别人,也不可能超出很远。

文史链接

诤友谏臣

荀子告诫我们,与人交往,要分清楚师、友、贼。对于批评我们的人,如果言之有理,尽管听起来十分刺耳,也要坦然接受,把这种指正自己的人当作老师。而如果自己毫无建树,浑浑噩噩,还只希望别人赞美自己,那么迟早会走上歧途。如果在这种情况下还有阿谀奉承之人,那么这种溜须拍马之辈肯定怀有虎狼之心。荀子的意见是非常中肯的。我们修身不能够只凭自己的感觉,所谓"独学而无友,则孤陋而寡闻",一定要与人交往,听人意见。在人生路上有良师益友为伴,便可尽早走上正路。

在中国历史上,有很多敢于直谏的高洁之士。孔子非常推崇的伯夷、叔齐就是谏臣。《史记·伯夷列传》记载,在周武王要率领兵马讨伐商纣王的时候,伯夷、叔齐就站了出来,他们拉住武王的马头,竭力谏阻武王伐纣:"父亲死了还没安葬,就发动战争,能说是孝顺吗?作为臣子去杀君王,能说是仁义吗?"武王手下的士兵看到这两位老头胡言乱语,立即拔出兵器想把他们杀掉,姜子牙连忙拦住说:"他们是忠义之人。"然后让他们走了。虽然从今天的角度来看,伯夷、叔齐的建议有些迂腐,甚至不正确,但是这种置个人生死于度外的大无畏精神是难能可贵的。后来周武王没有采纳他们的建议,他们十分倔强,决定坚守气节,不吃周朝的粮食,最终饿死在首阳山上。

三国时期的辛毗(pí)是有名的谏臣。他为人刚直,常常为百姓说话,不怕拂逆君上。有一次,曹丕准备将冀州十万户百姓迁移到河南,但是当时蝗灾严重,人民饥寒交迫、朝不保夕,如此大规模的迁移对于老百姓来说无异于雪上加霜。曹丕也知道自己的主张肯定会有大臣反对,于是就摆出一副非常生气的样子。群臣见到之后,都知道曹丕心意已决,多言只会徒生事端,于是都不说话。这时候辛毗仍然毫无顾忌,挺身而出,指责曹丕。曹丕就说:"你以为这件事我做得不对吗?"辛毗非常坚决地回答道:"确实不对!"曹丕很生气,当场拂袖而去,并说:"我不想再跟你商议了。"辛毗却说:"陛下任命我做臣子,职责就是给你出谋划策,现在为什么不和我商议了呢?我所说的不是为了自己的私欲,都是为了国家社稷,你为什么要对我发火生气?"曹丕顿时哑口无言,只好躲到内室去。辛毗便跟着曹丕,拽着他的衣袖,继续直言自己的意见。曹丕愤怒地把衣服从辛毗手里拽回来,把自己关在内室里半天不出来。过了很久,曹丕对辛毗说:"你为什么如此苦苦相逼呢?"辛毗说:"这件事做了的话,陛下就要失去民心,人民就会遭受饥荒,我不得不进谏。"最后曹丕也只好让步,迁移了五万户。

唐朝的魏徵更是众所周知的谏臣,他对唐太宗从来都直言不讳。早在唐太宗初登基的时候,他就表现出这种刚直不屈的精神。譬如玄武门之变后,有人就向秦王李世民告发,说魏徵曾经是李密的幕僚,后来还给太子李建成出谋划策,甚至还劝说李建成杀害秦王。李世民听后,立刻就让人把魏徵叫来。魏徵见了秦王,秦王就问:"你为什么在我们兄弟中挑拨离间?"这个问题提出来,左右大臣都替魏徵捏了一把汗,生怕秦王秋后算账,把魏徵杀掉。可没想到,魏徵倒是神情自若,非常从容地说:"可惜太子没有听我的建议,否则也不会发生这样的事了。"李世民听他说完,觉得此人胆识过人,非同小可,所谓"识英雄重英雄",李世民也和颜悦色地说:"这已经是过去的事了,就不用再提了。"此后,魏徵更是保持本色,只要看到唐太宗有错误之处,便毫不客气地批评指正。到了后来,唐太宗都有些畏惧他。有一次,唐太宗正在逗一只漂亮的小鸟,一瞥眼看到魏徵来了,赶紧把小鸟藏在自己怀里,生怕魏徵教训他玩物丧志、有失体统。没想到魏徵这次上奏的内容非常繁多,时间拖得很长,唐太宗也没有办法,只有任他说完。好不容易等魏徵出去,唐太宗赶紧把小鸟拿出来,却发现小鸟已经闷死怀中。后来魏徵去世,唐太宗非常悲伤,他说:"夫以铜为镜,可以正衣冠;以古为镜,可以知兴替;以人为镜,可以明得失。朕常保此三镜,以防己过。今魏徵殂(cú)逝,遂亡一镜矣!"(《旧唐书·魏徵传》)

历史上的谏臣还有很多,譬如春秋的介子推,战国的孟子,汉代的汲黯,唐朝的房玄龄、杜如晦,宋朝的胡铨、寇准,明朝的海瑞、杨继盛、袁可立等。这些谏臣对于匡正帝王的行为发挥了积极的作用,是中国历史文化中一道非常亮丽的风景线。当然,并非所有谏臣的建议都是合理的,但毕竟"兼听则明,偏信则暗",不妨姑妄听之;也并非所有君王都能像齐宣王、唐太宗那样宽容大度,不少谏臣也落得身首异处的下场。

思考讨论

1. 你的身边有没有对你谄媚讨好或批评指正的人?别人的赞美或指责,哪一种带给你的影响更大?

2. 荀子认为,我们不应该去追问一些"无意义"的问题,譬如"坚白""同异"等关于逻辑学的问题,你认为荀子说得对吗?

非相(节选)

相人[1],古之人无有也,学者不道也。古者有姑布子卿[2],今之世,梁有唐举[3],相人之形状颜色而知其吉凶妖祥,世俗称之。古之人无有也,学者不道也。故相形不如论心[4],论心不如择术[5]。形不胜心,心不胜术。术正而心顺之,则形相虽恶而心术善,无害为君子也;形相虽善而心术恶,无害为小人也。君子之谓吉,小人之谓凶。故长短、小大、善恶形相,非吉凶也。古之人无有也,学者不道也。

关键词:相形　论心　择术

注释

[1]相人:给人看相,算命。　[2]姑布子卿:春秋时郑国人,曾看过孔丘和赵襄子的相,说孔子有四位圣人的脸型特征:像尧一样的面颊,像舜一样的眼睛,像禹一样的脖项,像皋陶一样的嘴巴。其事见《韩诗外传》卷九和《史记·赵世家》。　[3]唐举:战国时看相的人,曾看过李兑的相,断言李兑不出百日掌握赵国政权。尔后又看过蔡泽的相,蔡泽后来成为秦国的宰相。在李兑、蔡泽发迹之后,唐举成为战国的看相权威,名动一时。其事见《史记·范雎蔡泽列传》。　[4]论心:研究人的思想。
[5]择:区别,引申为鉴别。术:道路,方法,这里可引申为立身处世之道。

译文

给人看相,古代的人不做这种事,有学识的人也不谈论这种事。古时候有个姑布子卿,现在魏国有个唐举,他们通过观察人的容貌面色就能知道他的吉凶祸福,世俗之人都称赞他们。古代的人不做这种事,有学识的人也不谈论这种事。观察人的相貌不如考察他的思想,考察他的思想不如鉴别他立身处世的方法。相貌不如思想重要,思想不如立身处世的方法重要。立身处世的方法正确,思想又顺应着它,那么形体相貌即使丑陋,只要思想和立身处世的方法是好的,也不会妨碍他成为君子;形体相貌即使好看,只要思想与立身处世方法是丑恶的,也不能阻止他成为小人。做君子就会吉祥,做小人就会凶险。所以高矮、大小、美丑等形体相貌上的特点,并不是吉凶的标志。古代的人没有这种事,有学识的人也不谈论这种事。

且徐偃王之状[1],目可瞻焉;仲尼之状,面如蒙倛[2];周公之状,身如断菑[3];皋陶之状[4],色如削瓜;闳夭之状[5],面无见肤;傅说之状[6],身如植鳍[7];伊尹之状[8],面无须麋[9]。禹跳[10],汤偏[11],尧、舜参牟子[12]。从者将论志意,比类文学邪[13]?直将差长短、辨美恶,而相欺傲邪?

关键词:形貌 志意 学识

注释

[1]徐偃王:西周时徐国国君,据说其目仰视,能够看到自己的额头,但不能俯视。　[2]蒙倛(qī):古时人们驱疫辟邪时所用的一种面貌丑恶的假面具。　[3]断菑(zì):立着的枯树。[4]皋陶(gāo yáo):传说是东夷族的首领,曾被舜任为掌管刑法的官。皋陶与尧、舜、禹被后人尊为"上古四圣"。　[5]闳夭:周文王的大臣。他曾设法解救被纣囚于羑里的周文王。　[6]傅说(yuè):商王武丁的大臣。　[7]植鳍(qí):身上的皮肤犹如鱼鳍。　[8]伊尹:商汤王的大臣。　[9]须麋(mí):同"须眉",即胡子眉毛。　[10]禹跳:大禹跛着脚走路。　[11]汤偏:商汤半身瘫痪。　[12]参牟子:牟通"眸"。参:这里指有二瞳之相参,即两个瞳仁。另一说,参通"叁",叁牟子就是三个瞳仁。但从《史记》《尸子》等记载来看,应为两个瞳仁。　[13]文学:文才学识。

译文

况且徐偃王的相貌是眼睛可以向上看到前额;孔子的形貌是脸上好像蒙着一个狰狞的辟邪面具;周公的形貌是身体好像一个立着的枯枝;皋陶的形貌是脸色青中带绿,就像削去了皮的瓜;闳夭的形貌是脸上的胡须多得看不见皮肤;傅说的形貌是身上如同长了鱼鳍;伊尹的形貌是脸上没有胡须眉毛。大禹跛着脚走路;商汤半身不遂;尧和舜都是双瞳。相信相术的人们,是考察他们的志向思想,比较他们的文才学识呢?还是比较他们的高矮、区分他们的美丑,而欺侮轻慢他们呢?

古者,桀、纣长巨姣美[1],天下之杰也,筋力越劲,百人之敌也。然而身死国亡,为天下大僇[2],后世言恶则必稽焉[3]。是非容貌之患也,闻见之不众,论议之卑尔。

今世俗之乱君,乡曲之儇子[4],莫不美丽姚冶,奇衣妇饰,血气态度拟于女子;妇人莫不愿得以为夫,处女莫不愿得以为士,弃其亲家而欲奔之者,比肩并起。然而中君羞以为臣,中父羞以为子,中兄羞以为弟,中人羞以为友。俄则束乎有司而戮乎大市[5],莫不呼天啼哭,苦伤其今而后悔其始。是非容貌之患也,闻见之不众,论议之卑尔。然则从者将孰可也?

关键词:容貌　闻见　议论

注释

[1]长巨姣美:身材高大俊美。　[2]僇(lù):耻辱。
[3]稽:考证,印证,引证。　[4]儇(xuān)子:轻薄的男子。
[5]俄:转眼,不久后,有朝一日。束乎有司:被司法机关逮捕。

译文

古时候，夏桀、商纣都是身材高大俊美的人，是天下相貌出众的人物，他们敏捷强壮，足可对抗上百人。但最后落得身死国亡，成为天下最可耻的人，后世说到坏人，就一定会拿他们作例证。这并不是他们的容貌造成的祸患啊，而是他们见闻不多、思想卑下造成的。

现在世俗的乱民，乡间僻壤的轻薄男子，没有不打扮得妖里妖气的，他们穿着奇装异服，像妇女那样装扮自己，气色神态都模仿女人。妇女们没有谁不想得到这样的人做丈夫，姑娘们没有谁不想得到这样的人做情人，抛弃了自己的父母家庭，而想和他们私奔的女人比肩接踵。但是，即使是平庸的国君也羞于把这种人作为臣子，平常的父亲也羞于把这种人当作儿子，平庸的哥哥也羞于把这种人当作弟弟，一般的人也羞于把这种人当作朋友。有朝一日，这种人就会被官吏绑去，在大街闹市中被处决，他们无不呼天喊地，号啕大哭，都悲痛今日而后悔当初。这并不是容貌造成的祸患，而是由于他们见识浅薄、思想卑下造成的。那么，相信相术的人，究竟应该相信谁的呢？

人有三不祥：幼而不肯事长，贱而不肯事贵，不肖而不肯事贤，是人之三不祥也。人有三必穷：为上则不能爱下，为下则好非其上，是人之一必穷也；乡则不若[1]，俏则谩之[2]，是人之二必穷也；知行浅薄，曲直有以相县矣[3]，然而仁人不能推,知士不能明[4],是人之三必穷也。人有此三数行者,以为上则必危,为下则必灭。《诗》曰:"雨雪瀌瀌,宴然聿消。莫肯下隧,式居屡骄[5]。"此之谓也。

关键词:三不祥　三必穷

注释

[1]乡:通"向",面对面的意思。若:顺从。　[2]偝(bèi):背后,私下。谩:诋毁,诽谤。　[3]曲直:能与不能,这里是指才能上的差别。有:即"又"。县:通"悬",悬殊的意思。[4]明:尊崇。　[5]"雨雪"四句:出自《诗经·小雅·角弓》。瀌(biāo)瀌:雪多而大的样子。宴然:日出和暖的样子。聿:于是,或作语气助词。隧:通"坠",此处指退位。

译文

人有三种不祥之事:身为年轻的人却不肯侍奉长者,地位卑贱的人不肯侍奉尊贵的人,没有德才的人不肯侍奉贤能的人,这是人的三种不祥。人在三种情况下必然会陷于困窘:做君主的不爱护臣民,做臣民的喜欢非议君主,这是第一种情况;当面不顺从,背后又诽谤,这是第二种情况;知识浅陋,品行卑劣,才能又与别人相差悬殊,却又不能推举仁人、尊崇智士,这是第三种情况。人如果有这三种情况所说的种种行为,当君主就必然危险,做臣民就必定灭亡。《诗经》云:"纷纷雪花满天飘,阳光灿烂便融消。不肖哪肯自引退,占据高位常骄傲。"说的就是这种情况。

文史链接

人不可貌相

荀子告诉我们,人的样貌好坏和吉凶祸福之间没有必然的关系,一个人长得漂亮,但用心不善,不妨碍他成为恶人;一个人长得丑陋,但心地质朴,不妨碍他成为善人。虽然很多偶然的际遇会让人生的道路出现偏差,但从根本上而言,人的命运掌握在自己的手中,而不是由先天的长相所决定。荀子的这种观点是朴实无华、激人奋进的。但时至今日,仍然有人笃信看相算命,实在令人惋惜。

庄子曾经讲过一则算命的故事。有一天,宋元君半夜梦见有人披头散发,在侧门边窥视,并且说:"我来自名为宰路的深渊,我被清江之神派往河伯那里去,渔夫余且捉住了我。"元君醒来,叫人占卜此梦,卜者说:"这是神龟啊。"国君说:"渔夫有叫余且的吗?"左右的人说:"有。"国君说:"命令余且来朝见。"第二天,余且上朝。国君说:"你捕到什么?"余且说:"我网住了一只白龟,直径有五尺长。"国君说:"把你的龟献上来。"龟献上之后,国君又想杀它,又想养它,心中犹豫不决,叫人来占卜,卜者说:"杀龟用来占卜,吉利。"于是挖去龟肉,用龟甲占卜,七十二次都没有失误。孔子说:"神龟能够托梦给宋元君,却不能避开余且的渔网;它的智巧能够占卜七十二次都没有失误,却不能避开挖肉的祸患。这样看来,智巧有穷尽之时,神妙有不及之处。即使有最高的智巧,也避不开万人的谋害。"一个神通广大、能预知后世的神龟最后却躲不开被挖肉的悲惨命运。要是它真的如此神妙,怎么连自己的生命都无法保全呢?同样的道理,那些号称自己是"铁口神算"的算命先生,为什么连自己的命运都无法算清楚呢?更荒谬的是,算命先生还鼓吹可以"修天改命",如果命运是由天决定的,就可以去修改变动它,那究竟是算命先生本领大,还是天本领大?若是天主宰一切,那命运又如何能被一个算命先生轻易地改掉?如果算命先生本领大,甚至超过了天,那么他又何必以算命为生呢?

但是,看人看表面也是人之常情。在对某人无法深入了解的情况下,只能退而求其次诉诸第一印象。当然,第一印象尽管很关键,但靠不住。在自己的许多成见的影响下,通过第一印象下判断往往容易出现错误。孔子当年就犯过类似的错误。他说:"吾以言取人,失之宰予;以貌取人,失之子羽。"(《史记·仲尼弟子列传》)宰予,字子我,是孔子门下的高足。孔子门下有四科,分别是德行、言语、政事和文学,而宰予以能言善辩著称,位于言语科之首。孔子平时对这个巧舌如簧的学生非常看重,但有一次去学生的住处看望学生,没想到已经是大白天了,宰予还赖在床上不起来,孔子看到之后就非常生气。这个学生平时在众人面前谈起修身立德头头是道、口若悬河,没想到回到住处却如此懒散怠惰、顽劣不堪。孔子于是破口大骂:"朽木不可雕也,粪土之墙不可圬也,于予与何诛。"对这样的学生我都不知道该怎么责骂才是啊。孔子转而又反省自己:过去我对待别人,听到他的说法就相信他的行为;现在我对待别人,听到他的说法,还要观察他的行为。我是看到宰予的例子,才改变态度的。

至于子羽的故事,《韩非子·显学》和《史记·仲尼弟子列传》都有记载。子羽,叫作澹(tán)台灭明,据说他的措辞高雅纯正而有文采,他充满智慧但不逞口舌之利。他向孔子拜师,孔子跟他见面之后,看到他"状貌甚恶",长得奇丑无比,便觉得此人不会有什么才华,并不器重他。而子羽进入门下之后,潜心学习,努力提高自己,不走旁门左道,不因公事也不去见卿大夫。后来子羽南游到长江,跟随他的学生有三百人之多,名闻诸侯。孔子听说之后,便批评自己:"以貌取人,失之子羽。"孔子后来对花言巧语、长相漂亮的人都抱有一种怀疑态度。他说:"巧言令色,鲜矣仁。"(《论语·学而》)他还说:"巧言、令色、足恭,左丘明耻之,丘亦耻之。匿怨而友其人,左丘明耻之,丘亦耻之。"(《论语·公冶长》)

长得漂亮的人,文辞优美的人,德行不一定淳厚,历史上赫赫有名的西晋美男子潘岳,字安仁,后人常称为潘安,他的俊美非同一般,文采也名冠一时。据说他每次出门,少女们都会手牵着手围着他的车子,争先恐后地一睹潘安的美貌,还向他的车子投掷水果,等到他回家的时候,车上的水果都已经堆积如山,所以就有"掷果盈车"这样一个典故。但是潘安为人趋炎附势,对权贵贾谧极尽阿谀之能事。所以后来金代文学家元好问批评他:"心画心声总失真,文章宁复见为人。高情千古《闲居赋》,争信安仁拜路尘。"(《论诗三十首》)

思考讨论

1. 你认为人的长相和命运之间有必然的关联吗?它们之间有什么样的关系?

2. 荀子告诉我们,人在三种情况下必然出现不祥,有的人没有出现三种情况之一,也出现了不祥之事,你觉得这两者相互冲突吗?

非十二子(节选)

假今之世[1],饰邪说,文奸言,以枭乱天下[2],矞宇嵬琐[3],使天下混然不知是非治乱之所存者有人矣。

纵情性,安恣睢[4],禽兽行,不足以合文通治[5];然而其持之有故,其言之成理,足以欺惑愚众。是它嚣、魏牟也[6]。

忍情性,綦谿利跂[7],苟以分异人为高,不足以合大众、明大分[8];然而其持之有故,其言之成理,足以欺惑愚众。是陈仲、史䲡也[9]。

关键词:它嚣　魏牟　陈仲　史䲡

注释

[1]假:趁着,凭借。　　[2]枭乱:扰乱。枭:通"挠"。
[3]矞(jué):通"谲",欺诈,诡诈。宇:通"訏(xū)",迂曲,诡诈。嵬(wéi):怪诞,怪异。琐:委琐,鄙陋庸俗。　　[4]安:心中无所愧疚的样子。恣睢(suī):任意胡为。　　[5]合文通治:合于礼

义,明通政治。　　[6]它嚣:人名,生平已无可考。魏牟:战国时魏国的公子牟,《汉书·艺文志》将他归入道家,著录有《公子牟》四篇。　　[7]綦(qí)蹊(xī):可理解为谨小慎微。綦:通"极"。蹊:小路。利跂:背离世俗而独行。跂:通"企",踮起脚跟。 [8]大分:忠孝之大义,君臣上下之名分。　　[9]陈仲:又名田仲、陈仲子,战国时期的齐国贵族,认为兄长拥有的是不义之财,所以离开兄长,隐居长白山,以编织草鞋为生。史䲡(qiū):春秋时卫国大臣,多次为卫灵公推荐贤才,斥退奸臣,但未被采纳,临死前还嘱托儿子不要将自己的尸体入棺,死后还要"尸谏"。卫灵公终于被史䲡的言行所打动,开始尊贤使能。史䲡被后世视为中国古代谏臣的典范,并开启了"尸谏"的先河。

译文

趁着当今这个乱世,粉饰邪恶的说法,美化奸诈的言论,用来扰乱天下,那些诡诈、夸大、怪异、委琐的言论,使天下人变得浑浑噩噩,不知道何为是何为非,何为治何为乱,这样的人大有人在。

纵情任性、恣肆放荡而无愧疚,行为如同禽兽,不能够合乎礼义、明通政治,但是他们立论时却有根有据,他们解说论点时又有条有理,足以欺骗迷惑愚昧的民众。它嚣、魏牟就是这样的人。

抑制性情,谨小慎微,离世独行,一心把与众不同当作高尚,不足以协和大众,申明大义;但是他们立论时却有根有据,他们解说论点时又有条有理,足以欺骗迷惑愚昧的民众。陈仲、史䲡就是这样的人。

不知壹天下、建国家之权称[1]，上功用[2]，大俭约而僈差等[3]，曾不足以容辨异、县君臣；然而其持之有故，其言之成理，足以欺惑愚众。是墨翟、宋钘也[4]。

尚法而无法，下修而好作[5]，上则取听于上，下则取从于俗，终日言成文典，反紃察之[6]，则倜然无所归宿[7]，不可以经国定分；然而其持之有故，其言之成理，足以欺惑愚众。是慎到、田骈也[8]。

关键词：墨翟　宋钘　慎到　田骈

注释

[1]权称：准则，法度，这里主要是指荀子推崇的"礼"。一说权称为轻重之意，但墨子并非不知道国家统一的重要性，其"尚同"的思想就是明证，故不采用轻重之意。　　[2]上：崇尚。[3]僈：轻视。　　[4]宋钘(xíng)：又叫宋荣子、子宋子，生平难以确考，为战国时宋国人，约与齐宣王同时。思想接近墨家，主张"崇俭""非斗"等。　　[5]好作：自作主张、自作聪明。[6]紃(xún)察：循省审查。紃：通"循"。　　[7]倜(tì)然：远离的样子。　　[8]慎到：战国中期道家、法家学者，赵国人。主张"尚法"和"重势"。田骈(pián)：战国时齐国人，他与慎到一样由道家转入法家。主张"齐万物以为首"，要求摆脱各自的是非利害，回

到"明分""立公"的自然之理,从"不齐"中实现"齐"。

译文

不懂得统一天下、建立国家的法度,崇尚功利实用,重视节俭而轻视等级差别,甚至不容许人与人之间有差异,君臣之间有悬殊;但是他们立论时却有根有据,他们解说论点时又有条有理,足够用来欺骗迷惑愚昧的民众。墨翟、宋钘就是这样的人。

推崇法治但又没有准则,轻视贤能的人而喜欢自作主张,对上听从君主,对下依顺世俗,整天讲述着礼义法典,但等到回过头来,循省考察这些典制,就会发现它们脱离实际而没有着落,不可以用来治理国家、确定名分;但是他们立论时却有根有据,他们解说论点时又有条有理,足够用来欺骗迷惑愚昧的民众。慎到、田骈就是这种人。

不法先王,不是礼义,而好治怪说,玩琦辞[1],甚察而不急[2],辩而无用,多事而寡功,不可以为治纲纪;然而其持之有故,其言之成理,足以欺惑愚众。是惠施、邓析也[3]。

略法先王而不知其统[4],然而犹材剧志大[5],闻见杂博。案往旧造说[6],谓之五行[7],甚僻违而无类[8],幽隐而无说[9],闭约而无解[10],案饰其辞而祗敬之曰[11]:此真先君子之言也。子思唱之[12]，孟轲和之[13]，世俗之沟犹瞀儒[14]，嚾嚾然不知其所非也[15]，遂受而传之，以为仲尼、子游为兹厚于后世[16]。是则子思、孟轲之罪也。

关键词：惠施　邓析　子思　孟轲

注释

[1]琦：通"奇"。　[2]不急：不能马上发生作用、产生效果。　[3]惠施：战国时期哲学家，名家学派的代表人物。宋国人，生卒年不详。长于雄辩与逻辑推理。邓析：春秋末年郑国人，做过郑大夫。他反对不许民知争端与禁止民有争心的礼治，作竹刑，主张刑名之治。《汉书·艺文志》把邓析列为名家第一人，并称《邓析子》的书有两篇，现已亡佚。　[4]统：要领，统领。　[5]材剧：才能很多。　[6]案：依照。往旧：古代。造说：臆造一种学说。　[7]五行：具体意义不明，一说为五常，即仁义礼智信。　[8]僻违：邪僻。　[9]幽隐：晦涩。无说：无法解说，无法言说。　[10]闭约：隐晦。　[11]案：语助词，无实义。祗(zhī)敬：恭恭敬敬。　[12]子思：战国初期哲学家。姓孔，名伋，字子思，孔鲤之子，孔子之孙，鲁国陬邑（今山东曲阜）人。约生于公元前481年，卒于公元前402年前后。相传子思作《中庸》，被尊为"述圣"，其思想对孟子和宋明理学都有影响。唱：通"倡"，倡导，提倡。　[13]孟轲：即孟子，战国中期邹国人，儒家思想的代表人物，后世被尊为"亚圣"。　[14]沟：同"怐(kòu)"，愚昧无知。犹：犹豫不决，没有主见的意思。瞀(mào)：蒙

第二章　荀子 | 153

昧。　[15]讙(huān)讙然:吵吵嚷嚷的样子,形容十分喧闹。
[16]子游:姓言,名偃,字子游,也称言游,位列孔门四科中的文学科第一名,也是孔子七十二弟子中唯一的南方人,后学成南归,道启东南,对江南文化的繁荣有很大贡献,被誉为"南方夫子"。但《荀子》全书里,"仲尼"常与"子弓"连称,且荀子对子游持批评态度,故此处"子游"当为"子弓"之误。

译文

不效法先王,不赞成礼义,而喜欢钻研奇谈怪论,玩弄奇辞,他们的言论非常精微但不能产生效用,雄辩动听但无实际用处,做的事情多,功效却很少,不可以作为治国的纲领;但是他们立论时却有根有据,他们解说论点时又有条有理,足够用来欺骗迷惑愚昧的民众。惠施、邓析就是这种人。

粗略地效法先圣,而不知他们的要领,然而却自以为才华横溢,志向远大,博闻多见。依据古制臆造新说,称之为五行,这些学说非常邪僻而不伦不类,隐晦难明而无法言说,晦涩不通而无从解说,还粉饰他们的言论,恭恭敬敬地说:这真正是先师孔子的言论啊。子思在前倡导,孟轲随后附和,世俗那些愚昧无知的儒生吵吵闹闹地不知道他们错在哪里,于是接受了这种学说又传授给后人,以为是孔子、子弓的学说并以此嘉惠于后代。这就是子思、孟轲的罪过了。

若夫总方略[1],齐言行,壹统类,而群天下之英杰,而告之以大古[2],教之以至顺;奥窔之间[3],

簟席之上[4]，敛然圣王之文章具焉[5]，佛然平世之俗起焉[6]，六说者不能入也，十二子者不能亲也，无置锥之地而王公不能与之争名，在一大夫之位则一君不能独畜，一国不能独容，成名况乎诸侯[7]，莫不愿以为臣。是圣人之不得势者也，仲尼、子弓是也[8]。

关键词：仲尼　子弓　不得势

注释

[1]总：总括，统领。方略：道术。　　[2]大古：指古代帝王的功绩。　　[3]奥窔(yào)：意指室隅深处，也泛指堂室之内。奥：屋子里的西南角。窔：屋子里的东南角。　　[4]簟(diàn)席：竹席。　　[5]敛然：聚集的样子，形容浩繁丰富。　　[6]佛(bó)然：勃然兴起的样子。　　[7]况：超过。　　[8]子弓：一说为孔子的弟子，姓冉，名雍，字仲弓；一说为馯(hán)臂子弓，《史记》上记载子弓是孔子易学的第二代传人。郭沫若在《周易之制作年代》中提出《易经》作者为孔子的再传弟子臂子弓，并推测《易传》的作者大部分是荀子的门徒。

译文

至于总括治国的方针策略，统一的言行，统一治国的纲纪，从而汇聚天下的英雄豪杰，告诉他们上古先王的伟绩，用天下的至理来教导他们。在室堂之内，竹席之上，堆积着圣王的礼义制度，社会安定的礼义也勃然兴起。它嚣、墨翟等六家学说不能进入这讲堂，魏牟、孟轲等十二个人不能接近这竹席。虽然他们没有立锥之地，但天子诸侯不能与之竞争名望；虽然只是身居大夫之职，但一个诸侯国的国君却不能将他据为己有，一个诸侯国也无法单独容纳他。他们的盛名超过了诸侯，没有一个国君不想让他们来当自己的臣子。这就是没有取得权势的圣人，孔子、子弓就是这种人。

一天下，财万物[1]，长养人民，兼利天下；通达之属[2]，莫不从服，六说者立息，十二子者迁化。则圣人之得势者，舜、禹是也。

今夫仁人也，将何务哉？上则法舜、禹之制，下则法仲尼、子弓之义，以务息十二子之说。如是，则天下之害除，仁人之事毕，圣王之迹著矣[3]。

关键词：仁人之务　息十二子

注释

[1]财：通"裁"，管理，利用。　[2]通达之属：所能到达的地方，这里指整个天下。　[3]著：显著，彰显。

注释

统一天下,管理万物,养育人民,使天下人都得到好处;天下之人,没有不服从的,上述六种学说会立刻销声匿迹,十二子的学说也会渐渐改变。这就是得到了权势的圣人,舜、禹就是这种人。

当今的仁人,应该做些什么呢?上要效法舜禹的制度,下要效法孔子、子弓的礼义,一定要消除十二子的学说。这样的话,天下的祸害就得到清除,仁人的事业也能够完成,圣王的事迹也得到了彰显。

古之所谓士仕者[1],厚敦者也,合群者也,乐可贵者也[2],乐分施者也[3],远罪过者也,务事理者也,羞独富者也。今之所谓士仕者,污漫者也[4],贼乱者也,恣睢者也,贪利者也,触抵者也[5],无礼义而唯权势之嗜者也。古之所谓处士者[6],德盛者也,能静者也,修正者也,知命者也,箸是者也[7]。今之所谓处士者,无能而云能者也,无知而云知者也,利心无足而佯无欲者也,行伪险秽而强高言谨悫者也[8],以不俗为俗,离纵而跂訾者也[9]。

关键词:古今士仕　古今处士

注释

[1]士仕:应为"仕士",与下文"处士"对应,意思是做官的人。[2]乐可贵者:注重道德品质的高尚的人;一说"乐可贵"应为"易富贵",轻视富贵的意思。　[3]分施:把恩惠施与众人。[4]污漫:行为肮脏、丑恶。　[5]触抵:触犯法令,以权势忤逆他人,引申为仗势欺人。　[6]处士:隐士,不愿意做官的人。[7]箸是:宣扬正确的主张。　[8]谨悫:谨慎诚实。　[9]离纵:离开正道。跂訾(zǐ):显示自己与众不同。

译文

古代所说的做官的人,是老实厚道的人,是团结群众的人,是注重道德品质的高尚的人,是乐于把恩惠施与众人的人,是远离罪过的人,是努力研究事理的人,是以独自富裕为羞耻的人。现在所说的做官的人,是行为污秽卑鄙的人,是为非作歹的人,是恣肆放荡的人,是贪图私利的人,是仗势欺人的人,是不顾礼义而只贪图权势的人。古代所说的隐士,是道德高尚的人,是能恬淡静默的人,是行为端正的人,是知道天命的人,是彰明正道的人。现在所说的隐士,是没有才能而自吹有才能的人,是没有知识而自吹有知识的人,是贪得无厌而又假装没有欲望的人,是行为阴险肮脏而又硬要吹嘘自己是谨慎老实的人,是把不同于社会的习俗作为自己的习俗,背离正道而自命不凡的人。

文史链接

必使无讼

荀子在《非十二子》中批评了很多当时的学者,其中有的学者至今仍然闻名遐迩,而有的学者则早已淡出我们的视野,甚至已经无迹可考,化为历史的尘埃。其中有一位学者邓析也是我们平时接触较少的,他被荀子批评为喜欢奇谈怪论、玩弄文字游戏、善于论辩而于事无益。只要我们大致了解一下邓析,就会发现这些评价还是比较中肯的。

邓析是春秋末年郑国名家思想家,他是郑国当时执政的卿大夫子产的部下。《吕氏春秋·离谓》对邓析的事迹记载得较为详细。上面说邓析"以非为是,以是为非,是非无度",是一个擅长辞令,论辩高明的人。当时郑国发大水,有个富人溺水而亡。有人打捞到富人的尸体,富人家属得知后便拿钱去赎回尸体,而打捞尸体的人却向富人家属索要很多金子。富人家属便向邓析请教,邓析说:"你们放心吧,得到尸体的人除了把尸体卖给你们,他还能卖给谁呢?"而打捞到尸体的人担心死者家属不来赎尸,也去请教邓析,邓析便说:"你放心吧。那死者家属除了找你可以买到尸体,他还能找谁去买呢?"双方都觉得邓析的话非常有道理,但是把他的话合在一起,就不知道如何是好。

邓析还用自己的诡辩之术来对付上级子产。当时郑国有许多人相互以书信辩答。子产下令不许用书信辩答,邓析就文饰法律。子产下令不许文饰法律,邓析就曲解法律。法律无穷无尽,邓析的办法也无穷无尽。这样一来,一切事情都变得模棱两可,是非黑白混淆不清。此外,在子产治理郑国的时候,邓析还刁难他。他与打官司的人约定,要打大官司就要送一套长袍,打小官司就要送一套短衣裤,他便倾囊相授论辩之术,指点法律漏洞,确保官司稳操胜券。于是人们纷纷送衣裤来向他学习如何打官司,一时门庭若市,每天来往进出的人络绎不绝。而邓析因为收费为别人提供法律咨询,也被后世看作中国律师的始祖。这样一来,许多人都学会逞口舌之利,善于搬弄是非,令郑国的狱讼十分混乱。子产终于忍无可忍,将邓析处死。

《吕氏春秋》对邓析的言行举止是持否定态度的。邓析被处死之后,《吕氏春秋》这样评价:"今世之人,多欲治其国,而莫之诛邓析之类,此所以欲治而愈乱也。"意思是说,现在的人要想治理好国家,就要多杀一些像邓析这样的人。之所以有这种观念,与影响中国人思维观念比较深远的儒道思想相关。在《论语·颜渊》里,孔子谈到了自己对民间诉讼问题的看法:"听讼,吾犹人也,必也使无讼乎。"意思是说,审判诉讼案件,我与别人差不多。如果一定要有所不同,我希望使诉讼案件完全消失。这段话就成了儒家对于民间诉讼的基本态度。也就是不希望出现打官司的现象,打官司是教化不行、民风不淳的结果。作为官员,重要的是行教化,而不是审理案件。官员加强自我修养,以身作则,教化上去了,就可以达到"无讼"的境界。老子也谈到:"圣人处无为之事,行不言之教。"(《道德经·第二章》)"我无为而民自化;我好静而民自正。"(《道德经·第二章》)"和大怨,必有余怨,安可以为善?"(《道德经·第七十九章》)这些思想很清楚地表明道家对诉讼的态度是否定的,只要统治者清静无为,自然就不会发生诉讼。所以在中国传统思想中,喜好争辩,动辄诉讼,往往被视为品质顽劣不堪的表现。而处理诉讼的官员,也尽量大事化小、小事化了,用最自然、最和谐的方式来处理人与人之间的矛盾。譬如在《后汉书·循吏传》中就记载了这样的故事。许荆为桂阳太守,辖下耒阳县有一个叫蒋均的县民与兄弟争夺财产,互相起诉。许荆在审理案件时,对着蒋氏兄弟叹气说:"我身为桂阳太守,承担国家重任,却没能令教化大行,致使兄弟彼此诉讼,这个责任都是因我而起啊!"然后便对下属书吏吩咐,要向朝廷上书说明自己的罪状,请求廷尉降罪。蒋氏兄弟听后,非常惭愧不安,对自己的行为也懊悔万分,于是当场和解,还请求太守治自己的"不悌"之罪。

此外,还有一位叫仇览的亭长。他非常注重辖区内子民的教化,督促各户尽力耕作,还规定自种自养蔬果鸡猪,子弟要入学学习。有一天,一个叫陈元的人因顶撞母亲而被母亲起诉。仇览便说:"我去过你们家,你们家的屋舍田园都很整齐,这说明你儿子陈元并不是坏人,只是缺少教化而已。你守寡养孤,含辛茹苦一辈子,难道就为了这么点小事要陷你儿子于重罪吗?"陈元母亲听后十分感动。仇览接着便到陈元家,与母子二人一同吃饭,并向陈元讲述人伦孝行。陈元听从仇览的谆谆教诲,从此变成一名孝子。仇览后来被县令王涣提升为主簿,王涣便以陈元之事质问他:"你听说陈元有罪,不予以惩罚却教导训诲,是不是有损官吏如鹯鹰扑恶鸟的志气?"仇览回答道:"我觉得与其当一只凶猛的鹯鹰,不如做教化百鸟臻于吉祥的凤凰。"王涣听罢后极为赞叹,便将仇览保送到洛阳太学去深造。

第二章 荀子

思考讨论

1. 荀子批评十二子的学说,但又说他们"持之有故,言之成理",你能否查一查资料,说明其中某一位思想的合理之处?

2. 荀子将古今官员进行对比,厚古而薄今,你觉得这种观点正确吗?是否古代的人就一定好,现在的人就一定糟呢?

天论篇(节选)

天行有常[1],不为尧存,不为桀亡。应之以治则吉[2],应之以乱则凶[3]。强本而节用[4],则天不能贫;养备而动时[5],则天不能病;循道而不忒[6],则天不能祸。故水旱不能使之饥,寒暑不能使之疾,祅怪不能使之凶[7]。本荒而用侈,则天不能使之富;养略而动罕[8],则天不能使之全;倍道而妄行,则天不能使之吉。故水旱未至而饥,寒暑未薄而疾[9],祅怪未至而凶。受时与治世同,而殃祸与治世异,不可以怨天,其道然也。故明于天人之分,则可谓至人矣。

关键词:天行有常　循道不忒　天人之分

注释

[1]天行:自然界的运行变化。常:常规,固定的规律。
[2]应:对应,承接。之:指天道。治:一说是合理的措施,一说为太平安定的社会。　　[3]乱:一说是不合理的措施,一说为混乱不堪的社会。　　[4]本:这里指农业。　　[5]养:养生之具,供养之物,指衣食等生活资料。备:充足。动时:这里指让老百姓劳作,不误农时,也不使百姓劳苦。　　[6]循:遵循。忒:差错。
[7]祆怪:即妖怪,在《荀子》一书中主要是指自然灾害和自然界的变异现象。祆:同"妖"。　　[8]略:不足。动罕:怠惰的意思。
[9]薄:迫近。

译文

自然界的运行有自己的规律,它不会因为尧而存在,也不会因为桀而消亡。用合理的措施去顺应它就吉利,用混乱的措施去承接它就凶险。加强农业生产,节约用度,那么天就不能使人们贫穷;衣食给养充足,劳作适时,那么天就不能使人们困苦;遵循自然规律而不出差错,那么天就不能使人们遭殃。所以水涝旱灾不能使人们饥渴,严寒酷暑不能使人们生病,自然界的反常变异不能使人们遭殃。反之,荒废农业,用度奢侈,那么天就不能使人们富裕;衣食给养不足而懒于劳作,那么天就不能使人们保全;违背规律而恣意妄为,那么天就不能使人们吉祥。所以水涝旱灾还没有来到,人们就挨饿了;严寒酷暑还没有迫近,人们就生病了;自然界的反常变异还没有出现,人们就遭殃了。遇到的天时和治

第二章　荀子 | 163

世相同,遇到的灾祸却与治世不同,这不可以埋怨上天,这是人自己所采取的措施造成的。所以明白了大自然与人类社会的区分,就可以说是最高明的人了。

不为而成,不求而得,夫是之谓天职[1]。如是者,虽深,其人不加虑焉[2];虽大,不加能焉;虽精,不加察焉;夫是之谓不与天争职。天有其时,地有其财,人有其治[3],夫是之谓能参[4]。舍其所以参,而愿其所参[5],则惑矣!

天不为人之恶寒也辍冬[6],地不为人之恶辽远也辍广,君子不为小人之匈匈也辍行[7]。天有常道矣,地有常数矣[8],君子有常体矣[9]。君子道其常,而小人计其功。《诗》曰:"礼义之不愆,何恤人之言兮[10]?"此之谓也。

关键词:天职　能参　执守常道

注释

[1]天职:自然界的职能。　[2]其人:至人,高明的人。　[3]治:指人治理社会与自然的能力。　[4]能参:能够与天地相配合。　[5]所参:配合自然界的功绩。　[6]辍:停止。　[7]匈匈:同"讻讻",吵闹喧哗的样子。　[8]常数:永恒不变的法则。　[9]常体:持久不变的行为标准。　[10]礼义之不

愆(qiān),何恤人之言兮：所引诗句不见于《诗经》,可能已经失传。但在《荀子·正名》中再次出现此句。愆：差错,过错。恤：在意,顾及。

译文

无须作为就能成功,不用求取就能得到,这就叫作自然的职能。像这种情况,天道即使意义深远,高明的人也不会对它加以揣度；天道即使影响广大,高明的人也不会对它加以干预；天道即使道理精妙,高明的人也不会对它加以审察；这叫作不和自然争职。上天有自己的时令季节,大地有自己的物产资源,人类有自己的治理能力,这叫作与天地参与配合。如果舍弃了自身用来与天地相并列的职能,却羡慕天时地财的职能,那就糊涂了。

上天不会因为人们厌恶寒冷就废止冬季,大地不会因为人们厌恶辽远就废止宽广,君子不会因为小人的吵闹喧哗就废止善行。上天有经久不变的规律,大地有永恒不变的法则,君子有持久不变的行为标准。君子执守善道,而小人计较功利。《诗经》云："在礼义上没有过失,何必担忧人说长道短？"说的就是这个道理。

楚王后车千乘,非知也[1]；君子啜菽饮水[2],非愚也；是节然也[3]。若夫志意修,德行厚,智虑明,生于今而志乎古,则是其在我者也。故君子敬其在己者,而不慕其在天者；小人错其在己者[4],而慕其在天者。君子敬其在己者,而不慕其在天者,是以日进也;小人错其在己者,而慕其在天者,是以日退也。故君子之所以日进与小人之所以日退,一也[5]。君子、小人之所以相县者,在此耳!

关键词:时运　反躬己身

注释

[1]知:同"智"。　[2]啜(chuò):吃。菽(shū):豆类,这里泛指粗粮。　[3]节然:偶然,时运使然,时运如此。节:时运。[4]错:通"措",舍弃,弃置。　[5]一也:一个道理。

译文

楚王后面跟随的车子有上千辆,并不是因为他聪明;君子吃粗粮喝白水,并不是因为他愚蠢;这是时运使他们如此。至于志意端正,德行美好,谋虑精明,生在今天而向往古代,这些是我们自己能够努力做到的。所以,君子看重那些取决于自己的事情,而不羡慕那些取决于上天的东西;小人丢下那些取决于自己的事情,而指望那些取决于上天的东西。君子看重那些取决于自己的事情,而不去羡慕那些取决于上天的东西,因此天天进步;小人丢下那些取决于自己的事情,而指望那些取决于上天的东西,因此天天退步。所以君子天天进步的原因与小人天天退步的原因,道理是一样的。君子小人之所以相差如此悬殊,原因就在这里。

星队、木鸣[1],国人皆恐,曰:是何也?曰:无何也。是天地之变、阴阳之化、物之罕至者也。怪之,可也;而畏之,非也。夫日月之有蚀,风雨之不时,怪星之党见[2],是无世而不常有之。上明而政平,则是虽并世起[3],无伤也;上暗而政险,则是虽无一至者,无益也。夫星之队、木之鸣,是天地之变、阴阳之化、物之罕至者也。怪之,可也;而畏之,非也。

关键词:天地之变　可怪不可畏

注释

[1]星队:流星坠落。队:同"坠"。木鸣:古代祭神用的树,因风吹而发出声音。　[2]党见:偶然出现。党:同"傥(tóng)",侥幸、偶然的意思。　[3]并世:在同一时代。

译文

流星坠落,树木发声,人们都很害怕。说:这是怎么回事呢?我们回答说:这没有什么。这是自然界的变异、阴阳二气的变化、事物中很少出现的现象。感到奇怪,是可以的;但害怕它,就错了。有时候日月有亏蚀,风雨不按时节,奇怪的星相偶然出现,这些现象任何时代都曾出现过。如果君主英明而政治清明，那么这些现象即使在同一时候出现，也没有什么妨害；若是君主愚昧而政治黑暗，那么这些现象纵然一样都没出现，也毫无裨益。流星的坠落、树木的发声，这是自然界的变异、阴阳二气的变化、事物中很少出现的现象。对它感到奇怪，是可以的；但感到害怕，就错了。

雩而雨[1]，何也？曰：无何也，犹不雩而雨也。日月食而救之[2]，天旱而雩，卜筮然后决大事[3]，非以为得求也，以文之也[4]。故君子以为文，而百姓以为神。以为文则吉，以为神则凶也。

在天者莫明于日月，在地者莫明于水火，在物者莫明于珠玉，在人者莫明于礼义。故日月不高，则光晖不赫；水火不积，则晖润不博[5]；珠玉不睹乎外，则王公不以为宝；礼义不加于国家，则功名不白[6]。故人之命在天，国之命在礼。君人者，隆礼尊贤而王，重法爱民而霸，好利多诈而危，权谋、倾覆、幽险而尽亡矣。

关键词：雩以为文　隆礼尊贤

注释

[1]雩(yú)：古代求雨的祭祀。　　[2]救之：古人以为日食、

月食是"天狗"把日、月吞食了,所以敲盆击鼓吓跑"天狗"以抢救日、月。　　[3]卜筮(shì):古代用龟甲占吉凶叫作卜,用蓍(shī)草占吉凶叫作筮。　　[4]文:文饰。　　[5]晖:同"辉",指火的光亮。润:水的光泽。博:众多,丰富。　　[6]白:显露。

译文

祭神求雨就下了雨,这是为什么呢?回答说:没什么,它就像不去祭神求雨而下了雨一样。日食、月食发生了,人们就去营救它们;天气干旱了,人们就祭神求雨;占卜算卦,然后决定大事。做这些事情,并非是因为这些做法能得到所祈求的东西,只是用它们来文饰政事罢了。所以君子把这些活动看作一种文饰,而老百姓却把它们看作神灵之事。把它们看作一种文饰就吉利,把它们看作神灵之事就凶险了。

在天上的东西没有什么比太阳、月亮更明亮的了,在地上的东西没有什么比水、火更明亮的了,在万物之中没有什么比珍珠、宝玉更明亮的了,在人类社会之中没有什么比礼义更明亮的了。太阳、月亮如果不高挂空中,那么它们的光辉就不显著;水、火如果不积聚,那么火的光辉、水的光泽就不显眼;珍珠、宝玉的光彩如果不显露于外,那么天子诸侯就不会把它们当作宝贝;礼义如果不施行于国家,那么它的功绩和名声就不会显著。所以人的命运在于如何对待天,国家的命运在于如何对待礼义。君主推崇礼义,尊重贤人,就能称王天下;重视法治,爱护人民,就能称霸诸侯;贪图私利而诡计多端,就会危险;玩弄权术、颠覆政权、阴暗险恶,那就会彻底灭亡了。

大天而思之[1],孰与物畜而制之[2]?从天而颂之,孰与制天命而用之?望时而待之,孰与应时而使之?因物而多之,孰与骋能而化之[3]?思物而物之[4],孰与理物而勿失之也?愿于物之所以生,孰与有物之所以成?故错人而思天[5],则失万物之情。

关键词:制天命　应时　理物　有物

注释

[1]大天:以天为大,崇尚、推崇天。　[2]物畜:把天当作物来蓄养。　[3]骋能:尽力施展人的才能。　[4]物之:使物为己所用。　[5]错人:放弃人的努力。

译文

尊崇天而思慕它,哪里比得上把它当作物来蓄养从而控制它呢?顺从天而颂扬它,哪里比得上掌握它的变化规律而利用它呢?盼望着天时,而等待天的恩赐,哪里比得上因时制宜而使它为我所用呢?听凭万物的自然生长增殖,哪里比得上施展人的才能而化用它呢?思慕万物而希望为己所用,哪里比得上管理好万物而不失去它们呢?思考万物产生的原因,哪里比得上促进万物更好地生长呢?所以,放弃了人的努力而寄希望于天的恩赐,那就丢掉了万物的实情。

文史链接

天人相分

荀子论天和许多思想家都不同,他既不是诗情画意地欣赏把玩,也不是虔敬慎重地顶礼膜拜。在他看来,天就是天,人就是人,天和人各有各的边界,天不会因为人间的治乱而遥相呼应,人间的吉凶悔吝也跟冥冥不可测的天没有多大关系。一般的老百姓可以把奇怪的自然现象看作神圣的天的安排,但仁人君子却万万不可。用这些神秘的天意可以愚弄百姓,但是统治者若是把它真当一回事便是大谬。荀子持一种比较典型的"天人相分"的朴素唯物主义思想。在中国哲学史上,与他类似的哲学家还有王充、柳宗元、刘禹锡、王夫之等。在此简单地介绍一下相关思想。

王充是东汉时期的哲学家,字仲任,他的父辈都是勇武刚强之人,而他却是一个嗜书如命的读书人。他满腹经纶,但仕途坎坷,晚年更是潦倒。他丰富的人生经历让他对社会世相有一种清醒的冷眼旁观的态度,不过他跟庄子一样都是"眼极冷,心极热",讥俗讽世,特立独行,对社会却是一副古道热肠。王充流传后世的代表作是《论衡》,这本书有许多地方都继承和发扬了荀子的理性主义传统。譬如古人一谈到电闪雷鸣,就认为是老天爷的暴怒,要惩罚世人。时至今日,这种观点仍然流传在百姓的口头。日常生活中,我们常会听到有人说:"你做了这么多坏事,小心天打雷劈。"好像这两件事有必然的关联一样。而在王充看来,天是天,人是人,天人相分,怎么会有雷劈恶人的事情呢?王充说,雷的确劈死了一些坏人,但从实际情况来看,更多的是劈死一些无辜善良的普通人。有人就狡辩说，那些所谓的无辜善良的人，可能只是表面看上去如此，实际上骨子里是坏人啊，或者他们背地里干了很多坏事，或者包藏祸心，有所图谋呢？王充反驳道：既然如此，那为什么那些光天化日之下做尽伤天害理之事的人反倒没有被雷劈呢？为什么除了人被雷劈，一些树木花草，还有一些牲畜也被雷劈呢？难道这些牲畜草木都犯了大罪而要遭老天爷的惩罚吗？王充的层层剖析，有力地反驳了人们关于雷劈的种种虚无观念。还有很多人相信鬼神，说人是有精神的，死后就变成了鬼。王充则反驳道：人死后精神就变成鬼，但人身上穿的衣服应该是物质的，自然衣服不会因为人死了就跟着变成鬼，如此一来，鬼的身上应该是没有衣服的，全是裸体。但为什么那些见过鬼的人都说自己看到的鬼是穿衣服的呢？由此可见，所谓有精神的东西死后精神变成鬼的说法是站不住脚的。退一步说，即便是人死后真的可以变成鬼，人类已经存在数千年了，那么这数千年死了多少人，就会产生多少鬼，如此算来，鬼的数目是非常惊人的，恐怕已经到了"填街塞巷"的地步了，无处不在啊，但为什么那些声称自己见到鬼的人总是只看到极少的鬼呢？可见，鬼神之说也是值得怀疑的啊。

唐代的文学家柳宗元也是一位睿智的思想家。他认为天地、阴阳、元气都是自然之物，跟寻常的瓜果草木没有本质区别，只不过在形体上有差异而已。人们所看到的地质灾害和天文异常现象，实质上都是"自崩自缺"，它们的存在变化是因为自身的缘故，不是为了人类的目的而作为。对于社会上流行的天人感应之说，柳宗元也持反驳态度，他说，兴衰治乱不是由上天决定的，而是由人类自己决定。那么天降灾害异象的事情，并不是上天要惩罚众人。况且春雷破石裂木,秋霜凋残草木这些现象如果说存在一个被惩罚的对象,那么受害的也是草木巨石,而不是众人。但犯错的是众人,并非草木巨石,老天爷惩罚草木巨石,这难道不是很荒谬吗?

与柳宗元同榜登进士的刘禹锡也持类似的观点。他认为,天有天的擅长之处,天能让万物生长,但不能干预人间的治乱;人有人的擅长之处,人能够治理管辖万物,利用改造自然界,但不能干预天的"寒暑",不能左右自然规律。所谓"天恒执其所能以临乎下,非有预乎治乱云尔;人恒执其所能以仰乎天,非有预乎寒暑云尔"(《天论》)。人不能夺走天的长处,天同样也不能忽略人的长处,彼此的作用是不可取代的,都有各自擅长的领域。这就是著名的"天人交相胜"的命题。刘禹锡还认为,天虽然有时候比人强大,但是这种强大是凭借自然的特性,并非是有意为之;而人有时候能够战胜天,却不是靠着自然而然,而是凭借着自己的头脑有意识地战胜天。这种有意识分为三种程度:第一种是"法大行",即法制完备、赏罚分明、公道盛行,这时候祸福皆由自取,不需要天的干涉;第二种是"法小弛",即法制略有松弛,是非有时混淆,赏罚或许失误,这时候祸福就开始捉摸不定,许多人就把希望寄托于上天;第三种是"法大弛",即法纪败坏、是非颠倒、赏罚悖理,这时候社会已经趋于混乱,根本没有办法把握自己的命运,只好求助于上天了。所以,人能不能胜天,关键不在于天,而在于人自己的主观能动性有多强。推行法治、公正严明,自然就不会求助于天道;世道混乱、善恶不分、纲纪废弛,那么迷信困惑的人就必定多了。就好像我们要渡过一条大河,在没有良好的交通工具之前,渡河能否成功,是吉是凶,就要靠占卜求神;而如今技术昌明,渡河毫无风险,便再也不会看到人们去跪求河神庇佑了。

思考讨论

1. 荀子认为,天有自己运行的规律,人间有自己的法则,两者没有必然的关联。如今自然环境急剧恶化,你认为这是天的问题,还是人的问题?我们应该如何处理自然和社会的关系?

2. 孔子说:"君子有三畏:畏天命,畏大人,畏圣人之言。"(《论语·季氏》)荀子则认为,天有异象,"怪之,可也;而畏之,非也"。你更欣赏哪种观点?为什么?

礼论(节选)

礼起于何也?曰:人生而有欲,欲而不得,则不能无求;求而无度量分界[1],则不能不争;争则乱,乱则穷。先王恶其乱也,故制礼义以分之,以养人之欲,给人之求,使欲必不穷乎物,物必不屈于欲[2],两者相持而长。是礼之所起也。

故礼者,养也。刍豢稻粱[3],五味调香[4],所以养口也;椒兰芬苾[5],所以养鼻也;雕琢刻镂,黼黻文章[6],所以养目也;钟鼓、管磬、琴瑟、竽笙,所以养耳也;疏房、檖䫉、越席、床笫、几筵[7],所以养体也。故礼者,养也。

关键词:礼之所起　礼以养体

注释

[1]度量:所以定多少之数。分界:所以定彼此之分。 [2]屈(jué):竭尽,穷尽。　　[3]刍豢(chú huàn):指牛羊猪犬之类的肉类。　　[4]香:当作"盉(hé)",通"和"。　　[5]苾(bì):芳香。　　[6]黼黻(fǔ fú):绣有各种华丽花纹的服装。文章:错杂的色彩花纹。　　[7]疏房:敞亮通明的房屋。檖䫉(suì mào):宽大深幽的宫室。檖:深远,深邃。䫉:又作"貌",同"庙",王宫的前殿,朝堂。越席:蒲席。第(zǐ):竹编的床席。几筵:古人席地而坐,放在座位边上供倚靠的小桌子叫几,竹制的垫席叫筵。

译文

礼的兴起是因为什么?回答说:人生来就有欲望,如果有欲望而得不到,就不可能不去求取;如果求取而没有限度和界限,就不能不发生争夺;争夺就会引发祸乱,祸乱就会导致陷入困境。古代的圣王厌恶这种祸乱,所以制定了礼义以区分等级界限,以此来调节人们的欲望,满足人们的要求,让人们的欲望决不会由于物资的不足而得不到满足,令物资决不会因为人们的欲望而枯竭,使物资和欲望互相制约而都有所增长。这就是礼兴起的缘由。

所以,礼是调节人们欲望的。肉食稻粱,五味调和,是用来调节嘴巴的;椒树之类的香草香木,是用来调节鼻子的;雕刻精美的器皿和花纹色彩美丽的衣服,是用来调节眼睛的;钟鼓、管磬、琴瑟、竽笙等乐器,是用来调节耳朵的;通明敞亮的房间、深邃宽大的宫室、蒲席、竹席、凭靠的几和垫座的筵,是用来调节躯体的。所以礼这种东西,是用来调节人们欲望的。

君子既得其养,又好其别。曷谓别?曰:贵贱有等,长幼有差,贫富轻重皆有称者也[1]。**故天子大路越席**[2],**所以养体也;侧载睪芷**[3],**所以养鼻也;前有错衡**[4],**所以养目也;和鸾之声**[5],**步中《武》《象》,趋中《韶》《护》,所以养耳也;龙旗九斿**[6],**所以养信也**[7];**寝兕、持虎、蛟韅、丝末、弥龙**[8],**所以养威也;故大路之马,必倍至教顺,然后乘之,所以养安也。**

关键词:礼之养　礼之别

注释

[1]称:相称,相符。　[2]大路:即"大辂",古代天子坐的车。　[3]睪(zé)芷:香草。　[4]错:涂饰。衡:车前的横木。　[5]和鸾:车上的铃铛。　[6]斿(liú):通"旒",古代旌旗下面悬垂的饰物。　[7]信:通"神",也通"伸",这里指神气,也有学者认为指徽号,如杨柳桥在《荀子诂译》中说:"谓徽号也。"还有学者认为是符信、凭据。古代天子诸侯乃至各级官员为了区

别不同的身份与地位而使用不同旗章作为符信(称"信幡"),龙旗九斿是彰明天子身份的旗章,所以说"养信"。　　[8]寝兕(sì):卧着的犀牛。持虎:蹲着的老虎。蛟韅(xiǎn):鲛鱼皮做的马肚带。韅:驾车时套在牲口腹部(一说背部)的皮带。丝末:丝织的车帘。弥龙:金饰的龙首。

译文

君子已经得到了礼的调节,还要注意礼的区别。什么是区别?回答说:就是贵贱有等级,长幼有差别,贫富尊卑都各有相宜的规定。所以天子出门要乘坐大车,坐蒲席,用这样来调节身体;车两边放置香草,是为了满足嗅觉的需要;车前有画着五彩花纹的横木,是为了让眼睛看着舒服;车铃的声音,在车子缓行时合乎《武》《象》的节奏,在车子奔驰时合乎《韶》《护》的节奏,这些是为了听上去悦耳;画着龙的旗帜下面有九条飘带,这是用来显示天子的神气的;车子上画着横卧的犀牛和蹲着的老虎,马肚子上系着用鲛鱼皮制成的腹带,车前挂着丝织的车帘、金饰的龙首,这是用来显示天子的威严的;天子的大车上所用的马,一定要加倍的调教训练,然后才用它拉车,这是用来保证安全的。

孰知夫出死要节之所以养生也?孰知夫出费用之所以养财也?孰知夫恭敬辞让之所以养安也?孰知夫礼义文理之所以养情也?[1]故人苟生之为见,若者必死;苟利之为见,若者必害;苟怠惰偷懦之为安,若者必危;苟情说之为乐[2],若者必灭。故人一之于礼义,则两得之矣;一之于情性,则两丧之矣。故儒者将使人两得之者也,墨者将使人两丧之者也,是儒、墨之分也。

关键词:礼义　情性　儒墨之分

注释

[1]礼义文理:礼义的各种规范和仪式。　　[2]说:通"悦"。

译文

有谁知道献出生命、坚守节操正是用来保养生命的呢？有谁知道花费钱财正是用来增加钱财的呢？有谁知道恭敬谦让正是用来保证安定的呢？有谁知道礼义仪式正是用来培养情操的呢？所以如果一个人只看见生,这样的人就一定会死;如果一个人只看见利,这样的人就一定会招来祸害;如果一个人把懈怠懒惰、散漫懦弱当作安逸,这样的人就一定会遇到危难;如果一个人把纵情欢愉当作快乐,这样的人就一定会灭亡。所以一个人如果专门把心思放在礼义上,那么礼义和性情两方面就都可以得到;如果一门心思放在满足性情上,那么礼义和性情两方面都会失去。所以儒家是要使人们两者兼得,而墨家是要使人们两者俱亡,这就是儒家和墨家的区别。

礼有三本[1]：天地者，生之本也；先祖者，类之本也；君师者，治之本也。无天地，恶生？无先祖，恶出？无君师，恶治？三者偏亡焉，无安人[2]。故礼，上事天，下事地，尊先祖而隆君师[3]。是礼之三本也。

关键词：礼之三本　天地　先祖　君师

注释

[1]本：根本，本源。　　[2]焉：则。　　[3]隆：推崇。

译文

礼有三个本源：天地，是生命的本源；祖先，是氏族的本源；君主和师长，是天下太平的本源。没有天地，生命从何而来？没有祖先，氏族从何而来？没有君主和师长，天下太平从何说起？这三者缺失一个，人民就没法得到安宁。所以礼上事奉天，下事奉地，尊重祖先而推崇君主和师长。这是礼的三个根本。

凡礼，始乎梲[1]，成乎文，终乎悦校[2]。故至备，情文俱尽；其次，情文代胜[3]；其下，复情以归大一也[4]。天地以合，日月以明；四时以序，星辰以行；江河以流，万物以昌；好恶以节，喜怒以当；

以为下则顺,以为上则明,万变不乱,贰之则丧也[5]。礼岂不至矣哉！立隆以为极[6],而天下莫之能损益也。本末相顺,终始相应;至文以有别,至察以有说。天下从之者治,不从者乱;从之者安,不从者危;从之者存,不从者亡。小人不能测也。

关键词:礼　情文　从礼　治乱

注释

[1]挩:通"脱",简略的意思。　[2]悦校:当为"悦恔(xiào)",快乐、快慰、满意的意思。　[3]情文代胜:情感或者胜过礼仪,礼仪或者胜过情感。代:交替,轮流。　[4]大一:即太一,这里是指情感回归毫无修饰、最质朴真挚的本源。　[5]贰之则丧:这里指违背了礼义就会丧失一切。贰:违背,背离。[6]立隆:指建立完备的礼制。极:最高准则。

译文

礼,开始于简略,然后以礼节仪式使之完备,最后达到使人称心如意的程度。所以,最完备的礼是情感和礼仪都发挥得淋漓尽致;比它次一等的,情感和礼仪互有参差;其次的,是要使情感回归到太古之时的质朴。天地因为礼的作用而更加调和,日月因为礼的作用而更加光辉明亮;四季因为礼的作用而更加有序,星辰因为礼的作用而正常运行;江河因为礼的作用而奔流不息,万物因为礼的作用而繁荣昌盛;人的好恶因为礼的作用而得到节制,喜怒因为礼的作用而恰当适宜;用礼来约束百姓,就可使百姓依顺;用礼来规范君主,就可使君主贤明;以礼为标准,万事万物虽然千变万化也不会混乱,但如果违背了礼,就会丧失这一切。礼,难道不是最高境界吗?建立完备的礼制作为最高准则,天下没有谁能对它有所增加或减少。礼的根本原则和具体细节之间互相顺应,礼的开头和结尾也相互照应;它非常完备,等级区分十分明确;它非常细密,有详尽的理论说明。天下遵从礼的国家就会治理得好,不遵从礼的国家就会陷入混乱;遵从礼的国家得到安定,不遵从礼的国家面临危险;遵从礼的国家得以保全,不遵从礼的国家就会灭亡。小人是不能理解这其中的道理的。

故曰:性者,本始材朴也[1];伪者[2];文理隆盛也。无性则伪之无所加;无伪则性不能自美。性伪合,然后成圣人之名一[3],天下之功于是就也。故曰:天地合而万物生,阴阳接而变化起,性伪合而天下治。天能生物,不能辨物也;地能载人,不能治人也;宇中万物生人之属,待圣人然后分也[4]。《诗》曰:"怀柔百神,及河乔岳[5]。"此之谓也。

关键词:性伪

注释

[1]材朴:材质。　　[2]伪:人为。　　[3]一:纯一。　[4]分:等分,即高低贵贱之分、男女之分、父子之分。　　[5]"怀柔"两句:引自《诗经·周颂·时迈》。怀柔:安抚。乔岳:高山。

译文

所以说,本性,是人原始的自然材质;人为,是隆重盛大的礼法文理。没有本性,那么礼法文理就没有地方施加;没有人为,那么人的本性也不可能自行完美。本性和人为相结合,然后圣人之名才能纯一,天下的功业也才能完成。所以说:天地配合,万物生长;阴阳二气相接,变化才会出现;本性和人为的相结合,天下才能得到治理。天能产生万物,但不能辨明万物;地能承载人民,但不能治理人民;宇宙万物和人类,必须依靠圣人制定礼法,才能各居其位。《诗经》说:"安抚众神,以及河川高山。"说的就是这个意思。

三年之丧,何也?曰:称情而立文[1],因以饰群[2],别亲疏、贵贱之节而不可益损也。故曰:无适不易之术也。创巨者其日久,痛甚者其愈迟。三年之丧,称情而立文,所以为至痛极也。齐衰、苴杖、居庐、食粥、席薪、枕块[3],所以为至痛饰也。三年之丧,二十五月而毕,哀痛未尽,思慕未

忘,然而礼以是断之者,岂不以送死有已,复生有节也哉[4]?

关键词:三年之丧　称情而立文

注释

[1]称情:这里指根据悲哀之情的轻重。立文:这里指制定丧礼的规定。　　[2]饰群:区分人的亲疏远近、高低贵贱。群:指五服之亲属。　　[3]齐衰(zī cuī):熟麻布做的丧服。苴(jū)杖:哭丧时拄的竹杖。枕块:以土块为枕。　　[4]复生:指除丧后恢复平常的生活秩序。

译文

为父母服丧三年,原因何在呢?回答说:这是根据哀情的轻重而制定的丧礼制度,用来区分人的亲疏贵贱,是不能增减的。所以说这是无论到什么地方都不可改变的法则。创伤大的,它的愈合时间就长;疼痛厉害的,它的痊愈速度就慢。三年的服丧,是根据哀情的轻重而制定的丧礼制度,是用来作为最哀痛的限度。穿麻布丧服、拄竹杖、住茅屋、喝稀粥、垫柴草、枕土块,就是为了表达悲痛的心情。三年的服丧,二十五个月就结束了,但哀痛之情并未了结,思念之心并未忘却,然而礼制却规定在这个时候终止服丧,这难道不是因为送别死者应该有个完结,恢复正常的生活应该有个期限吗?

文史链接

礼的历史地位

荀子主张"隆礼",也就是对礼极为推崇,把礼看作治国安邦、天下大治的必要条件。礼是中国古代社会的一种社会制度,它既是一种维护宗法与等级制度的礼节仪式,也是一种调整人与人之间的各种社会关系和权利义务的规范和准则。荀子并非是第一个重视礼的思想家,在孔子那里就已经谈到了礼的必要性。他说:"礼乐不兴,则刑罚不中;刑罚不中,则民无所措手足。"(《论语·子路》)礼乐制度如果不上轨道,那么老百姓到最后连手脚都不知道搁在哪里才好。孔子还告诉我们,有好的品德无可厚非,但如果不节之以礼,那么就会走向反面。他说:"恭而无礼则劳,慎而无礼则葸(xī),勇而无礼则乱,直而无礼则绞。"(《论语·泰伯》)意思是说,一味谦恭而没有礼的节制,就会流于劳倦;一味谨慎而没有礼的节制,就会显得畏缩;只知勇敢行事而没有礼的节制,就会制造乱局;只知直言无隐而没有礼的节制,就会尖刻伤人。孔子还谈到礼对于人的成长的重要性,他说:"兴于《诗》,立于礼,成于乐。"(《论语·泰伯》)也就是说,礼是人成长过程中的一个必要环节。

除了孔子之外,春秋战国时期,还有其他学者也谈到过礼的重要性。郑国卿大夫子产说:"夫礼,天之经也,地之义也,民之行也。"(《左传·昭公二十五年》)连比较务实的管仲也对礼持肯定态度,他说:"所谓八经者何?曰上下有义,贵贱有分,长幼有等,贫富有度。凡此八者,礼之经也。"(《管子·五辅》)

先秦之后,礼的地位基本上是不可撼动了。东汉时,汉章帝诏令儒生会于白虎观,讲议五经同异,会后班固整理编撰了《白虎通德论》,又称《白虎通义》,这个会议确定了为人熟知的"三纲六纪"。"三纲"即君为臣纲、父为子纲、夫为妻纲。"六纪"即诸父有善、诸舅有义、族人有序、昆弟有亲、师长有尊、朋友有旧。儒家的礼成为封建统治者高度认可的管理手段。礼对人约束的味道越来越浓,人们将之称为"礼教""名教"。

魏晋时期,嵇康喊出了"越名教而任自然"的口号,希望去除虚伪而繁重的道德束缚,重新回归人的本真状态。隋唐时期,三教论衡,儒家的礼制不温不火。宋明之后,礼教则实质上形成了一种对人性近乎残酷的压迫。吴敬梓在《儒林外史》中对封建礼教扭曲人性进行了非常生动的刻画。书中写道,有位腐儒王玉辉见到自己的女婿病死后,女儿寻死觅活,他却鼓励女儿殉节自杀。他说:"这是青史上留名的事,我难道反拦阻你?你竟是这样做罢。"等到女儿绝食八日去世之后,妻子伤心不已,而王玉辉反倒说:"你这老人家真正是个呆子!三女儿他而今已是成了仙了,你哭他怎的?他这死的好,只怕我将来不能像他这一个好题目死哩!"随后仰天大笑道:"死的好!死的好!"以王玉辉为代表的腐儒对生命完全失去了任何敬意,只追求一个枯索干瘪的名节,早已忘记了先秦原始儒家对人性的关怀、生命的尊重。到了明末清初,黄宗羲猛烈批评专制主义,矛头直指三纲之一的君权,斥责封建君王"敲剥天下之骨髓,离散天下之子女,以奉我一人之淫乐,视为当然"(《原君》),可谓振聋发聩。

到了民国初年,吴虞在《新青年》上发表了《吃人与礼教》一文,他说:"我们如今应该明白了!吃人的就是讲礼教的!讲礼教的就是吃人的呀!"由此,"吃人的礼教"不胫而走,人人皆知。时至今日,只要一提到礼教,人们往往都会跟封建遗毒画上等号。这似乎又走向了另一个极端。平心而论,我们既不能将礼神圣化和绝对化,也不能将礼完全弃之不顾。而且原始儒家也从未愚昧片面地强调崇君崇父,这在《论语》《孟子》《礼记》等书中都有非常明确的说明。即便是被视为儒家异端的荀子,也非常清楚地说:"天之生民,非为君也;天之立君,以为民也。"(《荀子·大略》)他还说:"从道不从君,从义不从父,人之大行也。"(《荀子·子道》)所以,我们绝对不能对儒家作简单粗暴的理解。现代社会,自由、法制、政治、道德、礼都有各自的作用,不能顾此失彼。如果人人以法律为底线,那么只要不犯法,有何事不可为呢?两千多年前,孔子说的一句话仍然值得我们学习:"道之以政,齐之以刑,民免而无耻;道之以德,齐之以礼,有耻且格。"(《论语·为政》)

思考讨论

1. 荀子所说的"礼"和今天日常语义中的"礼"相同吗?你认为有什么差别?

2. 荀子认为,礼要"称情而立文",不同程度的情感需要不同程度或方式的仪式文饰,你可以举出日常生活中的例子来说明吗?

解蔽篇(节选)

凡人之患,蔽于一曲而暗于大理[1]。治则复经[2],两疑[3]则惑矣。天下无二道,圣人无两心[4]。今诸侯异政,百家异说,则必或是或非,或治或乱,乱国之君,乱家之人[5],此其诚心莫不求正而以自为也,妒缪于道而人诱其所迨也[6]。私其所积[7],唯恐闻其恶也;倚其所私,以观异术,唯恐闻其美也。是以与治离走而是已不辍也。岂不蔽于一曲而失正求也哉!心不使焉,则白黑在前而目不见,雷鼓在侧而耳不闻,况于使者乎!德道之人[8],乱国之君非之上,乱家之人非之下,岂不哀哉!

关键词:蔽于一曲 暗于大理

注释

[1]曲:局部,片面。暗:不清楚,不明白。大理:全面的、正确的道理。　　[2]治:纠正。复经:恢复正道。　　[3]两疑:两方面犹豫。"两":即"一曲"和"大理"两方面。疑:犹豫不决。[4]两心:两种不通的思想。　　[5]乱家之人:这里指持观点片面的学者,与前文"百家异说"相对应。　　[6]妒缪:背离。诱其所迨(dài):指投其所好,诱之误入歧途。所迨:即所近。[7]私:偏爱。积:积习,这里指知识、经验。　　[8]德道:即得道。德:通"得"。

译文

大凡人的通病,是局限于某种片面的认识,而不明白全面正确的道理。纠正了这种片面的认识,才能使认识符合正道。在偏见与正道之间犹豫就会迷惘。天下不会有两种对立的正道,圣人不会有两种对立的思想。现在各诸侯国的政治措施不同,各个学派的学说各异,那么必定是有的对、有的错;有的能实现安定,有的会制造混乱。搞乱国家的君主,局限于某种片面认识的学者,这些人也无不是诚心诚意地想寻求一条正道而有所作为,只是因为他们背离了正道,又有人投其所好,诱之误入歧途。他们偏爱自己平时积累的学识,唯恐听到对自己的非议。他们依据自己的偏见,去看待与自己不同的学说,唯恐听到对别人的赞美。因此,他们与正道背道而驰,还自以为是,不知悔改,这难道不是局限于某种片面的认识,而失去了对正道的追求吗?如果心不在焉,那么白的黑的就算是摆在面前,眼睛也会看不见;雷鼓就算是在身旁敲击,耳朵也会听不进,更何况心被蒙蔽的人!而获得正道的人,搞乱国家的君主在上面责难他,局限于某种片面认识的学者在下面指责他,这难道不是很可悲的吗?

故为蔽[1]?欲为蔽,恶为蔽[2];始为蔽,终为蔽;远为蔽,近为蔽;博为蔽,浅为蔽;古为蔽,今为蔽。凡万物异则莫不相为蔽,此心术之公患也[3]。

关键词:蔽 公患

注释

[1]故为蔽:意思是蔽是怎么造成的？故在这里作语助词,作"胡"。　　[2]恶:憎恶,讨厌。　　[3]心术:思想方法。

译文

蒙蔽是怎么造成的呢？偏爱会造成蒙蔽,憎恶也会造成蒙蔽;只看到开始会造成蒙蔽,只看到终点也会造成蒙蔽;只看到远处会造成蒙蔽,只看到近处也会造成蒙蔽;知识广博会造成蒙蔽,知识浅陋也会造成蒙蔽;只了解古代会造成蒙蔽,只知道现在也会造成蒙蔽。大凡事物都有差异,有差异就会相互造成蒙蔽,这是人感情认识的一个通病啊。

人何以知道？曰:心。心何以知？曰:虚壹而静[1]。心未尝不臧也[2],然而有所谓虚;心未尝不两也[3],然而有所谓一;心未尝不动也,然而有所谓静。

人生而有知,知而有志;志也者,臧也;然而有所谓虚,不以所已臧害所将受谓之虚。心生而有知,知而有异;异也者,同时兼知之;同时兼知之,两也;然而有所谓一,不以夫一害此一谓之壹。心,卧则梦,偷则自行[4],使之则谋。故心未尝不动也；然而有所谓静，不以梦剧乱知谓之静[5]。未得道而求道者，谓之虚壹而静，作之，则将须道者虚则入[6]，将事道者之壹则尽，将思道者静则察。知道察，知道行，体道者也。

关键词：虚壹而静

注释

[1]虚：虚心。壹：一心一意，专心致志。　　[2]臧：通"藏"，贮藏，这里指记忆。　　[3]两：同时认识不同的事物。[4]偷：松懈，苟且偷安。自行：放任自由，放纵。　　[5]梦剧：梦幻想象与胡思乱想。乱知：即扰乱智慧。　　[6]须：求。入：接受。原文为"人"，根据上下文义改。虚：前有衍文"之"，也根据上下文义删。

译文

人怎样才能了解道呢？回答说：用心。心怎样才能了解道呢？回答说：靠虚心、专一和宁静。心里未尝没有贮藏着许多东西，但却有所谓虚心；心里未尝没有兼顾数者的时候，但却有所谓专一；心未尝没有活动的时候，但却有所谓宁静。

人生下来就有认识能力，有了认识能力就有记忆；有记忆也就是有贮藏，但是有所谓的虚心，不让已有的贮藏去妨碍将要接受的知识就叫作虚心。心生来就有认识能力，有了认识能力就能区别不同的事物;区别不同的事物,也就是同时了解它们;同时了解它们,也就是兼顾数者;但是有所谓的专一,不因为对那一种事物的认识来妨碍对这一种事物的认识就叫作专一。心,睡着了就会做梦,懈怠的时候就会胡思乱想,用它的时候就会思考谋划,所以心从来没有不活动的时候;但是有所谓的宁静,不因为梦幻想象和胡思乱想而扰乱智慧就叫作宁静。对于还不认识道而追求道的人,要告诉他们虚心、专一和宁静的道理。照虚壹而静去做,那么想要求道的人,达到了虚心的地步就能够得到道;想要奉行道的人,达到了专一的地步就能够认识道的全部;想要研究道的人,达到了宁静的地步就能够明察道。认识道而且明察得十分清楚,认识道而且照着去做,这就是身体力行于道的人。

虚壹而静,谓之大清明。万物莫形而不见,莫见而不论[1],莫论而失位。坐于室而见四海,处于今而论久远,疏观万物而知其情,参稽治乱而通其度[2],经纬天地而材官万物[3],制割大理[4],而宇宙理矣。恢恢广广[5],孰知其极!睪睪广广[6],孰知其德!涫涫纷纷[7],孰知其形?明参日月,大满八极[8],夫是之谓大人。夫恶有蔽矣哉!

关键词:大清明　无蔽

注释

[1]论:通"伦",指次序。　　[2]参:验证。稽:考查。度:界限。　　[3]经纬:这里是安排、治理的意思。材官:管理,利用。[4]制割:掌握,利用。大理:全面而正确的道理。　　[5]恢恢广广:广大深远。广广:通"旷旷"。　　[6]睪(hào)睪:广大的样子。　　[7]涫(guàn)涫:水沸腾的样子。纷纷:杂乱的样子。[8]八极:八方。

译文

虚心、专一与宁静,可以说是最大的清澈澄明。在这种境界里,万事万物无不显现出来,显现出来的都能加以归类、排列次序,能排列次序的都会让其各得其位。进入这种境界,坐在室内而能看见整个天下,处在当今而能评判远古,通观万物而能看清它们的真相,考察社会的治乱而能通晓它的界限,治理天地而利用万物,掌握了全面而正确的道理就可以治理整个宇宙。宽广深远啊,谁能知道它的尽头?浩瀚广大啊,谁能知道它的功德?沸沸扬扬,纷繁复杂,谁能知道它的准则?它的光辉可比日月,它的广大充塞了四方八极,进入这种境界的人就叫作"大人"。这样的人,哪里还会有被蒙蔽的呢?

凡观物有疑,中心不定[1],则外物不清,吾虑不清,则未可定然否也。冥冥而行者,见寝石以为伏虎也[2],见植林以为后人也[3];冥冥蔽其明也。醉者越百步之沟,以为跬步之浍也[4];俯而出城门,以为小之闺也[5];酒乱其神也。厌目而视者[6],视一以为两;掩耳而听者,听漠漠而以为哅哅[7];势乱其官也。故从山上望牛者若羊,而求羊者不下牵也,远蔽其大也。从山下望木者,十仞之木若箸,而求箸者不上折也,高蔽其长也。水动而景摇,人不以定美恶,水势玄也[8]。瞽者仰视而不见星[9],人不以定有无,用精惑也[10]。有人焉,以此时定物,则世之愚者也。彼愚者之定物,以疑决疑,决必不当。夫苟不当,安能无过乎?

关键词:以疑决疑

注释

[1]中心:心中。　[2]寝石:横卧的石头。　[3]后人:疑为"立人"。　[4]浍(kuài):小沟。　[5]闺:上圆下方的小门。　[6]厌:通"压",按的意思。　[7]哅(xiōng)哅:喧嚣之声。　[8]玄:通"眩",动荡不定。　[9]瞽(gǔ):盲人。　[10]精:视力。惑:迷惑不清。

译文

　　大凡观察事物有所疑惑，内心不定之时，那么对外界事物就会看不清，自己的思虑混乱不清，那么就无法判断是非。在昏暗中走路的人，看见横卧的石头就以为是趴着的老虎，看见直立的树林就以为是站着的人；这是昏暗蒙蔽了他的视觉。喝醉酒的人跨越百步宽的沟渠，还以为是半步宽的小沟；低着头走出城门，以为是走出小闺门；这是酒扰乱了他的心神。按压着眼睛去看东西的人，会把一件东西看成两件；捂住耳朵去听的人，那默默无声也会听作喧嚣之声；这是因为外力扰乱了他的感官。从山上远望山下的牛就好像是羊，但找羊的人是不会下山去牵的，这是距离遮蔽了牛的高大。从山下远望山上的树木，十仞高的大树就好像筷子，但找筷子的人是不会上山去折的，这是高遮蔽了树木的长度。水晃动，水中的影子也晃动，但人们不会以水中的倒影来判定美丑，这是因为水的晃动扰乱了倒影。盲人抬头看不见星星，人们不会以此来判定星星的有无，这是因为知道他的视力看不清东西。如果有人在这种情况下来判断事物，那就是世界最愚蠢的人。那些愚蠢的人对事物的判断，是用疑惑不清的心去判断疑惑不清的事物，其判断必定不得当。判断如果不得当，又怎么能没有错误呢？

文史链接

一叶障目，不见泰山

　　荀子虽然肯定人的认识能力，认为人通过后天不断学习和积累经验,可以成为知识广博而精深的君子,但也看到人们很多时候会犯下错误。犯错的原因也并不是因为没有开动脑筋,而是看问题的时候偏执于一端,虽然思考得很细致,但所谓"只见树木不见森林",越是思考得深入细致,越是被片面的情况蒙蔽得厉害。因此,人们不但要发挥认识能力,更要有全局思维、整体观念;不仅要善于脚踏实地、深入钻研,还要善于提神太虚、统揽全局。这样才能去除认识上的遮蔽,让事物的本来面目显现出来。

三国时代的人物邯郸淳被后人称为"笑林始祖",他所编集的《笑林》三卷是我国最早关于笑话方面的专书,作品短小精悍,语言简练传神。虽然我们今天已经看不到完整的三卷本《笑林》,但还留下了二十多则故事,可以让我们领略一下古人幽默的风采。其中有一则故事就跟荀子所说的"解蔽"相关。这则故事讲的是楚国有个书生,家里十分贫困。有一天,他读《淮南子》的时候,发现其中有一条写着:"螳螂捕蝉时遮身的那片树叶可以让人隐形。"顿时喜出望外,马上便去树下寻找这样的叶子。守在树下很久,总算有只螳螂藏在叶子下面捕蝉,书生非常高兴,马上把这片树叶从树上打下来。但等到树叶落在地上的时候,已经跟地上原来的树叶分不清楚了。书生只好拿着扫把和簸箕,把这些树叶全部带回家,然后拿着树叶一片一片地试验。他用树叶遮住自己,问妻子说:"你还能看见我吗?"妻子刚开始也老老实实地回答说看得见。但一天下来,妻子终于厌倦不堪了,只好敷衍他说:"看不见了。"书生听到后,欣喜若狂,连忙带着这片树叶到集市上,十分大胆地当着别人的面偷取财物。结果自然是被衙役逮个正着。见到县官,书生就将始末原原本本交代了一番,县官听完后,笑得前仰后合,便没有将这个书生治罪,让他回家了。这就是人们常说的"一叶障目,不见泰山"的由来。

要去除蒙蔽,除了要全面看待事物之外,还要保持内心的虚静。所谓"虚静",意味着要让心胸开放,内心不要充满各种欲求和成见。在这方面,庄子有许多真知灼见。他认为,人要认识大道,就必须"堕肢体,黜聪明,离形去知"(《庄子·大宗师》),也就是忘记自己的躯体,舍弃自己的小聪明,摆脱形体的拘执,免除智巧的束缚。就好像要去盛一碗清冽的泉水,首先必须将碗里的脏水倒干净才行,不然根本无法体会泉水的真滋味。庄子常常笑话那些自作聪明的人,他们抱着成见,跳不出条条框框,还自以为掌握了真理。庄子临终时,他的弟子们打算厚葬他。庄子拒绝了他们:"我把天地当作棺椁,把日月当作双璧,把星辰当作珠玑,把万物当作殉葬,我陪葬的物品难道还不齐备吗?有什么比这样更好的!"弟子说:"我们担心乌鸦与老鹰会把先生吃掉。"庄子说:"在地上会被乌鸦与老鹰吃掉,在地下会被蝼蚁吃掉,从那边抢过来,送给这边吃掉,真是偏心啊!"这些学生正是心中充满了世俗的观念,看问题固执一端,所以才难以达到老师的思想高度。

与之类似的还有禅宗六祖大师惠能的一则故事。惠能在继承了五祖弘忍的衣钵之后,一路被人追杀。跑了几个月之后,到了大庾岭,后面还跟着几百人要夺衣钵。追兵之中有一个和尚原本是四品将军,叫陈惠明,他性行粗犷,冲在最前面,马上就要赶上惠能了。惠能于是把衣钵放在石头上,说:"这衣钵是佛祖的信物,难道是可以用强力来夺取的吗?"自己便躲在草丛之中。惠明转眼就来到石头前,他猛力一提衣钵,结果纹丝不动。于是便有所醒悟,说:"我是来求佛法的,不是要来抢衣钵的。"惠能听后便走了出来,坐在石头上。惠明说:"希望大师您为我说法。"惠能就告诉他:"你是为求佛法而来,那么现在就屏息诸缘,勿生一念,我来说法。"过了一会儿,惠能说:"不思善,不思恶,正在当下,哪个是明上座本来面目?"惠明听完之后便顿悟了。佛性并不复杂,复杂的是人心,各种私心杂念纠缠在一起便将真实的心境蒙蔽起来。而当心中既定的一切通通舍弃之后,佛性便自然而然地浮现出来。正是在这样的意义上,惠能说:"智慧常明,于外著境,被妄念浮云盖覆自性,不得明朗。"(《坛经·忏悔》)

明代的大儒王阳明同样也是通过虚静而解蔽,最后达到"大清明"的境界。《王阳明年谱》记载了著名的"龙场悟道"的过程。王阳明三十七岁时,因得罪宦官刘瑾,被贬谪到贵州龙场。龙场地处贵州西北万山丛棘之中,虫蛇魍魉横行,蛊毒瘴疠弥漫,周边都是不通言语的少数民族,偶尔有可以说上话的,都是从中原逃亡而来的人。王阳明在龙场既无住房,又无粮食,便自己垒土架木造了间房子,靠种菜艰难度日。在这种恶劣环境下,他对自己的内心反复体察,他说"自计得失荣辱皆能超脱,惟生死一念,尚觉未化"。于是做了一副石棺,对天发誓说:"吾惟俟命而已!"于是,王阳明随遇而安,开始极力排除生死杂念,"日夜端居澄默,以求静一;久之,胸中洒洒"。后来有一天王阳明想到:"圣人处此,更有何道?"继续静心思考,"忽中夜大悟格物致知之旨,寤寐中若有人语者,不觉呼跃,从者皆惊。始知圣人之道,吾性自足,向之求理于事物者误也"。到这个时候,王阳明便大彻大悟,去除了一切困惑,胸次了然,终于成为"心学"的一代宗师。他的觉悟过程非常契合荀子在《解蔽》中所讲的虚壹而静。他能够忘记名利得失,乃至超脱生死,这是"虚";他日夜端坐,澄明静默,"以求静一",这就是"静"和"壹";最后对圣人之道感同身受的体察,便是

"虚壹而静"的效果"大清明"。

思考讨论

1. 你曾经有过类似于荀子所说的理智被"蔽"的情况吗？能否仔细回想一下,当时为什么会被"蔽"？

2. 荀子认为"虚壹而静",请试着保持内心的平和安宁,抛开先见,高度专注地去学习一个新知识。看看跟以前的学习效果有什么不同。

性恶篇(节选)

人之性恶,其善者伪也。今人之性,生而有好利焉,顺是,故争夺生而辞让亡焉;生而有疾恶焉[1],顺是,故残贼生而忠信亡焉;生而有耳目之欲,有好声色焉,顺是,故淫乱生而礼义文理亡焉[2]。然则从人之性[3],顺人之情,必出于争夺,合于犯分乱理而归于暴[4]。故必将有师法之化[5],礼义之道[6],然后出于辞让,合于文理,而归于治。用此观之,然则人之性恶明矣,其善者伪也。

关键词:性恶 善伪 师法 礼义

注释

[1]疾恶(wù):嫉妒,憎恨。　[2]文理:节文,条理,秩序。 [3]从:通"纵",放纵。　[4]犯分:违背人所应遵守的等级名分。　[5]师法之化:老师和法制的教化。　[6]礼义之道:指礼义的引导。

译文

人的本性是恶的,那些善良的行为是人为的。人的本性,生来就有喜好利益之心,顺着这种本性,争抢掠夺就会产生,而推辞谦让就会消失;生来就会嫉妒憎恨,顺着这种本性,残杀陷害就会产生,而忠诚守信就会消失;生来就有耳目之欲,就喜欢音乐、美色,顺着这种本性,淫荡混乱就会产生,而礼义秩序就会消失。既然如此,放纵人的本性,顺着人的情欲,就一定会出现争抢掠夺,并且会与违犯等级名分、扰乱礼义秩序的行为结合在一起,而最终导致社会暴乱。所以一定要有老师和法制的教化,礼义的引导,然后人们才会出现推辞谦让的现象,这些现象同遵守礼法相配合,而最终达到社会安定。由此看来,人性本恶就很明显了,而那些善良的行为则是人为的。

故枸木必将待檃栝、烝、矫然后直[1],钝金必将待砻、厉然后利[2]。今人之性恶,必将待师法然后正,得礼义然后治。今人无师法则偏险而不正；无礼义则悖乱而不治。古者圣王以人之性恶，以为偏险而不正，悖乱而不治，是以为之起礼义、制法度，以矫饰人之情性而正之，以扰化人之情性而导之也[3]。使皆出于治、合于道者也。今之人，化师法，积文学[4]，道礼义者为君子；纵性情，安恣睢而违礼义者为小人。用此观之，然则人之性恶明矣，其善者伪也。

关键词：性恶　矫饰　引导

注释

[1]枸(gōu)：弯曲。檃栝(yǐn kuò)：矫正弯木的工具。烝(zhēng)：即蒸，烘烤，加热。矫：矫正。　[2]砻(lóng)：磨。厉：同"砺"，本义是粗质磨刀石，这里作动词。　[3]扰化：驯服教化。　[4]积文学：积累学术文化知识。

译文

所以，弯曲的木头一定要依靠正木器和烘烤矫正才能挺直；不锋利的金属器具一定要依靠磨砺才能锋利。现在人的本性是恶的，一定要依靠老师和法制的教化才能端正，要得到礼义的引导才能守秩序。人们没有老师和法制，就会偏邪险恶而不端正；没有礼义，就会叛逆作乱而无法管理。古代圣王认为人的本性是恶的，认为人们会偏邪险恶而不端正、叛逆作乱而无法管理的，因此为人们建立了礼义、制定了法度,用来矫正整治人们的性情,使人们端正起来;用来驯服感化人们的性情,使人们的性情得到引导。使人们都守秩序,符合道义。现在的人,受到了老师和法制的教化,积累了文化知识,遵行了礼义的,就是君子;放纵本性,恣肆放荡而违反礼义的,就是小人。由此看来,人性本恶就很明显了,那些善良的行为则是人为的。

问者曰:"人之性恶,则礼义恶生[1]?"应之曰:凡礼义者,是生于圣人之伪,非故生于人之性也[2]。故陶人埏埴而为器[3],然则器生于陶人之伪,非故生于人之性也。故工人斫木而成器[4],然则器生于工人之伪,非故生于人之性也。圣人积思虑,习伪故[5],以生礼义而起法度,然则礼义法度者,是生于圣人之伪,非故生于人之性也。

关键词:礼义　圣人之伪

注释

[1]恶(wū):何处。　[2]故:通"固",本来,以下"非故生于人之性也"中的"故"皆为此意。　[3]埏(shān):用水和土。埴(zhí):黏土。　[4]斫(zhuó):砍削,加工。　[5]伪故:指人的行为。故:行为,事故。

译文

有人问:"人的本性是恶的,那么礼义是从哪里产生出来的呢?"回答说:所有的礼义都产生于圣人的人为努力,不是人的本性原本就有的。制作陶器的人用水和黏土制成陶器,那么陶器就产生于陶器工人的人为努力,而不是人的本性原本就有的。木工砍削木材制成木器,那么木器产生于木工的人为努力,而不是人的本性原本就有的。圣人深思熟虑,熟悉人们的作为,从而创造了礼义,建立起了法度,那么礼义法度便是产生于圣人的人为努力,而不是人的本性原本就有的。

若夫目好色、耳好声、口好味、心好利、骨体肤理好愉佚[1],是皆生于人之情性者也,感而自然,不待事而后生之者也。夫感而不能然,必且待事而后然者,谓之生于伪。是性、伪之所生、其不同之征也。故圣人化性而起伪,伪起而生礼义,礼义生而制法度。然则礼义法度者,是圣人之所生也。故圣人之所以同于众,其不异于众者,性也;所以异而过众者,伪也。夫好利而欲得者,此人之情性也。假之人有弟兄资财而分者,且顺情性,好利而欲得,若是,则兄弟相拂夺矣[2];且化礼义之文理,若是,则让乎国人矣。故顺情性则弟兄争矣,化礼义则让乎国人矣。

关键词：化性起伪　礼义法度

注释

[1]愉佚(yì)：安逸，快慰。　　[2]拂夺：争夺。

译文

至于眼睛爱看美色、耳朵爱听音乐、嘴巴爱吃美味、内心爱好利益、身体喜欢舒适安逸，这些都是产生于人的本性，是一有接触就自然形成的，不需要人为的努力就会产生出来。那些接触而不能自然产生，一定要依靠人为的努力才能形成的东西，便叫作产生于人为。这便是人的本性和人为所产生的东西以及其不同的特征。圣人克制了人的本性而做出了人为的努力，人为的努力做出后就产生了礼义，礼义产生后就制定了法度。那么礼义法度就是圣人所创制的。因此，圣人和众人相同，而与众人没有差异的地方，就是本性；圣人和众人不同，而又超过众人的地方，就是人为的努力。爱好利益而希望得到，这是人的本性。假如有兄弟之间要分财产，如果是依顺其爱好利益而希望得到的本性，那么兄弟之间也会你争我抢；如果受到礼义规范的教化，那就会把财产谦让给不相识的人。所以依顺本性，那么兄弟也会相争；受到礼义教化，那么连不相识的人也会谦让。

"涂之人可以为禹[1]。"曷谓也？曰：凡禹之所以为禹者，以其为仁义法正也。然则仁义法正有可知可能之理,然而涂之人也,皆有可以知仁义法正之质,皆有可以能仁义法正之具,然则其可以为禹明矣。今以仁义法正为固无可知可能之理邪,然则唯禹不知仁义法正,不能仁义法正也。将使涂之人固无可以知仁义法正之质,而固无可以能仁义法正之具邪?然则涂之人也,且内不可以知父子之义,外不可以知君臣之正。今不然。涂之人者,皆内可以知父子之义,外可以知君臣之正,然则其可以知之质,可以能之具,其在涂之人明矣。今使涂之人者以其可以知之质、可以能之具,本夫仁义发正之可知可能之理,然则其可以为禹明矣。今使涂之人伏术为学[2],专心致志,思索孰察[3],加日县久[4],积善而不息,则通于神明,参于天地矣。故圣人者,人之所积而致也。

关键词:仁义法正　涂之人　积善不息　圣人

注释

[1]涂之人:路上的人,这里指普通老百姓。涂:通"途"。
[2]伏术为学:这里是指掌握实行仁义法度的方法。伏:通"服",从事。术:方法。　　[3]孰:同"熟",这里是仔细的意思。

[4]加日县久：年深日久的意思。县：同"悬"，此处为深远、久远的意思。

译文

"路上的普通人也可以成为大禹。"为什么这么说呢？回答说：禹之所以成为禹，是因为他能实行仁义法制。这样说来，仁义法制是可以为人所知、为人所行的。而路上的普通人都有知晓仁义法制的资质，都有践行仁义法制的条件，那么他们能够成为大禹的道理就十分清楚了。现在如果把仁义法制当作不可知不可行的道理，那么即便是大禹也不会知晓仁义法制，践行仁义法制了。假如路上的普通人根本就没有可以知晓仁义法制的资质，根本就没有践行仁义法制的条件，那么，路上的普通人，在家就不可能懂得父子之间的礼义，在外就不可能懂得君臣之间的准则了。但实际上并非如此，现在路上的普通人都是在家能懂得父子之间的礼义，在外能懂得君臣之间的准则，那么，那些可以知晓仁义法制的资质、可以践行仁义法度的条件就存在于路上的普通人身上的道理也就十分清楚了。现在如果使路上的普通人用他们可以知晓仁义的资质、可以践行仁义的条件，去掌握那可为人所知、为人所行的仁义，那么，他们可以成为大禹的道理也就十分清楚了。现在如果使路上的普通人掌握方法，研究学问，专心致志，认真思考，仔细审察，日复一日地持之以恒，积累善行而不停息，那就能达到通于神明、与天地相配合的境界了。所以，圣人是普通人积累仁义法制而达到的。

文史链接

礼义法度不可缺

荀子对人性的看法并不乐观,他认为人的本性是好逸恶劳,喜好声色,欲壑难填。如果放纵人的这种本性,那么必将导致争夺杀伐,相互侵害,整个文明都要走向崩溃。于是荀子提出,必须建立一套礼义法度来调养节制人们的本性。而礼义法度建立起来,并不意味着社会就会自然而然地走向太平。要实现社会的安定,还需要"伪",也就是后天人为的努力。人们要通过不断学习才能摆脱恶的本性,成为仁人君子;同时社会规范和法律制度必须与之配合发挥制约作用,才能使个人与社会走向正规。

荀子的这套观念是比较符合实际的。他虽然强调人性恶,但他的归属却是"化性起伪",去恶成善,希望每一个普通人都成为像大禹一样的圣人。而从历史事实来看,如果对人,尤其是对处在权力高层的人缺乏约束,必然会对社会造成极大的破坏。而比较有趣的是,荀子的学生李斯以他的人生历程很好地诠释了荀子的学说。《史记·李斯列传》记载,李斯是楚国上蔡人。年轻时是一个地位低贱的小官吏。他看到衙门的厕所里有老鼠吃着不干净的东西,一旦有人和狗靠近,便马上仓皇而逃。等到李斯去仓库的时候,也看到许多老鼠,它们吃着囤积的粮食,住在大屋子里,不受人和狗的惊扰。李斯于是就醒悟到:"人的贤能与不贤能就好像老鼠一样,在于自己处于什么样的环境!"于是便在完成学业后,离开楚国,并说"处在卑贱的地位不想有所作为,这好比看到现成的肉才吃的禽兽一样,空有人的面孔,勉强能行走罢了。

人最大的耻辱就是卑贱,最大的悲伤就是贫穷"。这就是著名的"老鼠哲学"。从这段话不难看出,在李斯眼里,贤能不是一个内在的修养问题,而是一个外在的功利问题。人生在世就是要追求荣华富贵。这便是荀子所说的"心好利"。在此之后,李斯便走向了一条不归路,不顾礼义法度,不讲仁义道德,为达目的不择手段,陷害同门韩非子,伙同赵高立胡亥,最后落得腰斩之刑,与家人同赴黄泉。死前李斯对着他的二儿子说:"我多想再有一次机会,与你一道牵着我们家的大黄狗,到上蔡的东门外去追逐野兔啊!"但事已至此,父子唯有相对痛哭不已。

  三国时期的吴国末代君主孙皓是一个放纵情形、恣意妄为的人,而他又恰好身为帝王,礼义法度对他不构成真正的约束,结果就成为了一代暴君。孙皓在即位之初,也并非是个恶徒。他开仓赈粮,放出宫中女子,让她们回到民间婚配,还将豢养的禽兽放归山林。百姓对他交口称赞,满朝文武也称他为明君。但等到站稳脚跟之后,孙皓就露出他的本来面目。他刻薄残暴,且生性妒忌,凡是自己看不顺眼的人便统统杀掉。当时有一位散骑常侍叫王蕃,长得一表人才,俊朗不凡,但不懂得阿谀奉承,对孙皓只是依君主之礼而行。孙皓看在眼里,恨在心里,便想找个借口杀掉王蕃。有一次,孙皓大宴群臣,王蕃喝醉了便伏在桌上休息。孙皓对王蕃有成见在先,便认为王蕃是故意装醉。于是就让人将王蕃搀到外面,想试探他是不是真醉。过了一会儿,孙皓又召王蕃入席。王蕃在外面站了一会儿,凉风吹得清醒了几分,他又十分注重仪表,所以把衣冠整理得非常端正。孙皓见王蕃不到片刻,便恢复往日神采,就断定王蕃刚才是装醉。于是喝令武士将王蕃当场斩于殿下。王蕃可谓是飞来横祸,死得不明不白。而孙皓至此还不解恨,令人把王蕃首级扔在山上,又让左右将王蕃的头撕裂咬碎才罢休。

孙皓还对正直之士痛下杀手。太守车浚清廉正直,有一年郡中大旱,便上表请求开仓赈粮,孙皓却认为车浚是在笼络人心,便派人将他枭首。另一太守张咏,也提出要救济百姓,孙皓一样认定他是收买民心,图谋不轨,将他杀掉。尚书熊睦见孙皓如此暴虐,便上书劝谏,孙皓不但不采纳建议,反而命人以刀撞杀之,然后割尽其身上的肉喂狗。由于无法制约孙皓的权力,他到后来愈发暴虐。孙皓甚至下令不准别人看他,如发现谁看他便当即命人挖去双眼。结果满朝文武上朝时都不得不低着头,宫中的卫士也双目下垂不敢看他。这种作恶多端之徒到最后也没有受到法律的制裁。公元280年,吴国在孙皓的残酷统治之下,已经完全失去战斗力,被晋武帝所灭。而孙皓则成了晋国的俘虏,还被赐号为"归命侯"。到了这个时候,孙皓仍然没有任何悔改之心。有一次,晋武帝跟王济下棋,便问孙皓:"听说你在吴国的时候动辄剥人面、刖人足,有这回事吗?"孙皓却说:"作为人臣而失礼于君主,他就应当受这种刑罚。"毫无忏悔之意。讽刺的是,本来应该约束人性、导人向善的礼,因为对最高统治者没有约束力,却变成了统治者随意杀人的工具。

思考讨论

1. 荀子认为,人性是好逸恶劳、贪图声色享乐的。反思一下,你有没有荀子所说的这些毛病。当你出现荀子所说的问题时,你内心的感受是舒适,还是羞愧?

2. 孟子说人性善,有四端之心,修养就是要存心养性,扩而充之。而荀子言人性恶,如果放纵情性就会陷入混乱不安,修养就是要通过后天的人为努力,用礼义法度来矫正人性,用文化知识来提升自我。你更欣赏哪种观点?

第三章 韩非子

韩非子姓韩,名非,至于他的字,未有记载。韩非子旧称韩子,到了宋朝以后,因尊称唐代文学家韩愈为韩子,为避免混淆,故改称为韩非子。韩非子的籍贯比较明确,因韩非为韩国的贵族,而韩国在灭郑后迁都新郑,因此当为河南新郑人。韩非的生年已不能详考,但鉴于他与李斯是同学,可以推断他大约出生在公元前280年,死于公元前233年。

《史记·老子韩非列传》上记载,韩非喜好刑名之学,亦多受黄老思想影响。他口吃,不善言谈,但长于著书。他曾与李斯一道求学于荀子,李斯自认为不如韩非。韩非在年轻时曾多次上书劝谏韩王以法治国,但未被采纳。后来韩非对韩王不修法制、任用奸佞之徒,以及儒家用文献经典扰乱国家法度、游侠用武力违犯国家禁令的社会现实强烈不满,于是根据历史得失成败的经验,写下了十多万字的著述。这本书流传到秦国,秦王政即后来的秦始皇看到了《孤愤》《五蠹》,感叹道:"唉,我如果能见到这个人并且同他交往,就死而无憾了。"李斯告诉他这是韩非所著的书。于是秦国就发兵进攻韩国以求得到韩非。

公元前234年,韩王派韩非出使秦国。秦王非常欣赏韩非,但暂时没有任用他。李斯与姚贾怕秦王重用韩非后失势,于是便

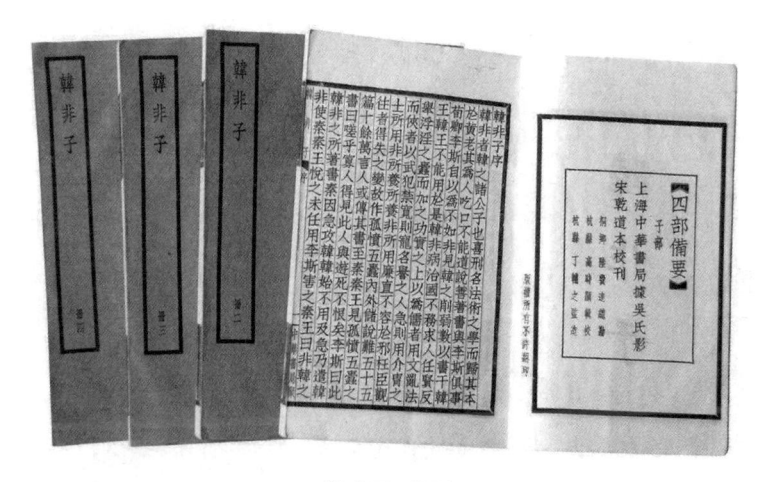

《韩非子》书影

向秦王进谗言,说韩非是韩国宗室公子,必定不会效忠秦国,留在这里不能使用,放回去又是自留祸患,不如找个理由把韩非杀了。秦王于是便将韩非交狱吏治罪。李、姚二人担心夜长梦多,便赶紧到狱中给韩非送去毒药,让他自杀。韩非想找秦王讲清楚,但又无法觐见。等到秦王后来悔悟,派人去赦免韩非,可惜他早已含恨离世。

主　道

道者,万物之始,是非之纪也[1]。是以明君守始以知万物之源,治纪以知善败之端。故虚静以待[2],令名自命也,令事自定也。虚则知实之情,静则知动者正。有言者自为名,有事者自为形;形名参同[3],君乃无事焉,归之其情。故曰:君无见其所欲[4],君见其所欲,臣自将雕琢;君无见其意,君见其意,臣将自表异[5]。故曰:去好去恶,臣乃见素;去旧去智[6],臣乃自备[7]。故有智而不以虑,使万物知其处;有贤而不以行,观臣下之所因[8];有勇而不以怒,使群臣尽其武。是故去智而有明,去贤而有功,去勇而有强。群臣守职,百官有常[9];因能而使之,是谓习常。

关键词:虚静 形名参同

注释

[1]纪:纲领、头绪、准则、要领。 [2]虚:空虚,深藏,无成见。静:清静,无欲,不急躁。 [3]参同:验证相合,会合比验。[4]见:同"现"。下文的"见"皆为此意。 [5]表异:自矜才能,表示异于常人,以此迎合君主。 [6]旧:一说为成见,一说为巧。 [7]自备:谨慎自己的行为。备:戒备。 [8]因:因循,凭借,依据。 [9]常:指常规、常法。

译文

道,是万物的本原,是非的准则。因此英明的君主把握住本原,以此来了解万事万物的根源;研究好准则,以此来了解善恶成败的起因。所以君主虚无安静地对待一切,使名称自然命定,使事情自然确立。内心虚无,才知道事实的真相;安静不躁,才明了行动的准则。让进言的人自行解说,让办事的人自行表现,表现的结果和解说的内容验证相合,君主无须有所作为,事情的真相就会显现出来。所以说,君主不要显露自己的欲望,如果君主显露自己的欲望,那么臣下就会粉饰自己的言行来迎合君主;君主不要显露自己的意图,君主如果显露出自己的意图,那么臣下将会表现出特异的才能以迎合君主。所以说,君主不显露自己的好恶,臣下就显露出自己的本来面目;君主抛弃心机智巧,臣下谨慎自己的行为。所以君主有智慧却不用它来思虑,使万物知道自己应该处在什么样的位置;有贤能却不用行动表现出来,以便观察臣下的行事依据;有勇气却不用来逞强,而是使群臣尽量发挥他们的勇武。因此,君主不用智慧却能明察,无须贤能却仍有功业,不必勇敢却十分强大。群臣各司其职,百官行为都有常规;君主根据才能而使用人才,就称为是遵循常规。

故曰:寂乎其无位而处,漻乎莫得其所[1]。明君无为于上,群臣竦惧乎下[2]。明君之道,使智者尽其虑,而君因以断事,故君不穷于智;贤者敕其材[3],君因而任之,故君不穷于能;有功则君有其贤,有过则臣任其罪,故君不穷于名。是故不贤而为贤者师,不智而为智者正。臣有其劳,君有其成功,此之谓贤主之经也。

关键词:明君　无为　贤主

注释

[1]漻:通"寥",空虚。　　[2]竦:通"悚",恐惧,害怕。
[3]敕(chì):通"饬",整理、整顿的意思。

译文

所以说,寂静啊!君主似乎没有把自己放在君位上。空廓啊!臣下不知道君主在哪里。英明的君主在上面无所作为,群臣在下面就会提心吊胆了。英明的君主的原则是,使有智慧的人竭尽思虑,君主以此来决断事情,如此君主的智力就不会枯竭;让贤能的人发挥自己的才干,君主便根据他们的才能来任职,如此君主的才能就不会穷尽;有了功劳,君主就有了贤能的光彩,有了过失,臣下就要担当罪责,如此君主的名声就不会衰减。因此,不贤能的君主可以成为贤能之士的老师,没有智慧的君主可以成为智者的师长。臣下承担劳苦,君主享受成功,这就是贤能君主的常法。

道在不可见,用在不可知。虚静无事,以暗见疵[1];见而不见[2],闻而不闻,知而不知。知其言以往,勿变复更,以参合阅焉。官有一人,勿令通言[3],则万物皆尽。函掩其迹[4],匿其端,下不能原[5];去其智,绝其能,下不能意。保吾所以往而稽同之[6],谨执其柄而固握之。绝其望,破其意,毋使人欲之。不谨其闭[7],不固其门,虎乃将存。不慎其事,不掩其情,贼乃将生。弑其主,代其所,人莫不与,故谓之虎。处其主之侧,为奸臣[8],闻其主之忒,故谓之贼。散其党,收其余,闭其门,夺其辅,国乃无虎。大不可量,深不可测,同合刑名[9],审验法式[10],擅为者诛,国乃无贼。

关键词:虚静无事　同合形名

注释

[1]疵(cī):小毛病,这里引申为过失。　[2]见而不见:而,在此为犹如之意。看见了好像没看见。以下两句与此类似。
[3]通言:串通消息,互相通气。　[4]函掩:隐藏。　[5]原:推测。　[6]稽同之:稽,考察。同之:指言论和实际一致。
[7]闭:关闭门户的器具。　[8]为奸臣:疑为注释乱入正文,为衍文。　[9]刑名:刑,通"形",即前文的"形名参同"。
[10]法式:法度。

译文

君主的治臣之道在于臣下无法测度,运用时臣下不能了解。君主应该平心静气,无所作为,却能从暗中看到臣下的过失。看见了好像没看见,听说了好像没听说,知道了好像不知道。君主知道臣下的言论以后,不要去改变他,不要去更正他,而要用对照验证的形名之术去考察他。每个官职只配备一人,不要让他们互相通气,那么一切事情就会暴露无遗。君主掩盖自己的行踪,藏匿起自己的念头,臣下就不能推测;摒除自己的智慧,不施展自己的才能,下级就无法揣度。君主应该坚守自己的意图来考察臣下的言论是否与实际相符,谨慎地执掌权柄并牢固地掌握住。杜绝臣下的窥视,破除臣下的揣度,不要使臣下来图谋自己。君主如果不谨慎门户的关闭,不巩固自己的门户,就会存在虎视眈眈的人。君主如果不慎重对待自己的行事,不掩盖自己的真实情况,奸贼就会有机可乘。杀掉自己的君主,篡夺君主的权位,而人们莫敢不从,这样的臣下所以就称之为猛虎。他们侍奉在君主的身边,暗中窥测君主的过错,所以称之为贼子。解散他们的党羽,收拾他们的残余,封闭他们的家门,铲除他们的帮凶,国家就没有猛虎。君主的治臣之术,大得不可度量,深得无法探测,考察臣下的行为与言论是否一致,审察检验法规的实施情况,擅自胡作非为的就诛杀,国家就会没有奸贼了。

是故人主有五壅[1]:臣闭其主曰壅,臣制财利曰壅,臣擅行令曰壅,臣得行义曰壅,臣得树人曰壅。臣闭其主,则主失位;臣制财利,则主失德;臣擅行令,则主失制[2];臣得行义,则主失明[3];臣得树人,则主失党。此人主之所以独擅也,非人臣之所以得操也。

关键词:五壅

注释

[1]壅(yōng):阻隔,阻挡,障蔽。　　[2]制:君主的命令。[3]明:据陈奇猷(yóu)的看法(《韩非子新校注》),"明"应为"萌","萌"又同"氓",人民、民众的意思。这里的"失明"就是失去人民、失去民心。

译文

所以,君主有五种被蒙蔽的情况:臣下蔽塞君主的耳目叫作被蒙蔽,臣下控制国家财富叫作被蒙蔽,臣下擅自发号施令叫作被蒙蔽,臣下得行仁义叫作被蒙蔽,臣下培植党羽叫作被蒙蔽。臣下蔽塞君主的耳目,那么君主就会失去地位;臣下控制国家财富,那么君主就会失去奖赏的大权;臣下擅自发号施令,那么君主就会失去控制臣民的命令;臣下得行仁义,那么君主就会失去民众;臣下培植党羽,那么君主就会失去徒众。这些都是君主应该独揽的,而不是臣下可以把持的。

人主之道,静退以为宝[1]。不自操事而知拙与巧,不自计虑而知福与咎[2]。是以不言而善应[3],不约而善增[4]。言已应,则执其契[5];善已增,则操其符[6]。符契之所合,赏罚之所生也。故群臣陈其言,君以其言授其事,事以责其功。功当其事,事当其言,则赏;功不当其事,事不当其言,则诛。明君之道,臣不得陈言而不当。

关键词:静退　形名参合

注释

[1]静退:虚静退让之意。陈奇猷认为,韩非子的思想借鉴了老子,老子认为有"慈、俭、不敢为天下先"三宝,而这里韩非子所说的以"静退"为宝,其中"静"可对应"慈、俭","退"则是"不敢为天下先"。　　[2]咎(jiù):祸患。　　[3]善应:善于提出自己的主张。　　[4]善增:善于提高功效。　　[5]契:古代的一种凭证,古人在竹简或木简上刻字,刻好后剖成两半,双方各留一半,验证时将两半相合,看是否契合,以验真伪。　　[6]符:信符,古代国君命官封爵或调兵遣将时所用的凭证,用竹、木、铜、玉等材料制成,上面刻有文字,刻好后剖成两半,君臣双方各留一半,验证时将两半相合,看是否契合,以验真伪。

译文

君主的治臣之术,是以虚静退让为宝。君主无须亲自操劳事务就知道臣下办事的拙巧,不必亲自计划和谋虑就能知道臣下谋略的福祸。因此,君主虽然不说话,但臣下会提出很好的意见;君主虽然不明确约束,但臣下会增加做事的功效。对臣下已经提出的意见,君主就把它当成契约;对臣下已经做了的事情,君主就把它当成信符。契约与信符对合验证的结果,就是赏罚产生的依据。所以群臣陈述自己的意见,君主就根据他们的意见来安排他们的工作,然后根据他们的职事来责求他们的成绩。成绩与职事相当,职事与意见相当,就给予赏赐;成绩与职事不相当,职事与意见不相当,就加以责罚。英明的君主之道,是臣下不可以陈述了意见而做不到。

是故明君之行赏也,暖乎如时雨[1],百姓利其泽;其行罚也,畏乎如雷霆,神圣不能解也。故明君无偷赏[2],无赦罚。赏偷,则功臣堕其业[3];赦罚,则奸臣易为非。是故诚有功,则虽疏贱必赏;诚有过,则虽近爱必诛。疏贱必赏,近爱必诛,则疏贱者不怠,而近爱者不骄也。

关键词:赏罚严明

注释

[1]叆(ài):浓云遮盖的样子。这里形容雨水充沛,此处引申为奖赏的优厚。　　[2]偷赏:随便赏赐。偷:苟且,随便。[3]堕:通"惰",懈怠。

译文

所以英明的君主进行赏赐,充沛得就像及时雨,百姓都能受到他的恩惠;他进行惩罚,威严得就像雷霆万钧,就连神圣也不能解脱。所以英明的君主不随便给予赏赐,不任意赦免惩罚。赏赐如果随便,那么功臣就会懈怠他的事业;惩罚如果任意赦免,那么奸臣就会容易为非作歹。因此如果臣下确实有了功劳,那么即便是疏远卑贱的人,君主也一定要给予赏赐;如果臣下的确有过错,那么即便是亲近喜爱的人,君主也一定要给予惩罚。疏远和卑贱的有功必赏,亲近和喜爱的有过必惩,那么疏远和卑贱的人做事就不会懈怠,而亲近和喜爱的人做事也就不会骄横放纵了。

文史链接

清静无为

韩非子谈为君之道,强调的不是品德贤能,而是权、法、术。权就是权势,孔子、颜回极贤能,没权势便没有办法成就帝王之业;夏桀、商纣极残暴,但只要有一天的权势便是一天的君王。因此,君王绝对不能将权势让与他人。法就是法制,是臣民所必须共同遵守的行为规范。韩非子十分强调法制的严肃性和权威性,他主张"以法为教""以吏为师",旗帜鲜明地反对儒家以六经为学,更不遗余力地打压墨家的以武犯禁。但他也强调法律的公平性和平等性,他提出"刑过不避大臣,赏善不遗匹夫"(《韩非子·有度》),即使至高无上的君王,他也指出"不得背法而专制"(《韩非子·南面》)。至于术,就是君主所掌握的驾驭群臣百官的秘术、权术。术里面既包括比较公开明朗的"因任而授官,循名而责实"(《韩非子·定法》),还包括一些君主私底下不可告人的阴谋诡计。这一篇《主道》就谈到了君主常用的权术之一:虚静无事。

　　虚静无事的概念来自于老子,但韩非子所理解的和老子原本的意思并不相同。韩非子的"虚静",强调的是君主的喜怒哀乐应该不形于色,君主的欲求安排不可被臣下窥视,简单地说,君主应该保持神秘感,像老子所说的"道"一样,"是谓无状之状,无物之象,是谓惚恍。迎之不见其首,随之不见其后"(《道德经·第十四章》),让臣下无从预测。这样一来,君在暗,臣在明,就可以控制臣下了。至于"无事",韩非子并不是说什么事都不做,而是指君主不必事事躬亲,只需把大的思路定下来,具体的事务交给臣子去做,然后依照臣子的言论与业绩相符合的情况给予考察奖惩即可。另外,这个"无事"还包含着君主应该表面上装作恬淡无事,但实际上在背后要费尽心机、竭尽所能地控制臣下。

　　这些观点可谓是与老子的说法大相径庭。"虚静"是老子哲学的关键词,老子是将虚静当作一种体道的方式,即"致虚极,守静笃"(《道德经·第十六章》)。所谓"致虚极",就是将内心的种种欲望、成见、智巧、心机等一点点地剥离消除,让内心变得空明起来,这样才能真正地接纳万物的本来面目。因此,站在老子哲学的角度,韩非子那种老谋深算不但是无法体道,简直就是背"道"而驰。关于这一点,庄子曾经讲过一个故事,说的是孔子的学生子贡前往南方的楚国游历,返回晋国时,经过汉水南岸,看见一个老人在菜园里工作。这老人凿通一条地道到井边,抱着瓮进去装水出来灌溉,花了许多力气但效果不明显。子贡说:"现在有一种机械,每天可以灌溉一百块菜园,用力很少但效果很大,老先生不想要吗?"种菜老人抬起头看着子贡说:"怎么做到的?"子贡说:"削凿木头做成机器,后面重而前面轻,提水就像抽引一样,快得像沸汤涌溢。这种机器叫作桔槔(gāo)。"种菜老人听后怒形于色,然后讥笑说:"我听我的老师说过:'使用机械的人,一定会进行机巧之事;进行机巧之事的人,一定会生出机巧之心。机巧之心存在于胸中,就无法保持纯净状态;无法保持纯净状态,心神就不安定;心神不安定的人,是无法体验大道的。'所以,我不是不懂得使用机械,而是因为觉得羞耻才不用的。"连使用简单的机械,老子、庄子都觉得是一种机巧之心,最后的结果是适得其反,让原本清静安乐的心灵变得浮躁不安,更何况君臣之间的尔虞我诈、钩心斗角呢?其实,韩非子一味强调现实的权势功利,却忘记了权势功利并不是人生的目的,也不是幸福的必要条件。像老子、庄子这种逍遥于世外的人,虽然终身不得荣华富贵,但谁又能从他们身上夺走自适之乐呢?

老子讲无为,并非指不做事,更不是表面一套背后一套。老子的无为是不任意妄为,顺其自然。老子说:"圣人处无为之事,行不言之教。万物作而不为始,生而不有,为而不恃,功成而弗居。"(《道德经·第二章》)意思是说,圣人以无为的态度来处事,以不言的方法来教导。任由万物成长而不加以干涉,生养万物而不据为己有,化育万物而不仗恃己力,成就万物而不自居有功。老子告诉我们,无为是一种超功利的态度,它不意图占有任何事物,而是让万物自行生长。老子还说:"道常无为而无不为。侯王若能守之,万物将自化。化而欲作,吾将镇之以无名之朴。无名之朴,夫亦将不欲。不欲以静,天下将自定。"(《道德经·第三十七章》)意思是说,道总是无为的,但其达到的效果是万物的生长。如果侯王能够持守,万物将会自行化生。万物化生而有人想要有所作为时,我就用无名的真朴状态来安定他。无名的真朴状态,也就是要使人不起欲望。不起欲望而趋于静止,天下将会自己稳定。说到底,老子反复强调的是一定要去除不必要的欲望。对于韩非子的注重法制,强调权术,老子虽早于韩非子,但他的睿智眼光已经预见了推行法家之术的后果:"天下多忌讳,而民弥贫;民多利器,国家滋昏;人多伎巧,奇物滋起;法令滋彰,盗贼多有。"(《道德经·第五十七章》)意思是说,天下的禁忌多了,百姓就越贫穷;人间的利器多了,国家就越混乱;人们的技巧多了,怪事就越增加;法令订得越细,盗贼反而变多。反观历史,老子的话一一应验,真令人感叹不已。

可惜真正能够领会老子清静无为的君王并不多,老子自己也清楚,他说:"知我者希,则我者贵。"(《道德经·第七十章》)能够了解我的很少,能效法我的很可贵。唐太宗就是其中为数不多的一个。他曾对侍臣说:"过去,刚刚平定隋朝都城的时候,隋宫中的美女及奇珍异宝等玩物,没有哪个庭院不是满满的。隋炀帝还感到不满足,征敛索取没完没了,加上他东征西讨,穷兵黩武,百姓实在不能忍受了,于是导致灭亡。这些都是我亲眼所见。所以,我从早到晚努力不怠,只希望无为而治,使天下平安无事,现在终于不需再大兴徭役,年年五谷丰登,百姓安居乐业。治理国家就像栽树一样,只有树根坚固不动摇,枝叶才会茂盛。国君能够做到清静无为而治,百姓难道还得不到安乐的生活吗?"唐太宗说得很对,国家哪能经得住反复的"折腾"呢?

思考讨论

1. 韩非子主张君主要深藏不露,操纵群臣,你认为他的这种观点合理之处在哪里?

2. 你所理解的清静无为和韩非子所说的相同吗?谈谈你对道家清静无为的理解。

二 柄

明主之所导制其臣者[1],二柄而已矣。二柄者,刑、德也。何谓刑、德?曰:杀戮之谓刑,庆赏之谓德[2]。为人臣者畏诛罚而利庆赏[3],故人主自用其刑德,则群臣畏其威而归其利矣。故世之奸臣则不然[4],所恶,则能得之其主而罪之;所爱,则能得之其主而赏之。今人主非使赏罚之威利出于己也,听其臣而行其赏罚,则一国之人皆畏其臣而易其君[5],归其臣而去其君矣。此人主失刑德之患也。夫虎之所以能服狗者,爪牙也;使虎释其爪牙而使狗用之,则虎反服于狗矣。人主者,以刑德制臣者也,今君人者释其刑德使臣用之,则君反制于臣矣。

关键词:刑德　赏罚

注释

[1]导制:引导、牵制、控制的意思。　[2]庆赏:庆,一说是赏的意思;一说庆与赏不同。陈奇猷认为,"庆"原是以物奉人祝人纳福之意,后引申为君主以爵禄赐臣使臣受福。庆与赏的区别在于:一、庆是赐予爵禄,赏是赐予财物;二、赏仅及财物,庆则带有赐福之意。(《韩非子新校注》)　[3]利:贪图。　[4]故:可是,但是。　[5]易:轻视,看不起。

译文

英明的君主用来控制他臣下的办法,不过是两种权柄而已。这两种权柄,就是刑和德。什么叫作刑、德呢?回答说:杀戮就叫作刑,奖赏就叫作德。做臣子的害怕诛杀惩罚而贪图奖赏,所以君主亲自使用刑罚和庆赏的大权,那么群臣就害怕用刑罚的威势,而追求他的赏赐。但现在的奸臣却不是这样,他对所厌恶的人,能从君主那里得到大权予以惩罚;对所喜爱的人,能从君主那里得到大权进行奖赏。假如君主没有将赏罚的威势和利益把握在自己手中，而是听任臣下去行使赏罚大权，那么一国的民众就会害怕权臣，而轻视君主；就会归附权臣，而背弃君主。这就是君主失去刑赏大权的祸害。老虎之所以能制服狗，是因为它有爪牙；如果虎去掉爪牙而让狗使用爪牙，那么老虎反而会被狗制服。君主是靠刑罚和庆赏来制服臣下的。如果君主丢掉刑罚和庆赏的大权而让臣下使用，那么君主反而会被臣下制服。

故田常上请爵禄而行之群臣[1]，下大斗斛而施于百姓[2]，此简公失德而田常用之也[3]，故简公见弑。子罕谓宋君曰[4]："夫庆赏赐予者，民之所喜也，君自行之；杀戮刑罚者，民之所恶也，臣请当之。"于是宋君失刑而子罕用之。故宋君见劫[5]。田常徒用德而简公弑[6]，子罕徒用刑而宋君劫。故今世为人臣者兼刑德而用之，则是世主之危甚于简公、宋君也，故劫杀拥蔽之主[7]，非失刑德而使臣用之[8]，而不危亡者，则未尝有也。

关键词：失刑德　危亡

注释

[1]田常：即田成子，名恒，汉朝为避讳汉文帝刘恒，改称为田常。他是春秋时齐国的大臣。在齐悼公时，田常推行争取民众的办法，即下文所讲的用大斗出贷，用小斗收贷。公元前485年，田

成子唆使齐国大夫鲍息弑杀齐悼公，立齐简公。田常和阚止(又名监止，字子我)任齐国的左右相。公元前481年，田常发动政变，杀了阚止和齐简公，拥立齐简公的弟弟为国君，是为齐平公。此后，田常独揽齐国大权，尽诛鲍、晏诸族。　　[2]斛(hú)：古代量器，唐朝之前，十斗为一斛，为一百二十斤；宋朝开始，五斗为一斛。　　[3]简公：齐悼公之子，姜姓，吕氏，名壬。　　[4]子罕：即皇喜(皇为氏，喜为名)，姓戴。战国中期任宋国司城(掌管土木建筑工程)，兼管刑狱，他劫杀了宋桓侯，夺取了宋国的政权。《竹书纪年》上称"宋剔成肝废其君璧而自立"。宋君：宋桓侯，名辟，或辟兵。　　[5]见劫：被劫持，被劫杀。　　[6]徒：只是，仅仅。　　[7]拥：堵塞。　　[8]非失刑德：陈奇猷认为，"非"应为"兼"，与上文"徒"相对应；"非失刑德"就是同时失去刑罚和庆赏大权。

译文

所以田常在朝中向君主请求爵禄而赐给群臣，在民间用加大斗斛的方法把粮食施舍给百姓，这就是齐简公失去庆赏大权而田常使用了它，所以齐简公就被杀掉了。子罕对宋桓侯说："奖赏恩赐这种事情，是民众所喜欢的，您就亲自施行吧；杀戮刑罚这种事情，是民众所厌恶的，请让我来承担吧。"于是宋君失去了刑罚大权而子罕使用了它，所以宋桓侯被劫杀了。田常只是用了庆赏而齐简公就遭到了杀害，子罕仅仅用了刑罚而宋桓侯就遭到劫杀。所以，如今世上为臣子的人同时兼用刑罚和庆赏来使用它们，那么现在的君主将遭受到比齐简公、宋桓侯更大的危险。所以被劫杀被蒙蔽的君主，一旦同时失去刑罚和庆赏大权而让臣下使用，却又不危险灭亡的,那是从来没有过的啊。

人主将欲禁奸,则审合刑名者,言异事也[1]。为人臣者陈而言,君以其言授之事,专以其事责其功。功当其事,事当其言,则赏;功不当其事,事不当其言,则罚。故群臣其言大而功小者则罚,非罚小功也,罚功不当名也。群臣其言小而功大者亦罚,非不说于大功也,以为不当名也,害甚于有大功,故罚。昔者韩昭侯醉而寝[2],典冠者见君之寒也,故加衣于君之上。觉寝而说[3],问左右曰:"谁加衣者?"左右对曰:"典冠。"君因兼罪典衣与典冠。其罪典衣,以为失其事也;其罪典冠,以为越其职也。非不恶寒也,以为侵官之害甚于寒。故明主之畜臣,臣不得越官而有功,不得陈言而不当。越官则死,不当则罪。守业其官,所言者贞也,则群臣不得朋党相为矣。

关键词:循名责实　守业其官

注释

[1]言异事:应为"言与事",用来说明前文"刑名"的内容。
[2]韩昭侯:又作昭釐侯、昭僖侯、僖侯,战国时期韩国君主。公元

前358年至前333年在位。战国七雄中,韩国最为弱小。公元前351年,他任用申不害为相,实行政治改革,一时国内称治,诸侯不敢进犯。 [3]觉寝:睡醒。

译文

君主要想禁止奸邪,就必须要审察考核形与名是否相合,也就是臣下所说的言论和所做的事是否相符。让做臣子的陈述他的意见,君主便根据他的意见交给他职事,然后专门根据这个职事来责求他的功绩。功绩和职事相当,职事和他的言论相当,就奖赏。功绩与职事不相当,职事与他的言论不相当,就惩罚。所以,群臣之中话说得大而功绩小的就要惩罚,并不是罚他功绩小,而是惩罚他取得的功绩与言论不相符;群臣之中话说得小而功绩大的也要惩罚,这并不是不喜欢大的功绩,而是认为功绩与言论不相当的危害超过了他所取得的大功,所以要惩罚。从前韩昭侯喝醉后睡着了,掌管君主帽子的侍从看见君主受了寒,就拿衣服给君主盖上。韩昭侯睡醒后很高兴,就问身边的侍从:"盖衣服的是谁?"身边的侍从回答说:"是掌管帽子的侍从。"韩昭侯因而同时惩处了掌管衣服的侍从和掌管帽子的侍从。他惩处掌管衣服的侍从,是认为他没有尽到职责;惩处掌管帽子的侍从,是认为他超越了他的职责范围。韩昭侯并不是不怕着凉,而是认为侵犯他人职权的危害比着凉更严重。所以英明的君主蓄养臣下时,臣下不得超越职权去立功,也不可以说了话而不做事。超越了职权就处死,言行不一致就治罪。臣子都恪守职责,所说的话和所做的事相当,那么群臣就不能结党营私、狼狈为奸了。

人主有二患：任贤，则臣将乘于贤以劫其君；妄举[1]，则事沮不胜[2]。故人主好贤，则群臣饰行以要君欲[3]，则是群臣之情不效[4]；群臣之情不效，则人主无以异其臣矣[5]。故越王好勇[6]，而民多轻死；楚灵王好细腰[7]，而国中多饿人；齐桓公妒外而好内[8]，故竖刁自宫以治内[9]；桓公好味，易牙蒸其子首而进之[10]；燕子哙好贤[11]，故子之明不受国[12]。

关键词：饰行　要君欲

注释

[1]妄举：胡乱地提拔官吏。　　[2]沮：败坏。不胜(shēng)：不能承受。　　[3]要(yāo)：迎合，讨好。　　[4]情不效：真实情况无法显现出来。情：真实情况。效：呈现，显现。　　[5]异：分辨，辨别。　　[6]越王：这里指勾践。　　[7]楚灵王：本名围，是楚共王的次子，杀了侄儿楚郏敖自立，即位后改名熊虔。公元前540年至前529年在位。对内穷奢极欲，对外穷兵黩武，后被楚国人民推翻，灵王逃亡他国，最后吊死在郊外。　　[8]齐桓公：姜姓吕氏，名小白，春秋时齐国国君，公元前685年至前643年在位，依靠管仲的辅佐，尊周室，攘夷狄，成为春秋五霸之一。管仲死后，亲小人，远贤臣，后反遭小人陷害。妒外而好内：据陈奇猷的看法，外为男子，内为女子，这里指齐桓公贪好女

色而嫉妒男子为其管理妇女。故竖刁自宫为他治内。　　[9]竖刁:齐桓公宠爱的内侍。后与易牙、开方作乱,堵塞宫门,筑起高墙,内外不通,令齐桓公饿死宫内。因无人安葬齐桓公,所以桓公尸体在宫中腐烂至尸体上的蛆虫爬出窗外。后齐国公子与宋襄公合作,发动政变,诛杀竖刁。　　[10]易牙:齐桓公宠爱的近臣,长于调味烹饪,善于逢迎。与竖刁作乱,后逃亡鲁国。[11]燕子哙(kuài):战国时燕国国君。公元前318年,燕王哙禅让君王于子之,后国内大乱,齐宣王趁机发兵攻破燕国,燕王哙被杀。　　[12]子之:战国时燕国人,燕王哙任其为相,子之为相邦时,办事果断,善于监督考核臣属,得到燕王的赏识和重用。后燕王效法尧以天下让与许由的故事,把燕国政权都交给子之。公元前314年,齐宣王在孟子的策动下,发兵攻破燕国,子之逃亡,后被齐人抓住做成肉酱。

译文

　　君主有两种忧患:如果任用贤能的人,那么臣下将会凭借自己的才干来劫持他的君主;如果胡乱提拔官吏,那么事情就会败坏得让人无法承受。所以如果君主喜好贤能,那么群臣就会粉饰自己的行为来迎合君主的欲望,这样的话群臣的真实情况就显露不出来;群臣的真实情况显露不出来,那么君主就无法区别群臣的真假好坏了。过去越王勾践喜好勇敢,民众中就涌现出很多轻视死亡的人;楚灵王喜好细腰,于是国内就有很多为了使自己的腰变细而饿肚子的人;齐桓公嫉妒男人为其管理后宫而爱好女色,竖刁于是自行阉割来治理后宫的事务;齐桓公喜好美味的食物,易牙就蒸了自己儿子的头献给齐桓公;燕王子哙喜好贤名,所以子之就表面上假装不肯接受王位。

故君见恶,则群臣匿端;君见好,则群臣诬能。人主欲见,则群臣之态得其资矣。故子之托于贤以夺其君者也;竖刁、易牙因君之欲以侵其君者也。其卒子哙以乱死,桓公虫流出户而不葬。此其故何也?人君以情借臣之患也[1]。人臣之情非必能爱其君也,为重利之故也。今人主不掩其情,不匿其端,而使人臣有缘以侵其主,则群臣为子之、田常不难矣。故曰:去好去恶,群臣见素。群臣见素,则大君不蔽矣。

关键词:去好去恶　群臣见素

注释

[1]借臣:被群臣利用。

译文

因此,如果君主对某种事流露出厌恶,那么群臣就会把这方面的事隐瞒起来;如果君主流露出喜好,那么群臣就会冒充有这方面的才能。君主的欲望表现出来,那么群臣在表现自己的情态时就有了可资揣度的材料。所以，子之假托贤名篡夺了燕王哙的君位；竖刁、易牙依顺君主的欲望来侵害君主。下场就是，燕王哙因战乱而死，齐桓公的尸体上爬满蛆虫也得不到安葬。这是什么缘故呢？就是君主自己的真实情况被臣子利用而招致了祸害。臣子的内心，不一定会爱他的君主，而是因为看重了利益的缘故才装出爱君主的样子。现在的君主不掩饰自己的真情，不藏匿自己的念头，而使臣下得到条件来侵害君主，那么群臣成为子之、田常那样的人就很容易了。所以说："君主不要表现出自己的喜好，也不要流露自己的厌恶，那么群臣就会显露出真实情况。"群臣显露出真实情况，那么君主就不会被蒙蔽了。

文史链接

赏罚有度

韩非子的"二柄"实际上讲的是赏罚。他告诫君王，赏罚两者不可或缺，其权力千万不可让渡于人。其次，赏罚的多少一定要根据实际情况而定，不能因为个人的喜恶而忽视客观因素。最后还叮嘱君王喜怒哀乐一定要不形于色，这样才能让臣下露出本来面目，而自己也不会因为臣下投其所好而受制于人。平心而论，韩非子的"二柄"之说是很有可行性和操作性的。时至今日，赏罚分明都是非常重要和有效的管理手段。但不少人都忽视了一点，即赏罚一定要有度，往往是"爱之欲其生，恶之欲其死"，喜爱一个人的时候，希望他活久一些；厌恶一个人的时候，又希望他早些死去，忘记了孔子早就说过，这种"既欲其生，又欲其死"，正是

"惑也"。

春秋战国时期,各国的刑罚是非常重的,尤其是在当时由法家变法而崛起的秦国,真可谓是严刑酷法。1975年底在湖北云梦睡虎地11号墓出土了大量秦简,其中有大量的法律文书,如《秦律十八种》《效律》《法律答问》《封诊式》《为吏之道》等。通过这些材料,我们可以领略一下当时法律的残酷。关于偷盗,秦简《法律答问》上说:"五人盗,赃一钱以上,斩左趾,又黥为城旦。"五人一同偷盗,偷盗一钱以上的罪犯,惩罚是斩掉左脚趾,同时还要在脸上刺字,然后判四五年徒刑去修筑城墙。对于家庭纠纷,如孝道的问题,秦朝法律规定:殴打祖父母及曾祖父母者,"黥(qíng)为城旦舂(chōng)"。殴打长辈,惩罚是男子要判四五年徒刑去修筑城墙;女子要判四五年徒刑去舂米。而且秦朝的法律非常细密,连耕牛使用不当也要惩罚。《厩苑律》规定:使用耕牛不当,牛腰围瘦了一寸,要用竹板责打主事者背部十下。除此之外,还有著名的"保甲连坐"制度,一人犯法,如果同村人窝藏或隐瞒,那么整个村子里的人都要受到惩罚。当然秦朝使用最多的刑罚就是死刑。死刑对于人具有威慑力,但也有其弊端。即如果人被逼到必死无疑的地步,那么多半会奋力反击。如果只有数人如此,那么统治者还可以安然无恙。但如果因死刑而奋力反击的人太多,那么死刑就根本起不到震慑的作用了,反而成为引发动荡的导火线。陈胜、吴广起义就是一个很好的例子。《史记·陈涉世家》中记载,当时九百多个穷苦农民,被征发到渔阳戍守长城。但当他们走到大泽乡时,遇上连日大雨,道路被冲毁以致无法按期到达。依照秦法,误期者要被处斩。既然误期要处死,逃跑也要处死,造反也是一死,那还不如豁出去奋力一搏,说不定造反之后还有活命的机会。这样一来,这群人就被逼成了起义军。

明太祖朱元璋出身于贫苦人家,因为元末吏治腐败,民不聊生,朱元璋深受其害,早年甚至不得不出家以维持生计。所以等到他当皇帝的时候,贪污受贿就成了他的眼中钉、肉中刺,必须连根拔起、从严从重才能泄心头之恨。翻开《大诰三编》,我们可以看到这样一些赃物:"收受衣服一件、靴二双""圆领衣服一件""书四本,纲巾一个,袜一双"。在朱元璋看来,收受一双袜子和一根金条没有区别,都是贪污受贿,因此都要受到严惩。在《大明律》里,他规定了贪赃枉法满一贯以下杖六十,以上递增,至赃满八十贯以上处绞刑。但在实际操作过程中,因为他痛恨贪污,所以大大加重了惩罚。他特别规定收受财物满六十贯以上的贪官要处以"剥皮实草"之刑,竖在下任官员的办公桌旁边,以示警告。这样的刑罚对于贪官来说实在是太有威慑力了。于是明初确实有一阵子吏治清明。但时间一长问题就暴露出来了。首先,如果贪污六十贯要被"剥皮实草",贪污六百贯同样是"剥皮实草",六千贯、六万贯亦是如此,那么在收受贿赂时,官吏们会选择多一点,还是少一点呢?其次,如果一人贪污六十贯要被"剥皮实草",伙同其他人贪污六十贯、六百贯也要被"剥皮实草",那么官吏们会选择独自一人贪污,还是伙同他人贪多一点,利益均沾,从而官官相护,把大家都捆绑在一条船上呢?在刑罚过度的情况之下,腐败不但得不到根治,反而会促使腐败的扩大化。明朝的历史便是明证。

> 思考讨论

韩非子讲了一个韩昭侯处理"典衣"和"典冠"的故事,你觉得韩昭侯的处理方法正确吗?如果你是韩昭侯,你会怎么做?

南　面

人主有诱于事者,有壅于言者,二者不可不察也。

人臣易言事者,少索资,以事诬主[1]。主诱而不察,因而多之[2],则是臣反以事制主也。如是者谓之"诱"[3],诱于事者困于患。其进言少,其退费多,虽有功,其进言不信。不信者有罪,事有功者必赏[4],则群臣莫敢饰言以惛主[5]。主道者,使人臣前言不复于后[6],后言不复于前,事虽有功,必伏其罪,谓之任下。

关键词:诱于事者　以事制主

> 注释

[1]诬:欺骗。　[2]多:赞扬,称赞。　[3]诱:当为"诱于事"。　[4]事有功者必赏:当为"事有功者不赏",这样才能与下文的"事虽有功,必伏其罪"对应。　[5]惛:迷惑。

[6]使:假使,如果。

译文

君主有被事情诱惑的,有被言论蒙蔽的,这两种情况不能不加以审察。

臣子中有把事情说得很简单的人,他们要求的经费也很少,拿办事来欺骗君主。君主受到诱惑而不仔细审察,因而加以称赞,这样臣子反过来利用事情来控制君主。像这样的情况就称之为"被事情诱惑",被事情诱惑的君主就必然会困于祸患。他们要求的经费很少,退下去后花费却很多,虽然办事有功效,但他们对君主讲话不诚实。对君主讲话不诚实就有罪,办事即使有功效也不给奖赏,那么臣下就不敢粉饰言论来迷惑君主了。君主的治臣之术应该是,假如臣下先前说的话与后来办的事不合,或者后来说的话与先前办的事不合,办事虽然有功效,也要让他们伏法认罪,这就叫作任用臣下的办法。

人臣为主设事而恐其非也,则先出说设言曰:"议是事者,妒事者也。"人主藏是言,不更听群臣[1];群臣畏是言,不敢议事。二势者用[2],则忠臣不听而誉臣独任[3]。如是者谓之"壅于言",壅于言者制于臣矣。主道者,使人臣必有言之责,又有不言之责。言无端末、辩无所验者,此言之责也;以不言避责、持重位者,此不言之责也。

人主使人臣,言者必知其端以责其实,不言者必问其取舍以为之责,则人臣莫敢妄言矣,又不敢默然矣,言、默则皆有责也。

关键词:壅于言者　言默有责

注释

[1]更:再。　　[2]二势者用:这两种情形起了作用。[3]誉臣:徒有虚名的臣子。

译文

臣下为君主筹划事情而又怕被别人非议,就预先说出这样的话:"议论这件事的人,就是嫉妒这件事的人。"君主心里存着这话,就不再听取群臣的意见;群臣害怕这种话,就不敢议论这件事。君主不听群臣,群臣不敢议论两种情形起了作用,那么君主就不会听忠臣的话而专门任用那些徒有虚名的臣子。像这样的情况就称之为"被言论蒙蔽",被言论蒙蔽的君主就会被臣下控制。君主的治臣之术应该是,使臣下负有说话的责任,又负有不说话的责任。说话无头无尾,辩词无法验证的,这就要追究说话的责任;用不说话来逃避责任,来保持重要地位的,这就要追究不说话的责任。君主使用臣下,对说话的臣子,一定要了解他说话的来龙去脉,并用它来责求他的办事实效;对不说话的臣子,一定要问清楚他对某事是赞成还是反对,并把它作为他的责任。这样的话,那么臣下就不敢乱说,也不敢沉默了,说话和沉默都有了责任。

人主欲为事,不通其端末[1],而以明其欲[2],有为之者,其为不得利,必以害反。知此者,任理去欲[3]。举事有道,计其入多[4],其出少者,可为也。惑主不然,计其入,不计其出,出虽倍其入,不知其害,则是名得而实亡。如是者,功小而害大矣。凡功者,其入多,其出少,乃可谓功。今大费无罪而少得为功,则人臣出大费而成小功,小功成而主亦有害。

关键词:名得实亡　功小害大

注释

[1]端末:始末,来龙去脉,前因后果的意思。　[2]而以明其欲:君主已经将自己的意图表露出来。以:即"已"。[3]任:顺应。　[4]入:所得的收益。

译文

君主想做事,但没有搞清楚那件事的来龙去脉,就把自己的想法显露出来,有这种行为的君主,他做事不但不能得利,反而一定会受害。知道这个道理的君主就应该顺应客观道理,去掉主观欲望。做事情有一定的原则,就是计算下来收益多而付出少的事情,才可以做。糊涂的君主不这样,他们只计算收益,不计算付出,付出即使是收益的一倍,他们也不知道害处,这样的话是名义上得到,而实际上失去。像这样就是功绩小而危害大。凡是功绩,就是收益多而付出少,才可以称之为功绩。现在耗费大的无罪而收益少的却有功,那么做臣子的就会支出大量的费用去成就微小的功绩,这些微小的功绩即使取得了,而君主也还是有所损害。

不知治者,必曰:"无变古,毋易常[1]。"变与不变,圣人不听,正治而已[2]。然则古之无变,常之毋易,在常古之可与不可。伊尹毋变殷[3],太公毋变周[4],则汤、武不王矣。管仲毋易齐[5],郭偃毋更晋[6],则桓、文不霸矣[7]。凡人难变古者,惮易民之安也[8]。夫不变古者,袭乱之迹;适民心者,恣奸之行也。民愚而不知乱,上懦而不能更,是治之失也。

关键词:因循守旧　治之失

注释

[1]毋易常:又作"无易常"。　　[2]正治:端正治道。
[3]伊尹:一说名挚,尹是官名。传说伊尹出身奴隶,生于伊水边,原为有莘之君的近身奴仆,听说商汤"贤德仁义",而心向往之。

商汤与有莘结亲,他作为有莘氏女的陪嫁之臣来到商汤手下,成为汤的"小臣"。他身为庖人(厨师),便乘机用"割烹"作比喻向商汤陈说,要他"伐夏救民"。　　[4]太公:即姜子牙,吕氏,姜姓,号太公望,俗称姜太公。相传其七十岁时在渭水边钓鱼,周文王按占卜预示去拜访他,后尊他为师。后来他辅佐周武王灭商而使周王朝统一天下,因有功而封于齐地,后代称齐国。　　[5]管仲:春秋时齐国政治家。名夷吾,字仲,又称管敬仲。据说他早年经商,后从事政治活动。在齐国公子小白(即齐桓公)与公子纠争夺君位的斗争中,管仲曾支持公子纠。小白取得君位后,不计前嫌,重用管仲;管仲也辅佐齐桓公,实行了一系列重大的政治和社会改革,使齐桓公成为春秋时期第一个霸主。在齐国任相40年,以"尊王攘夷"为号召,帮助桓公实行改革,对齐国称霸诸侯起了重要作用。　　[6]郭偃:又称卜偃,春秋时期晋国占卜官。他生活在晋献公、晋惠公、晋怀公、晋文公的时代,他的预言多有应验。在晋文公时,他主导社会改革,帮助晋国完成封建化的转换。[7]文:即晋文公。春秋时晋国国君,公元前636年至前628年在位。"春秋五霸"之一。晋献公之子,姬姓,名重耳。因晋献公立幼子为嗣,他被迫流亡列国十九年之久,后由秦国送回即位。他对内任用贤能,对外尊王攘夷,开创了晋国长达一个多世纪的中原霸权。　　[8]惮:畏惧,害怕。易民:人民,普通民众。安:安逸,习惯。

译文

不懂得治理国家的人,必然会说:"不要改变古代的社会制度,不要改变常规惯例。"是否变法易俗,圣人不听别人怎么说,只求把国家治理得好就行。那么古代的社会制度改变不改变,常规惯例改变不改变,全在于这些东西是可行还是不可行。如果伊尹不改变殷商的古制惯例,姜太公不改变周朝的古制惯例,那么商汤王、周武王就不能称王了。如果管仲不改变齐国的古制惯例,郭偃不改变晋国的古制惯例,那么齐桓公、晋文公也就不能称霸了。大凡难以改变古制惯例的,是害怕民众对古制惯例下的生活已经习惯了。但不改变古制惯例,是在重蹈乱国的覆辙;迎合民众的愿望,就是放纵邪恶的行为。民众愚蠢而不知道古制惯例的恶劣,君主懦弱而不知道变革古制惯例,这就是治理国家的失策。

人主者,明能知治,严必行之。故虽拂于民心,立其治。说在商君之内外而铁殳重盾而豫戒也[1]。故郭偃之始治也,文公有官卒[2];管仲始治也,桓公有武车——戒民之备也[3]。是以愚赣窳堕之民[4],苦小费而忘大利也,故夤虎受阿谤[5];而鞔小变而失长便[6],故邹贾非载旅[7];狎习于乱而容于治[8],故郑人不能归。

关键词:变法 严行

注释

[1]殳:古时一种长柄勾头似的器具,长一丈二尺,无刃。豫戒:预防。 [2]官卒:国家的军队,一说为卫队。 [3]武

车:即威武的兵车。　　[4]戆(zhuàng):通"戆",刚直而愚笨鲁莽。窳(yǔ):懒惰。媓:通"惰"。　　[5]夤(yín)虎:可能是春秋时的陈大夫庆寅、庆虎。阿谤:呵斥诽谤。　　[6]帪(zhěn):通"震",畏惧的意思。　　[7]邹贾:人名,邹为姓,贾或为因行贾而得名,其事迹不详。载旅:指征兵制度。旅:古代军队五百人为一旅,引申为军队。　　[8]狎习于乱:即习惯于混乱。容于治:陈奇猷认为,容上缺"不"字,容为悦的意思,因此"容于治"就是不悦于明法(变法)而治。(《韩非子新校注》)

译文

当君主的,应该明智而能懂得治理的措施,应该严格并付诸实施。这样的话,即便是违逆民众的心理,他还是要建立起一套治国方略。譬如商鞅变法的时候,内外都有卫士拿着铁殳和盾牌来预防。郭偃开始治理晋国的时候,晋文公配备了国家的军队;管仲开始治理齐国的时候,齐桓公配备了武装的兵车——这些都是防备民众的措施。愚蠢迂腐、败坏懒惰的人,总是为微小的花费发愁,而忘记了将要取得的巨大利益,所以夤虎受到斥责诽谤;他们畏惧微小的变革,而丢失了长久的便利,所以邹贾非难征兵的制度;他们习惯于混乱而不愿意治理,所以郑国人无家可归。

文史链接

创业守业

韩非子在这一篇里谈到,君主既不能被臣下的花言巧语所蒙蔽，也不能让臣下通过保持沉默逃避责任。说话和沉默都要尽到责任，这样君主才能够掌控全局。韩非子还谈到了君王要适时而变，不能抱残守缺，害怕变革。这一点可谓真知灼见。古往今来，多少王朝的覆灭就在于墨守成规，错过改革良机，最后导致积弊难除，大业难兴。所以古人才有感叹，创业难，守业亦难。贞观十年(公元636年)时，唐太宗曾对侍臣说："帝王之业，草创与守成哪一个难？"房玄龄回答道："天下大乱的时候，各路英雄竞相起兵，被攻破的才降服，被打败了才制伏。所以，创业艰难。"魏徵回答说："帝王起兵，必然趁着世道衰败混乱的时候，消灭掉那些昏乱狂暴的人，百姓就乐于拥戴，天下人都来归附；上天授命，百姓奉与，所以创业不算艰难。然而取得天下之后，志趣趋向骄奢淫逸，老百姓希望休养生息，但各种徭役没有休止；百姓已经穷困疲敝，但奢侈的事务却一刻不停；国家的衰落破败，常常由此而起，就此而论，守业艰难。"唐太宗说："房玄龄曾随我平定天下，饱尝艰难困苦，出入于生死之间，侥幸能得到一条生路，所以看到的是创业艰难。魏徵与我一起安定天下，担心出现骄奢淫逸的萌芽，必定重蹈危亡的境地，所以看到的是守业艰难。现在创业的艰难已经过去，守业这一难事，我应该考虑与你们一起慎重地对待它。"

守业该如何去守呢？保持原样，维持状态，并不是守。因为外部和内部的环境都在发生变化，抱着条条框框不放，死守着祖宗的几句箴言，并不能适应内外的变化。《周易》主张三易：易简、不易和变易。其中最根本的就是变易。《周易》将"变"视为人类活动的首要原则。在《系辞下传》中有这样一段话："易之为书也不可远，为道也屡迁，变动不居，周流六虚，上下无常，刚柔相易，不可为典要,唯变所适。"这告诉我们,道不仅是变化的,而且是"屡"变、多变的。天地之间的大道都发生了变化,尘世间的人如果不变,则必为天所厌弃。所以,艮卦的《象传》告诉我们:"时止则止,时行则行,动静不失其时,其道光明。"只有因时而动,才能获得光明。孔子也非常强调变化,孟子说孔子是"圣之时者",也就是圣人中能适应时势发展的人,他说孔子是"可以仕则仕,可以止则止;可以久则久,可以速则速"(《孟子·公孙丑上》)。只有善于利用时机,适时而动,才能达到预期的目的。司马谈在《史记·太史公自序》中谈到了当时的六家,他对阴阳、儒、墨、名、法这五家都有不同程度的批评,唯独对道德家,即道家作全面肯定。他说道家使人"精神专一,动合无形,赡足万物""无所不宜,指约而易操,事少而功多",为什么他对道家有这么高的评价呢?就是因为道家从根本上是"与时迁移,应物变化"。道家并不追求一个恒定不变的道,而是"无成势,无常形";圣人要真正做到"不朽",就要"时变时守"。

但可惜的是,后世不少人的思想还比不上千年前的诸子。西汉的董仲舒就说:"道之大原出于天,天不变,道亦不变。"(《汉书·董仲舒传》)把维持封建统治秩序,保持三纲六纪不变当作治国之根本。到了清朝晚期,西方列强用坚船利炮轰开了尘封已久的大门,但仍然有人还沉睡在迷梦之中,鼓吹只用讲求仁义道德,便可驯化夷狄,归顺天朝。到了国家危难的关头,统治者们依然是以自己的权势为重,生怕变革丢掉了自己的"祖宗基业"。康有为、梁启超不愧是睿智之士,他们提倡变法,要求革新,摆脱枷锁,重整旗鼓。可惜晚清的统治者僵化腐朽,错失良机,终于尝到了当变不变的苦果。

> 思考讨论

1. 你是否曾经因为别人的劝诱而改变原本正确的想法?回想一下,当时为什么会被蒙蔽?
2. 如果社会发生了非常大的变化,你的理想抱负已经与时代脱节,请问你是会继续坚持,还是会随波逐流?为什么?

内储说下六微(节选)

六微[1]:一曰权借在下,二曰利异外借,三曰托于似类,四曰利害有反,五曰参疑内争[2],六曰敌国废置。此六者,主之所察也。

权势不可以借人。上失其一,臣以为百。故臣得借,则力多;力多,则内外为用;内外为用,则人主壅。

君臣之利异,故人臣莫忠,故臣利立而主利灭。是以奸臣者,召敌兵以内除,举外事以眩主,苟成其私利,不顾国患。

关键词:六微　权势　君臣　利异

> 注释

[1]微:微妙玄通之事。　　[2]参疑:匹敌,势力相当的

意思。

译文

　　有六种微妙的情况：一是君主的权势转借给臣下，二是由于君臣的利益不同而臣下借助外国的势力来谋取私利，三是臣下依靠类似的事来欺骗君主谋取私利，四是君臣的利益关系存在着相反的情况，五是臣下的势力互相匹敌而导致了统治集团内部的争夺权力的斗争，六是敌对的国家插手对大臣的废黜和任用。这六种情况，是君主应当明察的。

　　君主的权势不可以转借给别人。君主失去一分权势，臣下就会把它变成百倍的权势去利用。因此，如果臣下能够利用君主的权势，那么他的力量就强大了；他的力量强大，那么朝廷内外就会被他所利用；朝廷内外被他所利用，那么君主就会被蒙蔽。

　　君臣之间的利益不同，所以臣下不会绝对尽忠于君主。因此，臣下得到了利益，那么君主就会失去利益。因此奸邪的臣子，会招引敌国的军队来除掉国内的私仇，利用外交事务来惑乱君主，臣下只求能够成就他的私利，不会顾及国家的祸患。

　　似类之事，人主之所以失诛，而大臣之所以成私也。

　　事起而有所利，其尸主之[1]；有所害，必反察之。是以明主之论也，国害则省其利者，臣害则察其反者。

参疑之势,乱之所由生也,故明主慎之。

敌之所务,在淫察而就靡[2],人主不察,则敌废置矣。

"参疑""废置"之事,明主绝之于内而施之于外。资其轻者,辅其弱者,此谓"庙攻"[3]。叁伍既用于内[4],观听又行于外,则敌伪得。

关键词:似类　利害　参疑　废置　庙攻

注释

[1]尸主:主事者,这里指得利的主谋者。　[2]淫察:即混乱视听之意。就靡:即促成祸乱之意。　[3]庙攻:指朝廷所制定的战胜敌人的策略。庙:朝廷。　[4]叁伍:即"三五",它们用来泛指多而错杂,引申为将多方面的情况放在一起加以比较检验。

译文

类似的事情,就是君主处罚失当的原因,也是大臣们用来成就私欲的凭借。

事情发生了,如果有什么好处,一定是那得到好处的人主谋干了这件事;如果有什么害处,一定要从反面去考察它。因此英明的君主在进行判断的时候,如果国家受害,就要仔细察看在其中得到好处的人;如果臣子受害,就要仔细审查与他的利害关系相反的人。

臣下的势力互相匹敌的局面,是祸乱得以产生的根源。所以英明的君主对这种局面最为慎重小心。

敌国所致力的,是惑乱国君的视听而使国君铸成错误,国君如果不明白这一点,那么敌国就可以使国君按照他们的意图来任免大臣了。

"臣下的势力互相匹敌而发生内争""敌国插手对大臣的废黜和任用"这种事情,英明的君主要努力杜绝它们在国内出现,而设法将之施加到国外去扰乱敌国。资助敌国中那些权势低微的臣子,帮助敌国中那些势单力薄的臣子,这叫作"朝廷所制定的战胜敌人的策略"。既在国内使用比较检验多方面的事实的方法来决断事宜,又在国外实施观察探听的手段,那么敌国的阴谋诡计就能被识破了。

卫人有夫妻祷者,而祝曰[1]:"使我无故[2],得百来束布[3]。"其夫曰:"何少也?"对曰:"益是,子将以买妾。"

魏王遗荆王美人[4],荆王甚悦之。夫人郑袖知王悦爱之也,亦悦爱之,甚于王。衣服玩好[5],择其所欲为之。王曰:"夫人知我爱新人也,其悦爱之甚于寡人,此孝子所以养亲,忠臣之所以事君也。"夫人知王之不以己为妒也,因为新人曰[6]:"王甚悦爱子,然恶子之鼻,子见王,常掩鼻,则王长幸子矣[7]。"于是新人从之,每见王,常掩鼻。王谓夫人曰:"新人见寡人常掩鼻,何也?"对曰:"不已知也。"王强问之[8],对曰:"顷尝言恶闻王臭。"王怒曰:"劓之[9]!"夫人先诫御者曰:"王适有言,必可从命。"御者因揄刀而劓美人。

关键词:卫人祷布　楚王劓姬

注释

[1]祝:求神赐福。　[2]无故:没有事故,不发生灾祸。[3]束布:束:捆。布:布币。　[4]荆王:楚王,这里指楚怀王。[5]玩好:珍贵的玩物,珍宝。　[6]为:通"谓"。　[7]长幸:长久地宠幸。　[8]强问:竭力追问。　[9]劓(yì):古代割掉鼻子的刑罚。

译文

卫国有一对夫妻做祈祷,妻子向神求福说:"使我平安无事,能得到一百来束布币。"她的丈夫说:"为什么求这么少呢?"妻子回答说:"多了,你就会去买个小老婆。"

魏王送给楚王一个美女,楚王非常喜爱她。楚王的夫人郑袖知道楚王很喜爱她,也装着很喜爱她,而且表现出比楚王还喜爱的样子。衣裳服饰和玩物珍宝,都挑选美女所喜欢的来送给她。楚王说:"夫人知道我喜爱新来的美人,你对她的喜爱甚至超过了我,这是孝子用来供养父母亲、忠臣用来侍奉君主的德行啊。"夫人郑袖知道大王认为自己没有嫉妒之心了,就对新来的美人说:"大王非常喜爱你,但不喜欢你的鼻子,你去见大王时,要时常掩住鼻子,那么大王就会长期宠爱你了。"于是新来的美人听从郑袖的话,每次见楚王,都掩住鼻子。楚王对夫人说:"新来的美人来见我时常常掩住鼻子,这是为什么呢?"郑袖回答说:"我不知道其中的缘故。"楚王竭力追问她,郑袖回答说:"不久前听她说厌恶闻到大王的气味。"楚王愤怒地说:"把她的鼻子割掉。"夫人郑袖事先曾告诫侍卫说:"大王如果有什么吩咐,一定要服从命令。"侍卫因此抽刀就把美人的鼻子割掉了。

僖侯浴[1],汤中有砾[2]。僖侯曰:"尚浴免[3],则有当代者乎?"左右对曰:"有。"僖侯曰:"召而来。"谯之曰[4]:"何为置砾汤中?"对曰:"尚浴免,则臣得代之,是以置砾汤中。"

关键词:取而代之

注释

[1]僖侯:即韩昭侯。　　[2]砾(lì):小石子。　　[3]尚浴:主管君主沐浴的人。　　[4]谯(qiào):通"诮",责骂。

译文

韩昭侯洗澡,洗澡水中有小石子。韩昭侯说:"掌管我沐浴之事的官吏如果被免职了,那么有接替他的人吗?"左右侍卫回答说:"有。"韩昭侯说:"召他进来。"于是责骂他说:"你为什么把小石子放在洗澡水中?"那人回答说:"如果掌管沐浴之事的官员被免职了,那么我就能取而代之,因此把小石子放进洗澡水中。"

文公之时[1],宰臣上炙而发绕之[2]。文公召宰人而谯之曰:"女欲寡人之哽耶[3],奚为以发绕炙?"宰人顿首再拜请曰:"臣有死罪三:援砺砥刀[4],利犹干将也[5],切肉肉断而发不断,臣之罪一也;援木而贯脔而不见发[6],臣之罪二也;奉炽炉,炭火尽赤红,而炙熟而发不烧,臣之罪三也。堂下得无微有疾臣者乎[7]?"公曰:"善。"乃召其堂下而谯之,果然,乃诛之。

关键词:文公断案

注释

[1]文公:即晋文公重耳。 [2]宰臣:掌管膳食的官吏。 [3]女:通"汝"。哽:堵塞喉咙。 [4]援砺砥刀:拿起磨刀石磨刀。 [5]干将:古代宝剑名。 [6]脔(luán):切成片的肉。 [7]疾:同"嫉",嫉妒,妒忌之意。

译文

晋文公的时候,掌管膳食的官员端上烤肉,但却有头发缠绕在烤肉上。晋文公召见厨师而责问他说:"你想要我咽不下去吗?为什么用头发缠绕烤肉?"厨师磕了头又拜了两次,请罪说:"我有死罪三条:拿磨刀石磨刀,把刀磨得像干将的宝剑一样锋利,切肉的时候把肉切断但没把头发切断,这是我的第一条罪状;拿木棒穿肉片而没有看见头发,这是我的第二条罪状;把肉串放在火热的炉子里,炭火烧得通红,把肉烤熟了但没把头发烧掉,这是我的第三条罪状。您堂下的侍从中恐怕有暗中忌恨我的人吧?"晋文公说:"很好。"于是召集堂下侍从来责问,果然是这样,于是就将侍从诛杀了。

文史链接

党争之乱

韩非子的"六微"是历史经验的总结。先秦时期,与"六微"相关的权力斗争可以说每天都在上演,只不过是换了扮演的角色和场景,剧情都极为相似。韩非子出身于韩国宗室,对宫廷里的明争暗斗可谓耳濡目染。他的《六微》写得洋洋洒洒,案例一个接着一个,不胜枚举。然而,韩非子把君臣之间的那层纸都捅破了,是否就能避免类似的事情发生呢?从几千年的历史来看,理论是理论,实际是实际,理论说得再清楚,实际生活中还是有不少利令智昏的人。所以唐代文学家杜牧曾在《阿房宫赋》中说:"秦人不暇自哀,而后人哀之,后人哀之而不鉴之,亦使后人而复哀后人也!"德国哲学家黑格尔也曾感叹道:"历史给我们唯一的教训,就是我们从不吸取历史的教训。"但黑格尔也认为,相似悲剧反复发生的历史过程并非是简单的重复和循环,而是一种螺旋式的上升。从表面上看,人性之恶使得悲剧反复发生,整体上却鬼使神差地促进了人类社会的不断改善和发展;历史中的人物明明是在为自己的权势利益蝇营狗苟,却无意识地为公共福利做出了贡献。这就是黑格尔所说的"理性的狡计"。

"六微"中第五条:"参疑之势,乱之所由生也,故明主慎之。"告诉我们朝中如果有旗鼓相当的臣下,很容易出现祸乱。这一点在中国历史上确实存在。就拿君主身边最亲近的人来说,外戚和宦官就常常是势同水火。君主又往往会违背"六微"的第一条:不可将权力借与臣下。幼小的君主有时候不得不靠外戚扶持,而昏庸的君王又懒得理会朝政,大小事务便推给宦官打理。外戚和宦官都有权力,于是就免不了钩心斗角。东汉时期的外戚专权和十常侍的故事就是耳熟能详的明证。除此之外,还有朝廷大臣的党争。其中影响较大的有唐朝的"牛李党争"。其中"牛党"指的是以牛僧孺、李宗闵为首的党羽,"李党"则是以李德裕为领袖。这两党从唐穆宗时期便开始相争,随后经历了唐敬宗、唐文宗、唐武宗和唐宣宗,皇帝都换了好几个,他们却持续争执了近四十年。而且"牛李党争"并非是为国家社稷之永续、天下苍生之安乐而争,他们多半是为了党派势力而针锋相对。一党掌权了,完全不计较对方的人才有多贤能,一律贬斥出朝廷,至于对方的政策是否有利于国计民生,更是置之脑后。譬如李德裕任西川节度使时,曾接受吐蕃将领的投降,收复了重镇维州(今四川理县)。而牛僧孺上台后,却意气用事,强令把降将和城池交还吐蕃。"牛李党争"的起因是科举。唐宪宗元和三年(公元808年),朝廷以"贤良公正、能直言极谏科"开科考试,牛僧孺、李宗闵等对策的时候,痛贬时弊,主考官杨于陵等大为赞赏,评为上策。而当时的宰相是李德裕的父亲李吉甫。既然痛贬时弊能为上策,那么主考官就是意图诋毁自己的政绩。于是向皇上告状,举报考试舞弊。最后的结果就是主考官被贬,而牛僧孺等人也因此得不到升迁。这就埋下了牛李两党相争的隐患。此后这两党依附宦官发展得势均力敌,在朝廷上便为了一党私利你争我夺,使得原本就已衰落的唐朝加速走向毁灭。

另外一场非常有名的党争就是明朝万历年间的"东林党争"。这场党争不像"牛李党争"是一对一,而是东林党以一党之力对抗全国上下的朋党,其中有浙党、齐党、楚党、昆党、宣党等。万历年间的吏部郎中顾宪成因得罪皇帝遭到革职,于是就回到家乡和高攀龙、钱一本等人在无锡东林书院讲课。他们常常在书院里谈论朝政得失,影响很大,于是就渐渐形成了一个在野集团,被称为"东林党"。东林党人后来有不少人入仕为官,浙党、齐党、楚党等党派纷纷投靠阉党魏忠贤门下,继续与东林党作对。他们之间的党争和"牛李党争"一样,都是为了一党私利,罔顾社稷民生。其中一件因党争而发生的荒唐事就是熊廷弼被杀案。1621年,熊廷弼被朝廷任命为辽东经略,而王化贞为巡抚。他们两人各属不同党派。熊廷弼早年属于楚党,与东林党有过争执,而王化贞与东林党人交从甚密,被东林党人视为知己。两人一同出战辽东,便因观点不同而争吵。老成持重、经验丰富的熊廷弼主张以逸待劳,积极防御;素不习兵、狂傲轻敌的王化贞希望一鼓作气,速战速决。后来王化贞不配合熊廷弼的战略，准备"一举荡平辽东"，结果指挥不力，十万多兵马全军覆没，最后导致广宁失守。战事失利之后，熊、王二人都要受到处分。王化贞犯了重大的军事错误，自然东林党人保不了他。既然自己人都照顾不了，东林党人也就不会保全与自己有过节的熊廷弼。熊廷弼于是被定为死罪。在这个紧要关头，王化贞抛弃了还在四处为自己奔走辩护的东林党，投靠了阉党魏忠贤，还反咬东林党一口，揭露东林党"贪污辽东军饷"，魏忠贤趁机对东林党人予以毁灭性的打击。而性格刚强的熊廷弼面对生死关头也没有办法，最后只好找人向魏忠贤求救。魏忠贤便趁机向熊廷弼勒索四万两黄金。熊廷弼为官清廉，根本就没多少积蓄。魏忠贤打着如意算盘，结果什么钱都捞不到。于是决定赶紧处决熊廷弼。此时东林党人看到魏忠贤要杀他，又反过来要救他。结果却适得其反，阉党和东林党人本来就势不两立，如今东林党人要救熊廷弼，结果就是更加坚定了魏忠贤断绝熊廷弼后路的决心。1625年，熊廷弼被处死。而之后尚可保全明朝的大将袁崇焕也因为反间计，死于阉党之手。明朝终于因为党争之乱而加速灭亡。

思考讨论

1. "六微"中的哪一条让你深有同感？举出日常生活中的事例来说明。

2. 韩非子讲了一个韩昭侯洗澡时有人放小石子的故事，并断定是由接替沐浴之官的职员所为，请问是否还有其他可能性？事实判断和价值判断是否能够等同？

外储说左上(节选)

楚王谓田鸠曰[1]:"墨子者,显学也。其身体则可[2],其言多而不辩[3],何也?"曰:"昔秦伯嫁其女于晋公子[4],令晋为之饰装,从衣文之媵七十人[5]。至晋,晋人爱其妾而贱公女。此可谓善嫁妾,而未可谓善嫁女也。楚人有卖其珠于郑者,为木兰之椟[6],薰以桂椒[7],缀以珠玉[8],饰以玫瑰,辑以翡翠。郑人买其椟而还其珠。此可谓善卖椟矣,未可谓善鬻珠也[9]。今世之谈也,皆道辩说文辞之言[10],人主览其文而忘有用。墨子之说,传先王之道,论圣人之言,以宣告人。若辩其辞[11],则恐人怀其文忘其直[12],以文害用也。此与楚人鬻珠、秦伯嫁女同类,故其言多不辩。"

关键词:言多不辩 买椟还珠 秦伯嫁女

注释

[1]田鸠:即田俅(qiú),又名田系,战国时齐国人,墨家人物。《汉书·艺文志》著录《田俅子》三篇,已佚。今有《田俅子》辑文一卷。 [2]身体:身体力行,亲身实践。 [3]辩:有口才,说话动听。 [4]秦伯:因秦国国君最初受封时爵位是伯,故后皆

称秦伯。公子：诸侯之子称公子。后来公子一词扩大了涵盖范围，成为对古代年轻男子的一种尊称。　　[5]衣文：穿着华丽的衣服。媵（yìng）：陪嫁的妾。　　[6]木兰：树名，皮有香气，木质优良，花蕾可入药。椟（dú）：匣子。　　[7]薰：通"熏"，熏烤的意思。桂椒：肉桂和花椒，是两种香料。　　[8]缀：编织，点缀。　　[9]鬻（yù）：卖。　　[10]辩说文辞：动听漂亮的话。　　[11]辩其辞：修饰美化它的文辞。　　[12]直：通"值"，价值。

译文

　　楚王对田鸠说："墨子是当今赫赫有名的学者。他亲身实践还算可以，他的话讲得很多，却不动听，这是什么原因呢？"田鸠说："从前秦国君主把女儿嫁给晋国国君的儿子，让晋国为他女儿装饰打扮，跟从陪嫁的女子就有七十人，她们的衣着都很华丽。到了晋国，晋国人反而喜欢陪嫁的妾，看不起秦国国君的女儿。这可以叫作善于嫁侍女，却不能说善于嫁女啊。有个楚国人在郑国卖珠宝，他用木兰香木做了一个匣子，用肉桂花椒香料熏烤它，用珍珠宝石点缀它，用玫瑰装饰它，用翡翠衬托它。郑国人买了他的匣子，而把里面的珠宝还给他。这可以称之为善于卖匣子了，却不能说善于卖珠宝。如今世上的言谈，都说些华丽动听的文辞，君主往往只欣赏文章的文采，却忘了它的实际功用。墨子的学说，是传授先王治国的办法，阐述圣人的言谈，并将它告知天下人。假如只想使文辞动听，那么恐怕人们记住了华美的文辞而忘掉了它的实用价值，这是因为言辞而损害实用啊。这跟楚国人卖珠宝、秦穆公嫁女是一个道理，所以他讲得很多而不动听。"

人为婴儿也,父母养之简[1],子长而怨;子盛壮成人,其供养薄,父母怒而诮之[2]。子父至亲也,而或诮或怨者,皆挟相为而不周于为己也[3]。夫买庸而播耕者[4],主人费家而美食,调布而求易钱者[5],非爱庸客也,曰:"如是,耕者且深,耨者熟耘也[6]。"庸客致力而疾耘耕者,尽巧而正畦埒陌者[7],非爱主人也,曰:"如是,羹且美,钱布且易云也。"此其养功力,有父子之泽矣,而心调于用者,皆挟自为心也。故人行事施予,以利之为心,则越人易和[8];以害之为心,则父子离且怨。

郑县人卜子使其妻为裤[9],其妻问曰:"今裤何如[10]?"夫曰:"象吾故裤。"妻子因毁新,令如故裤。

关键词:挟自为心　郑妻为裤

注释

[1]简:简慢,马虎。　　[2]诮(qiào):责骂。　　[3]挟相为:怀着相互依赖的心理。　　[4]买庸:雇佣工人。庸:通"佣"。[5]调:挑选。布:货币名称。易钱:成色好的钱币。　　[6]耨(nòu):锄草。熟:精细。耘(yún):除草。　　[7]埒(liè)陌:泛指

田埂。埒：田间的小堤。陌：田间东西方向的道路。　　[8]越人：指当时居住在东南滨海地区的越族人，这里比喻关系疏远的人。　　[9]郑县人：战国时韩国地名，今在河南郑州。
[10]何如：像什么样子。

译文

人在婴儿时，父母对他抚养得马虎，孩子长大了就要埋怨父母；孩子长大成人，对父母的供养微薄，父母就会责骂孩子。父子之间是最亲近的，但有时责骂，有时埋怨，都是因为怀着相互依赖的心理，而又认为对方对自己照顾不周全而造成的。雇佣工人来播种耕作，主人花费家财准备美食，拿了布币去求取成色好的钱币作为他们的酬劳，不是因为爱雇工，而是说："这样做，耕作的人才能耕得深，锄草的人才会锄得细。"雇工卖力而快速地耘田耕地，用尽技巧来整理畦埂，不是因为爱主人，而是说："这样做，饭菜才会丰美，得到的钱币才会成色好。"主人这样来供养雇工，爱惜劳力，有父子之间的恩泽；而雇工专心致志地工作，都是怀着为自己打算的思想。所以人们办事给人好处，如果从有利于人出发考虑，那么关系疏远的人也会喜悦和好；如果从损害别人出发考虑，那么即便是父子也会分离而且相互埋怨。

郑县有个叫卜子的人让他的妻子做裤子，他的妻子问他说："现在这条裤子做成什么样子？"丈夫说："做得像我的旧裤子。"妻子因此毁坏新裤子，使它像旧裤子。

宋襄公与楚人战于涿谷上[1]。宋人既成列矣,楚人未及济[2]。右司马购强趋而谏曰[3]:"楚人众而宋人寡,请使楚人半涉,未成列而击之,必败。"襄公曰:"寡人闻君子曰:'不重伤[4],不擒二毛[5],不推人于险,不迫人于厄,不鼓不成列。'今楚未济而击之,害义。请使楚人毕涉成阵,而后鼓士进之。"右司马曰:"君不爱宋民,腹心不完[6],特为义耳。"公曰:"不反列[7],且行法。"右司马反列。楚人已成列撰阵矣[8],公乃鼓之。宋人大败,公伤股,三日而死。此乃慕自亲仁义之祸。夫必恃人主之自躬亲而后民听从,是则将令人主耕以为食,服战雁行也民乃肯耕战[9],则人主不泰危乎[10]?而人臣不泰安乎?

关键词:宋襄公　仁义　虚名

注释

[1]宋襄公:名兹父,春秋时宋国君主,公元前650年至前637年在位。公元前642年齐桓公病逝,齐国发生内乱,宋襄公率兵马至齐国,与齐人里应外合,平息内乱,拥立齐孝公。因此,宋襄公也被视为"春秋五霸"之一。涿(zhuō)谷:宋国地名,今河南柘城西。此战应为公元前638年的泓水之战。　[2]未及济:没有完全渡过河。　[3]右司马购强:右司马,古代官名,掌管军政和军事赋税。购强:人名,当是《左传》中记载的公孙固的字。

[4]重:重复。　　[5]二毛:因为年长的人头发胡子花白,有黑白两色,故称之为二毛,常以此代指老年人。　　[6]腹心不完:一说腹心为国家的根本;另一说认为"宋民"与"腹心不完"应连读,不断句,指的是宋民战败后腹心不完好,身受重伤之意。
[7]反列:回到队列。　　[8]撰阵:摆好阵势。　　[9]服:从事。雁行:像大雁一样排列成行。　　[10]泰:通"太"。

译文

宋襄公与楚国人在涿谷边上交战。宋国军队已经排成队列了,而楚国人还没有完全渡过河。右司马购强快步走到宋襄公身边劝谏说:"楚国人多而我们宋国人少,请让我们在楚国人过河过了一半、还没有排成队列时就去攻击他们,他们一定会失败。"宋襄公说:"我听君子说过,'不要重复地伤害已经受伤的人,不要俘虏年事已高的老兵,不要把人推入危险的境地,不要把人逼上绝路,不要击鼓进攻不成队列的敌军。'如今楚国军队还没有过完河就去攻击他们,这是有伤仁义的。还是让楚国军队全部过河后排成队列,再击鼓进攻他们。"右司马说:"您不可怜宋国军民将被挖心剖腹的处境,只是为了仁义的虚名。"宋襄公说:"你再不返回队列中,就按军法处置。"右司马于是返回队列。此时楚国人已经排好队伍、摆好阵势了,宋襄公命令击鼓。结果宋国军队大败,宋襄公伤及大腿,三天后死了。这就是追求亲行仁义而造成的祸害。如果一定要依靠君主身体力行,然后民众才听从命令,那就是要君主自己种田来糊口、自己像大雁一样排成队列去打仗,然后民众才肯耕耘作战,这样的话,君主不是太危险了吗?而做臣下的不是太安逸了吗？

文史链接

美不可少

  韩非子在《外储说左上》中为我们讲了很多脍炙人口的故事，买椟还珠、画犬马难、郑人置履等基本上达到了家喻户晓的地步。除此之外，还有鼓琴卧治、郢书燕说、客为周君画荚等饶有趣味的寓言。可惜篇幅有限，不能一一介绍。韩非子之所以不厌其烦地讲这么多故事，目的还是宣传他"挟自为心"，强调自利的人性论和注重实际效益的功利观。而这两者也是相互关联的。注重实效，追求功利是为了更好的自利；而要实现最大程度的自利就必须摒弃华而不实的东西。韩非子的观点有合理之处，但也有一定的局限性。

  拿强调实际效益的功利观来说，人的确必须满足物质上的需要才谈得上精神享受，君主也的确需要把统驭臣下当作头等大事来抓，才谈得上是明君。但如果只把人的需要定位在物质层次和政治权力，而把其他的东西通通看作没有价值的无用之物，那么就太过于狭隘了。买椟还珠出现了形式大于内容的问题，但不可否认的是这个形式是美的，能够给人带来精神的愉悦。抛开实际的目的性和功利性不谈，只要人们去欣赏这个匣子，就能够感受到精神的快乐。墨子三年制造出一个能飞的木鸢，虽然只能飞一天，论实际功利确实比不上几块木头做成的能行千里的运输车，但不可否认的是当木鸢飞上天的时候，人们的那种欢欣雀跃之情是用再多的金钱也买不到的。更何况木鸢已经成功飞行了一天，假以时日，继续在这所谓的"无用之物"上钻研，怎么知道木鸢以后不会成功飞行一个月、一年呢？如果能够飞上一年，在实用价值上比靠人力推拉的运输车不也更胜一筹吗？韩非子的急功近利必然会导致目光短浅。

更重要的是，美和艺术是一种不可或缺的价值。孔子说："兴于诗，立于礼，成于乐。"(《论语·泰伯》)人的成长中两个重要的环节，都要靠艺术。孔子传授给学生的六艺：礼、乐、射、御、书、数，其中礼、乐、书都与艺术紧密相关。孔门四科：德行、言语、文学、政事，其中的文学就是用文学的形式培养弟子们的高雅情操、思维方法、工作能力。孔子还特别注重诗教，他对自己的儿子孔鲤的要求就是："不学诗，无以言。"(《论语·季氏》)韩非子的老师荀子一样看重艺术对人的陶冶教化作用。他的《乐论》非常详细地分析了乐的地位、作用和意义。他告诉我们，音乐源自人心，能极尽情感之变化，乃"人情之所必不免"之物，具有"入人也深，化人也速""移风易俗"的效用。即便从韩非子狭隘的功利观看来，艺术、美与君王的权势也不会冲突。当百姓都接受了礼乐的教化之后，不正好消除了顽劣之性吗？不正好成为了君主眼中的顺民吗？韩非子片面地强调实用价值，正好就是他老师荀子所批评的"蔽于一曲而暗于大理"。而在韩非子之后，历史也证明，中国艺术的形式种类不但没有变少，反而是不断地推陈出新，艺术无论是手法技巧，还是品格境界，都有非常大的进步。这就说明，人们不但需要艺术，而且还要追求更上层的艺术。

到了近代，王国维和蔡元培都大力提倡"美育"。王国维在《论教育之宗旨》中明确提出美育是完整教育不可缺少的一个环节。而蔡元培则把美育的地位看得更高,甚至提出"以美育代宗教"。

蔡元培认为,美育是走出中国近代以来困境的出路。而中国之所以会出现问题,追根溯源在于急功近利,这正好驳斥了韩非子片面追求实际效益的观点。一味追求功利并不能保证得到功利,反而会减少实际的功利。孔子也曾告诉我们:"君子谋道不谋食。耕也,馁在其中矣;学也,禄在其中矣。君子忧道不忧贫。"(《论语·卫灵公》)过于看重功利,而忽视学习修养,又怎么能得到功利呢?蔡元培还说:"我的提倡美育,便是使人类能在音乐、雕刻、图画、文学里又找到他们遗失了的情感。我们每每在听了一首歌、看了一张画、一件雕刻,或者读了一首诗、一篇文章以后,常会有种说不出的感觉,四周的空气会变得温柔,眼前的对象会变得更甜蜜,似乎觉得自身在这个世界上有一种伟大的使命。这种使命不仅仅是要使人有饭吃、有衣裳穿、有房子住,他同时还要使人人能保持生存以外,还能去享受人生。知道了享受人生的乐趣,同时也便知道人生的可爱,人与人的感情便不期然而然地更加浓厚起来。那么,虽然不能说战争可以完全消灭,至少可以毁除了不少起衅的秧苗了。"(《蔡元培全集》)这告诉我们,美育不但能够带给我们享受,更能够柔化和美化我们的心灵。当每个人都接受了美育之后,当每个人都因美生爱的时候,这个世界就会少了许多因"挟自为心"的自利而起的明争暗斗、尔虞我诈。韩非子也不必为权术斗争而绞尽脑汁了。

> 思考讨论

1. 韩非子认为父子之间都是以利害之心相互计较,从你自己的感受来看,家庭关系中最重要的是什么?
2. 韩非子所举的宋襄公讲仁义而败北的例子能否说明君主不能讲仁义?宋襄公的"仁义之举"是否真的是仁义?

难势(节选)

夫势者,名一而变无数者也。势必于自然[1],则无为言于势矣。吾所为言势者,言人之所设也。今曰:"尧、舜得势而治,桀、纣得势而乱。"吾非以尧、舜为不然也。虽然,非一人之所得设也。夫尧、舜生而在上位,虽有十桀、纣不能乱者,则势治也;桀、纣亦生而在上位,虽有十尧、舜而亦不能治者,则势乱也。故曰:"势治者则不可乱,而势乱者则不可治也。"此自然之势也,非人之所得设也。若吾所言,谓人之所得设也而已矣,贤何事焉?

关键词:势　自然

注释

[1]必于自然:由客观决定。

译文

势这个东西,名称只有一个,但内容却是变化无穷的。如果势是由客观存在决定的,那么就不需要去讨论它了。我所要讨论的势,是人为设立的权势。现在有人说:"尧、舜得到权势,天下就太平;桀、纣得到权势,天下就混乱。"我也并不认为尧、舜不是这样。但是,权势并非是一人能够设立的。假如尧、舜生来就处在君位,即使有十个桀、纣也不能扰乱天下,这就是靠势治理天下的缘故;假如桀、纣生来就处在君位,即使有十个尧、舜也不能去治理好天下,这就是靠势扰乱天下的结果。所以说:"凡是靠势治理好的天下,就不可能被扰乱;而靠势扰乱的天下,也不可能治理好。"这指的是客观的势,而不是人为设立的势。而我所说的势,是指人为设立的势,这样,又何必用什么贤人呢?

何以明其然也?客曰[1]:"人有鬻矛与盾者[2],誉其盾之坚[3]:'物莫能陷也。'俄而又誉其矛曰:'吾矛之利,物无不陷也。'人应之曰:'以子之矛,陷子之盾,何如?'其人弗能应也。"以为不可陷之盾,与无不陷之矛,为名不可两立也。夫贤之为势不可禁,而势之为道也无不禁,以不可禁之贤与无不禁之势,此矛盾之说也。夫贤势之不相容亦明矣。

关键词:自相矛盾

注释

[1]客:韩非子假设的某个人。　　[2]鬻(yù):卖。
[3]誉:夸耀。

译文

怎么说明这其中的原因呢?某人讲过这样一则故事:"有个卖矛和盾的人,一会儿夸耀他的盾坚固,说:'没有什么东西能刺穿它。'一会儿又夸耀他的矛说:'我的矛很锋利,没有什么东西刺不穿。'有人就驳斥他说:'用你的矛刺你的盾,会怎么样呢?'那个人就不能回答了。"因为不可刺穿的盾和没有东西刺不穿的矛,在逻辑概念上是不能同时存在的。按照贤治的原则,贤人是不受约束的;按照势治的原则,就没有什么是不能约束的,不受约束的贤治和没有什么不能约束的势治就构成了矛盾。所以贤治和势治的不相容也就很清楚了。

且夫尧、舜、桀、纣千世而一出,是比肩随踵而生也[1]。世之治者不绝于中[2],吾所以为言势者,中也。中者,上不及尧、舜,而下亦不为桀、纣。抱法处势则治,背法去势则乱。今废势背法而待尧、舜,尧、舜至乃治,是千世乱而一治也。抱法处势而待桀、纣,桀、纣至乃乱,是千世治而一乱也。且夫治千而乱一,与治一而乱千也,是犹乘骥、䎭而分驰也[3],相去亦远矣。夫弃隐栝之法[4],去度量之数,使奚仲为车[5],不能成一轮。无庆赏之劝[6],刑罚之威,释势委法[7],尧、舜户说而人辨之[8],不能治三家。夫势之足用亦明矣,而曰"必待贤",则亦不然矣。

关键词:抱法处势

注释

[1]比肩随踵:肩挨着肩,脚跟着脚。　　[2]中:指中等才能的人。　　[3]䎭(ěr):马名,即骒(lù)䎭,这里泛指良马。[4]隐栝(kuò):矫正木材的器具,既可以矫正使直,也可以矫正使曲。　　[5]奚仲:夏之车正,传说姓任,黄帝之后,为车的创造者,春秋薛之始祖。　　[6]劝:劝勉,勉励。　　[7]委:放弃。[8]户说:挨家挨户地劝说。

译文

况且那尧、舜、桀、纣这样的人一千世能够出现一个,就已经算是比肩接踵而至了。历代治国的君主不断产生于中等才能的人之中,我讨论势治的目的,就是为这些资质中等的君主。这种资质中等的君主,往上比赶不上尧、舜,往下比也不是桀、纣那样的人。只要他们坚守法度、掌握权势,那么国家就会太平;背离法度、离开权势,那么国家就会陷入混乱。现在如果抛弃了权势、背离了法度而等待尧、舜那样的君主,要等到尧、舜那样的君主出现才能天下太平,这就是要天下千世混乱而一世太平。坚守法度、掌握权势而等待桀、纣那样的君主,要等到桀、纣那样的君主出现后才会天下混乱,这就是要天下千世太平而一世混乱。千世太平而一世混乱和一世太平而千世混乱这两种情况相比,就像是骑着良马背道而驰一样,它们之间的距离相差得也太远了。如果抛弃矫正木材的办法,丢掉测量的技术,让奚仲去造车也做不成一个轮子。如果没有表扬奖赏的鼓励,没有刑罚的威慑,抛开权势,放弃法治,即使让尧、舜挨家挨户去劝说,一个人一个人地辨析事理,就连三户人家也管理不好。由此看来,权势足以治理天下的道理,也就再明白不过了,却说"一定要等待贤人",这就不对了。

且夫百日不食以待粱肉[1],饿者不活;今待尧、舜之贤乃治当世之民,是犹待粱肉而救饿之说也。夫曰"良马固车,臧获御之则为人笑[2],王良御之则日取乎千里[3]",吾不以为然。夫待越人之善海游者以救中国之溺人,越人善游矣,而溺者不济矣。夫待古之王良以驭今之马,亦犹越人救溺之说也,不可亦明矣。夫良马固车,五十里而一置[4],使中手御之,追速致远,可以及也,而千里可日至也,何必待古之王良乎?且御,非使王良也,则必使臧获败之;治,非使尧、舜也,则必使桀、纣乱之。此味非饴蜜也[5],必苦菜、亭历也[6]。此则积辩累辞、离理失术、两未之议也,奚可以难夫道理之言乎哉?客议未及此论也。

关键词:两未之议　非此即彼

注释

[1]粱肉:泛指精美的食物。　[2]臧获:奴婢。　[3]王良:春秋时晋国人,以善于驾车闻名。　[4]置:驿站。　[5]饴蜜:饴糖和蜂蜜。　[6]亭历:又写作"葶苈(tíng lì)",草本植物,籽味苦,可入药,有利尿、定喘、消水肿等功效。

译文

假如让人一百天不吃东西去等着吃美味佳肴,那么这个挨饿的人就活不成了;现在要等待尧、舜那样的贤人来管理天下民众,这就跟等着吃美味佳肴来解救挨饿之人的说法是一回事。论客说"优良的马坚固的车,奴婢驾驭它就会被人讥笑,王良驾驭它就能日行千里",我不认为这种说法是对的。假如要等待越国人中善于在海中游泳的人来拯救在中原被水淹没的人,越国人尽管善于游泳,而被水淹没的人却等不及了。如果要等待古时候的王良来驾驭今天的马车,也好比是让越国人来拯救中原的落水者的说法一样,显然是行不通的。有了优良的马和坚固的车,每隔五十里就设立一个驿站,让一个资质中等的车夫驾驭,想要车马跑得很快、行得很远,也是可以做到的,千里之远一天就可到达,何必要等待古时候的王良呢?一提到驾驭,如果不是说用王良,那么就一定会说奴婢把车乱开;一谈到治理,如果不是说用尧、舜,那么就一定会说夏桀、商纣把天下扰乱。这就好比一提到味道,如果不是饴糖和蜂蜜,那么就一定是苦菜、亭历一样。这便是聚集辩辞、堆砌辞藻、违背事理、脱离道术,不是走这个极端就是走那个极端的议论,怎么能驳倒合乎道理的言论呢?论客的议论是比不上法度、权势并治的理论的。

文史链接

经义断事

《难势》的难,指的是辩难、问难、责难,势就是韩非子所推崇的势治,合在一起,这一篇讲的就是驳斥那些反对势治的言论。其中最有代表性的就是贤治,主张尚贤举能的言论。韩非子认为势治和贤治两者是势不两立、自相矛盾的关系。他认为贤君难求,大多数君主都是中人之资,与其千世乱而一治,不如千世治而一乱。"抱法处势"就是治国的良方。应该说,韩非子的观点符合实际。但势治和贤治并非是势同水火。法律不是一把万能钥匙,可以解决所有的事情;权势也并非灵丹妙药,虽能够征服和镇压民众,但不会让民众"中心悦而诚服"。在中国历史上,也出现过非常独特的文化现象——"经义断事"。

"经义断事"指的是用儒家的经典所蕴藏的义理来决断事宜。清代史学家赵翼在《廿二史札记》中记载了几则事例。汉朝初年,百业待兴,法制不完备,所以当大事发生之后,法律又没有办法给出解决的方案,群臣就只有援引经书里的文辞来讨论该如何处理。在此举两个例子来说明。第一个是大案子,牵扯到汉武帝的太子。汉武帝晚年的时候,发生过一起"巫蛊之乱",这场祸乱使得汉武帝做出错误决定,令他钟爱的卫子夫自杀,太子刘据及其三子一女全都遇害,可谓十分惨痛。汉武帝后来派人在湖县修建了一座宫殿,叫作"思子宫",又造了一座高台,叫作"归来望思之台",借以寄托他对太子刘据和孙儿的思念。动乱之后过了多年,汉武帝也过世了,天子变成了汉昭帝。似乎一切都过去了。但是突然有一天,长安城出现了一名男子,此人乘一辆黄牛犊拉的车,车上插着黄旗,旗上画有龟蛇图案,身穿黄衣,头戴黄帽,来到皇宫北阙,自称卫太子。老百姓顿时喧哗起来,难道当年的卫太子没死?这可是大事。如果他真是卫太子,那当今天子怎么办?谁才是正宗的继承人?得罪了他,万一他登上皇位,那追究起责任谁担当得起?几乎所有的朝廷官员都不敢去碰这个烫手山芋,谁都害怕那个"万一"变成了现实,自己的乌纱帽不保。关于这种事情,法律也没有明确规定和指引,那么应该如何是好?这时候京兆尹隽不疑却敢冒天下之大不韪,他走到那位"卫太子"的跟前,向左右差役大喝一声:"把这小子给我拿下!"隽不疑的派头和胆色把旁边的人吓坏了,都纷纷议论起来:"你真假都没弄清楚怎么就抓人?他要真是卫太子,你就是大逆不道啊!"就在大家狐疑担忧之际,隽不疑不慌不忙地讲出了一番道理:"当年蒯聩得罪了父王,被迫流亡海外,后来父王驾崩了,蒯聩之子就接替了王位。蒯聩这时候想回国主政,可他儿子拒不接纳。《春秋》上对蒯聩儿子是表示赞同的啊!如今的皇上就是卫太子的儿子,而卫太子当年确实被先帝判为罪人。这两件事完全是如出一辙。所以,即便这位真的是卫太子,按照《春秋》的义理,也该当即拿下!"隽不疑凭着《春秋公羊传》的评论将这件事办得在情在理,民众听了解释之后都觉得义正词严,并无不妥。经查,原来此人是夏阳人成方遂,来此诈骗。验明正身后,便将其腰斩了。朝廷也非常高兴,隽不疑在这么短的时间里就平定了一场可以掀起轩然大波的事件,可谓才智过人。于是汉昭帝和大将军霍光对隽不疑另眼相看。霍光甚至激动地要把女儿嫁给他,隽不疑则婉言拒绝了。

第二件也是大事,而且是国际外交重大事件。西汉时,朝廷与匈奴交兵次数不少,但没占据过绝对优势。刘邦当年雄心勃勃,率兵攻打匈奴,反而陷入"白登之围"。要不是陈平用美人计,可能开国君主就要战死沙场了。汉武帝时期与匈奴交锋,虽略有成效,但也付出了极大的代价,汉武帝还因此写下"罪己诏"。所以,匈奴问题是汉朝非常头疼的问题。就在这个时候,突然传来消息:匈奴发生了重大内乱!这对汉朝来说,真是个好消息,大家都兴奋不已,觉得应该趁着匈奴内乱,来一个全军突击,杀个片甲不留。汉宣帝虽然也动了心,但还是想听听朝中重臣萧望之的意见。萧望之博览群书,学识渊博,是海内名儒,为京师诸儒所称道。这个时候面对军事问题,法律是无从参考的,权势也不会给出答案,那么他怎么办呢?萧望之和隽不疑一样,都是熟读经书的人,所以这时候便以"经义断事"。他说:"根据《春秋》记载,晋国士匄(gài)带兵攻打齐国,半路上听说齐侯死了,士匄就收兵回国了。君子称赞士匄,说他不攻打正在办丧事的国家,合乎道义。士匄的这种做法,足以让齐国的新君感其恩,足以使天下诸国服其义。"萧望之引述的这则故事见于《春秋·襄公十九年》,《公羊传》对这件事的评论是:"还者何?善辞也。何善尔?大其不伐丧也。此受命乎君而伐齐,则何大乎其不伐丧?大夫以君命出,进退在大夫也。"意思是说:为什么要用"还"这个字呢?因为是个好字。为什么是好字?因为是称道士匄不攻打正在办丧事的国家。但是士匄是奉了国君的命令去攻打齐国的呀,为什么还称道士匄不攻打正在办丧事的国家呢?那是因为当官的奉了国君之命外出办事,自己是有自主决定权的。明白了《春秋》的义理,相信大家都知道萧望之的意思了。他接着对汉宣帝说:"匈奴单于现在被叛臣所杀,国内大乱,咱们汉朝可是礼仪之邦,本着'春秋大义'来看,哪能趁机去攻打人家呢!"萧望之还说:"我们应该派使者去匈奴吊唁,在人家弱小的时候提供帮助,在人家遇到困难的时候施以援手,这样一来,四方夷狄都会感戴汉朝的仁义。如果匈奴在我们汉朝的帮助下稳定下来,立了新君,新君一定会向汉朝称臣。这是一件盛大的德政啊!"萧望之的这番话要是被韩非子看到,估计韩非子要笑话他是宋襄公再世,放着机会不把握,还去讲仁义道德,真是荒谬。但是这个世界并非是按照韩非子的理论构建的,出人意料的是,萧望之这个主意被汉宣帝采纳,后来汉朝调兵卫护呼韩邪单于,平定匈奴内乱。从此匈奴和西汉交好,这位呼韩邪单于后来还娶了四大美人之一的王昭君。

思考讨论

　　1. 韩非子认为，君主之位不在于贤能，而关乎权势，你认为他的观点合理之处在哪里？时至今日，你是选择做一个贤能的人，还是一个有权势的人？为什么？

　　2. 韩非子在此篇提出了著名的"自相矛盾"。这种矛盾是一种逻辑悖论，你可否再举出一个类似的例子？

定　法

　　问者曰："申不害、公孙鞅[1]，此二家之言孰急于国？"

　　应之曰："是不可程也[2]。人不食，十日则死；大寒之隆，不衣亦死。谓之衣食孰急于人，则是不可一无也，皆养生之具也。今申不害言术，而公孙鞅为法。术者，因任而授官[3]，循名而责实[4]，操杀生之柄，课群臣之能者也[5]。此人主之所执也。法者，宪令著于官府，刑罚必于民心，赏存乎慎法，而罚加乎奸令者也。此臣之所师也[6]。君无术则弊于上，臣无法则乱于下，此不可一无，皆帝主之具也。"

　　关键词：法术兼备　帝王之具

注释

[1]申不害:战国时郑国人,法家代表人物,于韩昭侯时为相,实行变法改革,主张循名责实,用"术"来驾驭臣下,内修政教,外应诸侯,使得韩国一时国治兵强。公孙鞅:即商鞅,战国时卫国人,法家代表人物,于秦孝公时执政,实行两次变法,因军功封于於、商十五邑,故称商君。秦孝公死后,被谗害而死。　　[2]程:比较,估量。　　[3]任:才能。　　[4]循名而责实:根据官职名分来要求他们做出相应的功效。循:依据,依顺。名:这里指职位,官位。责:要求。实:实际功效。　　[5]课:考察。　　[6]师:师法,遵守,遵循。

译文

有人问:"申不害、公孙鞅,这两家的学说哪个是国家最急需的?"

回答说:"这是不可以比较的。人不吃东西,十天就饿死了;寒冷到极点,不穿衣也会冻死。如果要问穿衣吃饭哪样对人更急需,那么应当是两者缺一不可的,它们都是维持生命所必须具备的条件。如今申不害主张术治,而公孙鞅主张法治。所谓术治,就是根据各人的能力来授予适合的官职,根据官职来要求官吏做出相应的实际功效,掌握住生杀大权,考核各级官吏的才能。这些是君主应该掌握的。所谓法治,就是法令明确记录在官府中,刑罚制度一定要贯彻到民众心里,对守法的人给予奖赏,对犯法的人加以惩罚。这些是官吏应该遵循的。君主没有术治,就会在上面被蒙蔽；官吏没有法治，就会在下面胡作非为。这两者缺一不可，都是成就帝业的必备条件。"

问者曰："徒术而无法，徒法而无术，其不可何哉？"

对曰："申不害，韩昭侯之佐也。韩者，晋之别国也[1]。晋之故法未息，而韩之新法又生；先君之令未收[2]，而后君之令又下[3]。申不害不擅其法[4]，不一其宪令，则奸多。故利在故法前令则道之，利在新法后令则道之，利在故新相反，前后相勃[5]，则申不害虽十使昭侯用术，而奸臣犹有所谲其辞矣[6]。故托万乘之劲韩，七十年而不至于霸王者[7]，虽用术于上，法不勤饰于官之患也[8]。"

关键词：徒术无法

注释

[1]别国：因韩、赵、魏三家分晋，故称为别国。别就是分支的意思。　　[2]先君：前代君主，这里指晋君。　　[3]后君：韩国君主。　　[4]擅：专一。　　[5]勃：通"悖"，矛盾，抵牾。　　[6]谲：狡辩，诡辩。　　[7]七十年：一说为"十七年"，指申不害在韩国任相的时间，但《史记·韩世家》记载为十五年；一说此处

并非指申不害的为相时间,而是指申不害任相直至韩非写作《定法》篇的时间(参看张觉,《韩非子全译》))。　　[8]饰:通"饬",修治。

译文

有人问:"只用术治而不用法治,只用法治而不用术治,为什么不可以呢?"

回答说:"申不害,是韩昭侯的辅佐大臣。韩国,是从晋国分出来的一个国家。晋国的旧法还没有完全废除,而韩国的新法又产生了;前代君主的政令还没有收回,而后代君主的政令又下达了。申不害不去专一推行新法,也不统一新旧政令,那么奸邪之事就多了。所以人们看到旧法前令对他们有利就按照旧法前令办事,认为新法后令对他们有利就按照新法后令办事。他们趁着新法和旧法相互矛盾、前令和后令相互抵牾而从中获利,那么申不害即使以十倍的努力让韩昭侯运用术治,奸臣也仍然有办法进行诡辩。所以韩国的君主虽然依靠着有万乘兵车的强大韩国,经过七十年的发展却还没有成为霸主。这就是在上面君主运用了术治,而没有对官吏用法治时常整顿造成的祸患。"

"公孙鞅之治秦也,设告相坐而责其实[1],连什伍而同其罪[2],赏厚而信,刑重而必。是以其民用力劳而不休,逐敌危而不却,故其国富而兵强;然而无术以知奸,则以其富强也资人臣而已矣。及孝公、商君死[3],惠王即位[4],秦法未败也,而张仪以秦殉韩、魏[5]。惠王死,武王即位[6],甘茂以秦殉周[7]。武王死,昭襄王即位[8],穰侯越韩、魏而东攻齐[9],五年而秦不益尺土之地,乃成其陶邑之封[10]。应侯攻韩八年[11],成其汝南之封。自是以来,诸用秦者[12],皆应、穰之类也。故战胜,则大臣尊;益地,则私封立;主无术以知奸也。商君虽十饰其法,人臣反用其资[13]。故乘强秦之资数十年而不至于帝王者,法不勤饰于官,主无术于上之患也。"

关键词:徒法无术

注释

[1]坐:定罪。这里指商鞅制定的连坐法。　[2]连什伍:商鞅新法的户籍制度,是五家编为伍,十家编为什,使民众互相监督。什伍之中,一家有罪,其他人家必须告发,否则也连带有罪,称之为"连坐"。　[3]孝公:即秦孝公,公元前361年至前338年在位。登基时,秦国不为各国所重,他任用贤能,商鞅为之二度变法,终使秦国跻身强国之列。　[4]惠王:即秦惠文王,又称秦惠文君,公元前337年至前311年在位。为太子时犯法,商鞅掌刑法,曾黥(在面上刺字)其师以辱之。孝公死后,惠文王即位,因公子虔诬告商鞅谋反,惠文王将商鞅擒杀灭族。但他仍沿用商

鞅之法,在位期间任用贤能,推行法制,不断拓展领土。

[5]张仪:战国时魏国人,纵横家中连横派的代表人物。以秦殉韩、魏:指的是张仪把秦国的力量牺牲在韩、魏的事件上以谋取私利。秦惠文王时,张仪用秦国的兵力迫使魏国献出土地,被任命为秦相;后又游说韩国依附秦国,被封为武信君。　　[6]武王:即秦武王,公元前310年至前307年在位。　　[7]甘茂:战国时楚人,曾为秦武王相。秦昭王时受谗逃离秦国到齐国,楚怀王时又出使至楚,最后死在魏国。　　[8]昭襄王:即秦昭王,名则,一名稷,公元前306年至前251年在位,他重用范雎(jū)、白起等人,修筑长城,扩修咸阳,为秦国一统天下打下了良好的基础。

[9]穰(ráng)侯:即魏冉,他原是楚国人,秦昭襄王母宣太后的同母异父的长弟。从惠王时起,就任职用事。昭襄王立,他受任为将军,警卫咸阳,因食邑在穰(今河南邓州),故称穰侯。

[10]陶邑之封:指的是公元前284年,燕、秦等五国联兵攻齐,秦占有定陶,魏冉把它占为自己的封地。也就是说,打了五年的仗,秦国没有得到一点好处,而魏冉却从中得利,增加了定陶这块封地。陶邑:即定陶,今山东定陶北,原为宋地,后为秦攻取。

[11]应侯:范雎的封号,他是战国时魏国人,秦昭襄王任他为相,封地在应城(今河南鲁山之东),故称之为"应侯"。　　[12]用秦者:用于秦者,也就是被秦国任用的大臣。　　[13]资:资本,这里指变法成果。

译文

"公孙鞅治理秦国,设立了告发和连坐制度,以求考察犯罪的真实情况，使居民五家编为伍，十家编为什，一家有罪，其他人家必须告发，否则也连带有罪。对有功的人奖赏丰厚，而且信守承诺，对犯法的人施以重刑，而且说到做到。因此秦国的民众努力劳作而不休息，追击敌人虽然危险却不退后，所以秦国变得国富兵强。然而他没有运用术治来识别奸邪，于是富强反而助长了臣下的私利。等到秦孝公、商鞅死后，秦惠王即位，秦国的法治还没有完全废止，而张仪已经把秦国的力量牺牲在对韩国、魏国的事件上了。秦惠王死后，秦武王即位，甘茂就把秦国的力量牺牲在与周边国家的战争上了。秦武王死后，秦昭襄王即位，穰侯魏冉越过韩国、魏国向东去攻打齐国，经过五年的战争秦国没有增加一尺土地，却成就了他陶邑的封地。应侯范雎攻打韩国八年，也成就了他汝水南面的封地。从此以后，秦国任用的很多大臣，都是魏冉、范雎之类的人。所以打了胜仗，大臣的地位就尊贵起来；扩充了土地，臣子私人的封地就建立起来；这是因为君主没有运用术治识别奸邪的缘故。即使商鞅以十倍的努力来施行法治，而臣子们却反过来利用他变法的结果帮助自己谋得利益。所以秦国的君主依靠强大的秦国，经过几十年还没有完成称帝的大业，这是因为没有对官吏用法治时常整顿，君主在上面没有运用术治造成的祸患。"

问者曰："主用申子之术，而官行商君之法，可乎？"

对曰："申子未尽于术，商君未尽于法也。申子言：'治不逾官[1]，虽知弗言'。治不逾官，谓之守职也可；知而弗言，是不谓过也[2]。人主以一国目视，故视莫明焉；以一国耳听，故听莫聪焉。今知而弗言，则人主尚安假借矣？商君之法曰：'斩一首者爵一级[3]，欲为官者为五十石之官[4]；斩二首者爵二级，欲为官者为百石之官。'官爵之迁与斩首之功相称也。今有法曰：'斩首者令为医、匠。'则屋不成而病不已。夫匠者手巧也，而医者齐药也[5]，而以斩首之功为之，则不当其能。今治官者，智能也；今斩首者，勇力之所加也。以勇力之所加而治智能之官，是以斩首之功为医、匠也。故曰：二子之于法术，皆未尽善也。"

关键词：申子未尽于术　商君未尽于法

注释

[1]逾官：超越官职，职权。　　[2]不谓过：不告发罪过。[3]首：指甲首，披甲的小军官的头。　　[4]石：十斗为一石，重一百二十斤。　　[5]齐药：调配药物。齐：通"剂"。

译文

有人问："君主运用申不害的术治，而对官吏实行商鞅的法治，这样可以吗？"

回答说:"申不害的术治不够完善,商鞅的法治也不够完美。申不害说:'办事不要超越自己的职责范围,越权的事即使知道了也不要说出来。'办事不超越职责范围,可以说是谨守职责;知道了而不说,这是不告发罪过。君主用全国人的眼睛去看,所以没有谁比他看得更明白;君主用全国人的耳朵去听,所以没有谁比他听得更清楚。现在要是臣下知道了也不说出来,那么君主还能凭借什么去了解情况呢?商鞅的法令说:'砍掉一个敌人小头目的首级,爵位就升一级,想当官的人就封个年收入有五十石的官职;砍掉两个敌人小头目的首级,爵位就升两级,想当官的人就封个年收入有一百石的官职。'官职爵位的升迁和砍掉敌人小头目首级的数量是相称的。现在如果有法令说:'砍掉敌人小头目的首级就让他当医生或工匠。'那么房屋就会盖不成,而疾病也会治不好。因为工匠靠的是手艺精巧,而医生靠的是调配药剂,如果凭砍头的功劳来担任这些工作,那么就与他们的才能不相适应了。现在做官的人,要有智慧和才能;砍掉敌人首级的人,靠的是勇敢和力气。如果让靠勇敢和力气而立功的人来担任需要智慧和才能的官职,这就是让砍掉敌人首级而立功的人来做医生、工匠。所以说:申不害术治和商鞅的法治,都还没有达到很完善的地步。"

文史链接

公孙鞅

韩非子在这一篇里谈到了申不害的术和公孙鞅的法,他认为这两种统驭之术都很必要,缺一不可。如果独行一道,则必有后患。即便两者相互结合,韩非子也觉得申不害的术和公孙鞅的法还存在一些纰漏,需要进一步完善。在韩非子眼里,只要君主凭借势、法、术三者,并持之有道、用之有方,那么天下便尽在掌握之中。其实,治理国家是非常复杂的系统工程,韩非子的这一套只是其中一小部分。而且从历史经验来看,这一套就连封建专制制度也不能完全适应。阴谋诡计、严刑峻法、专制集权并不是真正的治国之道。这篇中所谈到的公孙鞅就值得我们反思。

公孙鞅是卫国国君的后裔,但并非嫡传,而是姬妾所生。他年轻的时候就喜欢刑名法术之学,还曾向尸佼学习杂家学说,之后侍奉过魏国相国公叔痤,担任中庶子一职。公叔痤非常欣赏他,但没有予以重任。《史记·商君列传》记载:公叔痤病倒了,魏惠王亲自去看望他,对公叔痤说:"万一您的病有个三长两短,国家该怎么办啊?"公叔痤回答说:"我的中庶子公孙鞅,年纪虽然不大,但是有奇才,希望大王把国家大事交给他。"魏王沉默不语。等到魏王快要离开的时候,公叔痤令左右退下,又说:"如果大王不能用公孙鞅,就一定要杀掉他,不能让他离开国境。"魏王答应后便走了。公叔痤又把公孙鞅找来,对他说:"大王问我谁可以担任相国,我推荐了你。但是看大王的神色并不答应。我要先忠于君主,然后照顾臣下。所以我对大王说,如果不用你,就杀了你。大王答应了我。你现在赶紧逃走吧,不然就要被抓了。"公孙鞅说:"大王既然不能听你的话任用我,又怎么能听你的话而杀了我呢?"于是就没离开魏国。而魏惠王则对随从说:"公叔痤真是病糊涂了,可悲啊,居然要我把国事交给公孙鞅,这不是太荒唐了吗?"公叔痤死后,公孙鞅就去求见秦孝公。他先以帝道、王道劝谏,秦孝公不以为然。然后他便抛出霸道,秦孝公听得是津津有味,眉开眼笑,于是便将重任交给公孙鞅。

公孙鞅担任左庶长之后,便下达了变法的命令。他颁布了连坐告发制度,就是五家为伍、十家为什,互相告发,同罪连坐,告发"奸人"的与斩敌同赏,不告发的一律腰斩。一家藏"奸",什、伍同罪连坐。他还规定,客舍收留无官府凭证的旅客住宿,主人与"奸人"同罪。此外还有明令军法、奖励军功、废除世卿世禄制度、严惩私斗、奖励耕织、重农抑商、推行小家庭制等。公孙鞅为了取信于民,派人在国都后边市场的南门竖起一根三丈长的木头,招募百姓把木头搬到北门,搬的人立即获得赏金十两。老百姓都感到很诧异,却没有人去搬。他便将赏金追加至五十两,终于有个人将木头搬到北门,果然获得赏金五十两。公孙鞅借此表明令出必行,绝不欺骗。新法推行之后,全国上下抱怨新法不方便的人数以千计。公孙鞅根本不理会民众的看法,认定有异议的百姓都是"乱化之民",将他们全部发配边疆。这样一来,所有百姓便敢怒不敢言。这就为之后公孙鞅失势埋下了伏笔。当时太子也犯了过失,按律要处罚,但因为太子要继承王位,于是便将太子的老师公孙贾施行黥刑。这虽然给老百姓留下了法纪严明的印象,使得秦国境内路不拾遗、山无盗贼,但也让人觉得公孙鞅刻薄寡恩、不近人情,更重要的是拂逆了即将登上王位的太子的心意,这口气太子又如何咽得下去呢?

公孙鞅推行变法的时候,严格按照法律办事,言必信、行必果,等到自己求取功名的时候,却是卖友求荣,背信弃义了。公元前341年,秦国联合齐、赵两国攻打魏国。同年九月,秦孝公派公孙鞅进攻魏河东,魏惠王则派公子卬(áng)迎战。公子卬是魏国名将，用兵有术，世称有古君子之风，若论军事才能，公孙鞅绝对不是公子卬的对手。于是在两军对峙之时，公孙鞅便派使者送信给公子卬，说："我当初与公子相处得很快乐，如今你我成了敌对两国的将领，不忍心相互攻击，我可以与公子当面相见，订立盟约，痛痛快快地喝几杯然后各自撤兵，让秦魏两国相安无事。"当时有副将劝谏公子卬说："秦国都是不开化的夷狄，他们没有信义可言，您不要去。"而公子卬则说："以前，我跟公孙鞅一同侍奉公叔座，公孙鞅是一个胸怀远大的人，魏王不能重用他，我非常惋惜。公孙鞅离开魏国的时候，我还赠予他百金作为盘缠，帮他打点秦臣景监，这样他才能够见到秦孝公。公孙鞅承受了我的大恩，怎么可能欺骗我呢？"于是凭着这份恩情，公子卬毫无防备地欣然赴会，以为可以不损兵折将换来两国和平。没想到的是，公子卬刚到会场就被公孙鞅事先埋伏的甲士俘虏。魏军没有了主帅，公孙鞅于是趁机出击，魏军大败。魏惠王被迫割让河西部分土地求和，到了这个时候，魏惠王说："寡人真后悔没有听公叔座的话。"公孙鞅因为战功获封于商十五邑，所以被称之为商君、商鞅。公孙鞅虽然赢得了战争的胜利，但是这种恩将仇报的行径则为人所不齿，这样的人，自然在他日后遭受迫害时，少人同情了。

公孙鞅还给后世留下了《商君书》，虽然今人考证《商君书》中许多内容并非公孙鞅所作，但不可否认的是这本书的确反映了公孙鞅的法家思想。当代学者鲍鹏山在《风流去》一书中，对公孙鞅剖析得较为精彩。他认为《商君书》内容主要包括两个方面：一是壹民，也就是使民众统一，去除多样性，成为最符合君主需要的一种人。如果不能变成这种人，要么将之投入监狱，要么杀掉。这种人就是耕战之民。民众只能做两件事：要么对内耕种，要么对外打仗，一切活动都服从国家需要，成为典型的毫无个性、毫无自主性的螺丝钉。这样的壹民说得好听一点就是军事化管理，说得难听一点整个国家就是扼杀人性的监狱。二是胜民，也就是国家和统治者一定要处在民众之上，一定要压服人民。《商君书》中的一篇《弱民》厚颜无耻地谈到："民弱国强，国强民弱，故有道之国，务在弱民。"如此露骨的治国纲领，如此直白地捍卫统治者的利益，真是符合公孙鞅卖友求荣的性格。要胜民，公孙鞅也开出了方子：以弱去强，以奸驭良，实行流氓政治、小人政治；壹教，实行思想统治；剥夺个人资产，造成一个无恒产、无恒心的社会；辱民、贫民、弱民以利于统治；杀力，发动战争，外杀强敌，内杀强民。通过这些方法，统治者就可以凌驾于人民之上，安享所谓的长治久安。试问，天下除了残暴的君主，有谁会心甘情愿地接受这些理论呢？秦孝公死后，公孙鞅便失去了靠山，当他想要投靠朋友的时候，没人敢接受，因为他制定的法律很清楚：窝藏罪犯要腰斩；当他想去旅店投宿的时候，他没有官府凭证，旅店老板也不敢收留他，因为他制定的法律很清楚：客舍收留无官府凭证的旅客住宿主人与"奸人"同罪；当他想逃出秦国，投靠魏国的时候，魏国也不接纳他，因为他忘恩负义、出卖朋友。最后，公孙鞅被杀，死后秦惠王还不解恨，将他的尸体又处以"车裂之刑"，并灭商君之族。可谓"多行不义必自毙"！

思考讨论

1. 你如何看待公孙鞅的连坐制度？你觉得严刑酷法能够维持社会稳定吗？

2.今天我们主张的"法治"和韩非子所说的"法治"相同吗？请谈谈你的理解。

五蠹(节选)

上古之世，人民少而禽兽众，人民不胜禽兽虫蛇。有圣人作[1]，构木为巢以避群害，而民悦之，使王天下[2]，号之曰有巢氏。民食果蓏蚌蛤[3]，腥臊恶臭而伤害腹胃，民多疾病。有圣人作，钻燧取火以化腥臊[4]，而民说之，使王天下，号之曰燧人氏。中古之世，天下大水，而鲧、禹决渎[5]。近古之世，桀、纣暴乱，而汤、武征伐。今有构木钻燧于夏后氏之世者[6]，必为鲧、禹笑矣；有决渎于殷、周之世者，必为汤、武笑矣。然则今有美尧、舜、汤、武、禹之道于当今之世者，必为新圣笑矣。

关键词：先圣　新圣　不法常可

注释

[1]作：兴起，出现。　　[2]王：称王，引申为统治。
[3]果：木本植物的果实。蓏(luǒ)：草本植物的果实。蛤(gé)：蛤蜊，一种软体有壳的动物，与蚌相似，外形更圆。　　[4]燧(suì)：

古代取火的工具。　　[5]鲧(gǔn)：传说是禹的父亲，曾奉尧的命令治水。九年未成功，他的事业后来由禹继承。禹：远古夏部落领袖，姒姓，名文命，鲧之子。领导人民疏通江河，兴修沟渠，发展农业。治水十三年，曾三过家门而不入，终于将洪水制服。因治水有功，被舜选为继承人，舜死后担任部落联盟领袖。建都安邑，后东巡至会稽而死。其儿子启建立了中国历史上第一个奴隶制国家，即夏代。渎(dú)：入海的河流。　　[6]夏后氏：夏朝。禹建立夏朝，称夏后氏。"后"原为上古君主的称号。先秦时代姓、氏含义不同，夏后氏为姒姓。中华民族最早的称呼——华夏，也是起源于夏后。

译文

在上古时代，人口稀少而禽兽众多，人们敌不过禽兽蛇虫。这时圣人出现了，他教人们用木头搭成像鸟巢一样的住处来避免各种禽兽的伤害，人们因此很爱戴他，让他统治天下，称他为有巢氏。当时人们吃野生的瓜果、河蚌、蛤蜊等动植物，腥臭难闻而且伤害肠胃，因此经常生病。这时圣人出现了，他教人们用钻擦木燧的方法来生火，以此烧熟食物除去腥臭臊气，人们因此很爱戴他，让他统治天下，称他为燧人氏。到了中古时代，天下洪水泛滥，而鲧、禹疏通河道。在近古时代，夏桀、商纣残暴昏乱，而商汤、周武王征伐了他们。如果在夏朝的时代，还有人用木头搭建鸟巢似的住处，或者用钻擦木燧的方法来生火，那么他一定会被鲧、禹所耻笑；如果在殷商的时代，还有人整天疏通河道，那么他一定会被商汤、周武王所耻笑。那么，如果当今还有人赞美尧、舜、商汤、周武、夏禹的那一套治国之道,那么他也一定会被新时代的圣人所耻笑。

是以圣人不期修古[1],不法常可[2],论世之事,因为之备[3]。宋人有耕田者,田中有株,兔走触株,折颈而死,因释其耒而守株[4],冀复得兔。兔不可复得,而身为宋国笑。今欲以先王之政,治当世之民,皆守株之类也。

关键词:守株待兔

注释

[1]期:期望,向往。修:久远之意,一说为治。　[2]常可:永久适用的规则。　[3]因:依据。为:制定。备:应备措施。[4]耒(lěi):翻土的农具。

译文

因此圣人不向往久远的时代,不效法恒久不变的常规,而是研究当代的社会情况,并据此而制定相应的措施。宋国有个耕地的人,田里有一根树桩子,有一只兔子奔跑时撞到树桩子上,撞断脖子死了,于是他放下农具守在树桩子旁,希望能再捡到死兔子,兔子当然不可能再得到了,而他自己却被宋国人所耻笑。现在如果有人想要用先王的政治措施,来治理当今的民众,那么就跟守株待兔一样可笑。

古者丈夫不耕[1],草木之实足食也;妇人不织,禽兽之皮足衣也。不事力而养足[2],人民少而财有余,故民不争。是以厚赏不行,重罚不用,而民自治。今人有五子不为多,子又有五子,大父未死而有二十五孙[3]。是以人民众而货财寡,事力劳而供养薄,故民争,虽倍赏累罚而不免于乱。

关键词:人口　财货　斗争

注释

[1]丈夫:泛指成年男子。　[2]事力:从事体力劳动。养:供养,这里指生活资料。　[3]大父:祖父。

译文

古时候成年男子不耕种庄稼,野草树木的果实足够吃了;妇女不纺织,禽兽的皮也足够穿了。不从事体力劳动而给养充足,人口稀少而财物有余,所以人们不用互相争夺。因此优厚的奖赏不必实行,严厉的惩罚不必使用,而人民安定。但现在的人有五个儿子不算多,每个儿子又有五个儿子,祖父还没有死就有了二十五个孙子。因此人口众多而财物缺少,从事劳动很辛苦,给养却很微薄,所以人们就互相争夺,即使加倍奖赏、屡次处罚,也不能避免祸乱发生。

尧之王天下也,茅茨不翦[1],采椽不斫[2];粝粢之食[3],藜藿之羹[4];冬日麑裘[5],夏日葛衣[6];虽监门之服养[7],不亏于此矣。禹之王天下也,身执耒臿以为民先[8],股无胈[9],胫不生毛[10],虽臣虏之劳[11],不苦于此矣。以是言之,夫古之让天子者,是去监门之养,而离臣虏之劳也,古传天下而不足多也。今之县令,一日身死,子孙累世絜驾[12],故人重之。是以人之于让也,轻辞古之天子,难去今之县令者,薄厚之实异也。

关键词:禅让　县令　薄厚

注释

[1]茅茨(cí):茅草盖的屋顶。　[2]采椽(chuán):即以柞木作屋椽。相传上古帝王宫室以此构建,后作为俭约的典范。采:通"棌",即柞木。椽:装于屋顶以支持屋顶盖材料的木杆。
[3]粝粢(lì zī):泛指粗糙的粮食。　[4]藜藿(lí huò):泛指野菜。　[5]麑(ní)裘:泛指质量差的兽皮衣服。麑:小鹿。
[6]葛衣:泛指粗布衣。葛:一种蔓草,纤维可织布,根可食用。
[7]监门:看门人。服养:即穿的和吃的。　[8]臿(chā):锹,掘

土的工具。 [9]胈(bá):肌肉。 [10]胫(jìng):小腿。 [11]臣虏:奴隶。 [12]絜驾:套车驾马,这里指有马车坐,不失富贵。

译文

尧统治天下的时候,住的是不加修整的茅草房,柞木做的椽也不砍削;吃的是粗糙的饭食,喝的是野菜豆叶汤;冬天披着质量很差的兽皮衣服,夏天穿着葛布粗衣,即使现在看门人吃的穿的,也不会比这更差了。大禹统治天下的时候,亲自拿着锹铲带领民众干活,累得大腿的肉减少了,小腿上汗毛都磨光了,即使现在奴隶们的劳役,也不至于这么辛苦。如此说来,古代禅让天子之位的事,不过是辞去看门人的苦差,摆脱奴隶般的劳役罢了,所以把天子之位传给别人并不值得称赞。现在的县令,一旦自己死了,他的子孙可以世世代代都套马乘车,不失富贵,所以人们才看重县令的官职。因此人们在让位这件事上,能够轻易地辞掉古代的天子之位,却难以舍弃今天的县令之职,这是因为利益大小的实际情况不同啊。

夫山居而谷汲者,膢腊而相遗以水[1];泽居苦水者,买庸而决窦[2]。故饥岁之春,幼弟不饷;穰岁之秋[3],疏客必食。非疏骨肉爱过客也,多少之实异也。是以古之易财,非仁也,财多也;今之争夺,非鄙也,财寡也。轻辞天子,非高也,势薄也;争士橐[4]，非下也，权重也。故圣人议多少、论薄厚为之政。故罚薄不为慈，诛严不为戾，称俗而行也。故事因于世，而备适于事。

关键词：事过境迁　与时俱进

注释

[1]膢(lóu)：楚国人二月祭祀饮食神的节日。腊：夏历冬十月祭祀百神的节日。遗(wèi)：赠送。　[2]庸：雇工。窦：孔洞，这里指沟渠。　[3]穰：庄稼丰收。　[4]士：通"仕"，做官。橐：通"托"，请托；指依附权贵。

译文

那些住在山上到山谷中取水的人们，节日里就把水作为礼物互相馈赠；在洼地居住苦于水涝的人们，却要雇佣劳力来挖渠排水。所以在荒年的春天，对自己幼小的弟弟也不给饭吃；在丰年的秋天，即使是关系疏远的过客也要招待吃喝。这并不是疏远自己的骨肉之亲而偏爱过路的客人，而是因为收获的粮食多少不一样。因此古代人看轻钱财，并不是心地仁慈，而是财物多；如今的人争夺财物，并不是因为卑鄙无耻，而是因为财物少。轻易地辞去天子，并不是因为品德高尚，而是因为天子的权势太小；如今争着当官或依附权势，并不是因为品德低下，而是因为当今权势太重。所以圣人研究社会财富的多少、考查权势的轻重，来制定他的政令。所以处罚轻并不是因为仁慈，惩办严也不是因为残暴，而是适应社会情况行事而已。所以社会情况总是随着时代的变化而变化,而政治措施就应该适应变化的社会情况。

故明主之国,无书简之文[1],以法为教;无先王之语,以吏为师;无私剑之捍[2],以斩首为勇。是境内之民,其言谈者必轨于法[3],动作者归之于功[4],为勇者尽之于军。是故无事则国富,有事则兵强,此之谓王资[5]。既畜王资而承敌国之璺[6],超五帝侔三王者[7],必此法也。

关键词:明主　王资

注释

[1]书简:即书籍。上古没有纸,古人便将文字刻在竹简上,故称之为书简。　[2]私剑:私人蓄养的剑客。捍:通"悍",彪悍,强悍之意。　[3]轨:符合,遵循。　[4]动作者:指从事劳动的人。功:指农耕。　[5]王资:称王的资本。　[6]璺(xìn):"衅"的另一种写法,意为缝隙,这里引申为破绽、弱点。[7]五帝:传说中的上古五位帝王。有四种说法:一指黄帝、颛顼(zhuān xū)、帝喾(kù)、唐尧、虞舜(见《史记·五帝本纪》);一指太昊(伏羲)、炎帝(神农)、黄帝、少昊(挚)、颛顼(见《礼记·月令》);一指少昊、颛顼、高辛、唐尧、虞舜(见《书序》);一指伏羲、神农、黄帝、唐尧、虞舜(见《易·系辞下》)。侔(móu):相等,齐等。三王:指夏、商、周三代之君。

译文

所以在英明君主统治的国家,摒弃古代的典籍文章,而以法律来教育民众;禁绝先王的言论,而以官吏为教师;制止私人供养的剑客的凶悍活动,而把杀敌立功视为勇敢。因此国境内的民众,那些擅长言谈的人一定要遵循法令讲话,从事劳动的人都回到农业生产中去,好勇的人全部都从军上阵。因此没有战事的时候,国家十分富裕,有了战事的时候,兵力也很强盛,这就是称王天下的资本。已经积蓄称王天下的资本,再利用敌国的弱点,那么要超过五帝赶上三皇,一定得采用这种方法。

民之政计[1],皆就安利如辟危穷[2]。今为之攻战,进则死于敌,退则死于诛,则危矣。弃私家之事而必汗马之劳[3],家困而上弗论[4],则穷矣。穷危之所在也,民安得勿避?故事私门而完解舍[5],解舍完则远战,远战则安。行货赂而袭当涂者则求得[6],求得则私安,私安则利之所在,安得勿就?是以公民少而私人众矣[7]。

关键词:趋吉避凶　公民　私人

注释

[1]政计:通常的打算。政:通"正"。　[2]如:而。辟:躲避。　[3]汗马之劳:战争的劳苦。汗马:使马奔驰出汗,形容

苦战。　　[4]弗论:不过问。　　[5]完解舍:指具备了免除兵役的条件。一说为修缮房屋,"解舍"为"廨舍"之误。　　[6]袭:依附。当涂者:当道之人,当权者。涂:通"途",道路。　　[7]公民:这里指为君主服务的人。私人:这里指为权臣服务的人。

译文

人们通常的打算,都是追求安全和利益,而避开危险和困苦。现在让他们去打仗,前进就死在敌人手中,后退就死于刑罚之下,这样的确很危险。抛弃自己的家业去承受作战的劳苦,家中贫困而为上者又不过问,那么他的处境就很窘迫了。危险窘迫的处境,民众怎能不逃避呢？所以他们侍奉权贵大臣,这样就具备了免除兵役的条件。免除兵役的条件具备了就可以远离战争,远离战争就可以保证安全。用金钱进行贿赂并去投靠当权者,就能得到自己想要的;得到自己想要的,那么个人就安逸了;个人的安逸是有利的事情,民众怎能不追求呢？因此为君主效力的民众就少了,而为权臣服务的民众就多了。

夫明王治国之政,使其商工游食之民少而名卑,以寡趣本务而趋末作[1]。今世近习之请行[2],则官爵可买;官爵可买,则商工不卑也矣。奸财货贾得用于市,则商人不少矣。聚敛倍农而致尊过耕战之士,则耿介之士寡而高价之民多矣[3]。

关键词:本末倒置

注释

[1]本务:这里指农业。末作:下贱的行业,指工商。 [2]近习之请行:指的是向君主身边的亲信请求拜托,疏通关系。近习:君主身边的亲信。请:请求拜托。行:盛行。 [3]耿介之士:光明正大的人。高价之民:商人喜欢虚标高价以牟取暴利,故被称为高价之民。一说为"商贾之民",因"高价"与"商贾"形近而似,在传抄过程中错记。

译文

英明君王治理国家的政策,是使国内的商人、工匠和游手好闲的人尽量减少,而且使他们的名位卑贱,这是因为从事农耕的人太少,而经营工商业的人太多了。如今在社会上向君主身边的亲信请托的风气很盛行,这样一来官爵就可以花钱买到;官爵既然可以花钱买到,那么从事工商业的人就不卑贱了。谋取不义之财的投机买卖能在市场上通行,那么经商的人就不会少了。奸商聚敛的钱财是农民收入的数倍,买来的官爵又超过种地打仗的人,这样一来,光明正大的人就会变少,而非法牟利的人就会增多了。

是故乱国之俗:其学者,则称先王之道以籍仁义,盛容服而饰辩说,以疑当世之法,而贰人主之心[1]。其言古者[2],为设诈称[3],借于外力,以成其私，而遗社稷之利。其带剑者，聚徒属，立节操，以显其名，而犯五官之禁[4]。其患御者[5]，积于私门，尽货赂，而用重人之谒[6]，退汗马之劳。其商工之民，修治苦窳之器[7]，聚弗靡之财[8]，蓄积待时，而侔农夫之利[9]。此五者，邦之蠹也[10]。人主不除此五蠹之民，不养耿介之士，则海内虽有破亡之国，削灭之朝，亦勿怪矣。

关键词：五蠹之民

注释

[1]贰：使……不专一，动摇。　　[2]言古者：这里指纵横家。　　[3]为设：虚构，弄虚作假，捏造事实。为：通"伪"。诈称：编造谎言。　　[4]五官：当时分掌国家各种权力的官，即司徒、司马、司空、司寇、司土。　　[5]患御者：逃避兵役的人。[6]重人：位高权重的人。谒(yè)：请托。　　[7]苦窳：粗劣。[8]弗靡：奢侈。　　[9]侔：通"牟"，谋取。　　[10]蠹(dù)：蛀虫。

译文

　　所以造成国家混乱的社会风气是：那些学者，称颂先王之道，借重仁义进行说教，讲究仪表服饰并修饰言辞，用来质疑当今的法制，惑乱君主的思想。那些纵横家虚构事实编造谎言，借助外部势力谋求私利,而把国家利益丢在一旁。那些游侠刺客,聚集徒众,标榜气节,以此显扬自己的名声,而触犯国家的禁令。那些逃兵役的人,聚集在权贵门下,用尽财货进行贿赂,利用大臣的请托来逃避作战的劳苦。那些从事工商业的人,制造粗劣的器具,聚集奢侈财物,囤积居奇,牟取农民的利益。这五种人,是国家的蛀虫。君主如果不去除这五种蛀虫似的民众,不培养光明正大的人,那么天下即使出现残破覆灭的国家、地削国灭的朝廷,也就不足为怪的了。

文史链接

真假禅让

韩非子对儒家推崇备至的尧舜禅让之事做了一个嗤之以鼻的解读。按照他的观点,尧、舜根本就不是什么圣人,只不过被推为天子之后,享受的待遇太差,而做的事情太多。所以,禅让非但不是高风亮节之举,简直就是将一个烫手的山芋丢给别人,这有什么值得吹捧的呢?不过这也只是韩非子的推测,历史的真相究竟如何,还有待考证。西晋咸宁五年(公元279年),河南汲县一座战国时期的魏国大墓被盗,墓中出土了一本战国时期的魏国史书,即《竹书纪年》。这本书上明确记载:"尧德衰,为舜所囚。""舜囚尧,复偃塞丹朱,使不与父相见也。"这告诉我们,舜和禹并非是禅让得位,而是杀害了尧和舜,靠武力夺取天下。不管历史真相如何,有一点可以肯定,禅让经过儒家、墨家的美化和宣传,已经被高度理想化,而实施禅让和接受禅让的人往往被看作谦卑贤能的圣王。所以后世王朝更替,当要夺权逼宫之时,为了让自己的统治显得顺理成章,具有合法性,许多君王就上演"禅让"的好戏,以遮掩背后的血雨腥风。据史家统计,从秦始皇称帝到清帝逊位一共2 133年,其中有1 031年是靠"禅让"得来的天下。其中大家耳熟能详的有东汉禅让给曹魏,曹魏禅让给西晋,东晋禅让给刘宋,等等。

禅让这出戏演得最认真的是西汉末年的王莽,所以他日后也成为其他人依样画葫芦的范本。王莽,字巨君,是汉元帝的皇后王政君的侄子。虽然是外戚出身,但父亲在他幼年时便已去世,王莽并没有得到什么荫庇。因此想要走上政治舞台,如果像其他人一样,靠父辈的举荐和人际关系,王莽没有优势可言。于是,王莽就只能走一条不寻常的路。这条路就是采取各种手段为自己捞取清廉的美名。之所以如此,跟汉代的用人之道相关。我们比较熟悉的科举制度是在隋唐之后才逐步确定和发展起来的。汉朝遴选人才,主要是靠察举制。察举制是汉武帝时期董仲舒的建议,内容主要是各郡、国每年察举孝者、廉者各一人。所以,这种察举制也被称为"举孝廉"。孝廉是孝顺亲长、廉能正直的意思。明白了这一点,就能很好地理解王莽的举动了。王莽为了获取名声,在家里十分恭敬地侍奉早寡的母亲和嫂嫂,并耐心教导亡兄留下的子女。生活上极为俭朴,对自己的要求几近苛刻。学问上刻苦攻读儒家经典,手不释卷,在京师儒生中备受称道。当然,更重要的是,他对身居大司马之位的伯父王凤极为恭顺。王凤生病时,王莽紧随他身边,不离左右,亲自尝汤喂药。为了照顾好王凤,王莽连续几个月都不宽衣睡觉,弄得双目无神,十分憔悴。王凤见状十分感动,死前便拜托皇后王政君照顾王莽,还向朝廷举荐他做官。当时王氏四兄弟王凤、王音、王商、王根分别位居要津,掌握朝政,被称为"王凤专权,五侯当朝"。有了王凤的临终举荐,其他人或是见风使舵,锦上添花,或是对王莽的美誉早有耳闻,王莽终于获得了东门郎一职,后升为射声校尉。王莽进入官场之后,野心更大。于是他继续沽名钓誉,做出一副礼贤下士、清廉正直的样子。为了收买人心,还把自己的俸禄分给门客和穷人,甚至将马车卖掉接济穷人。如此一来,王莽在朝野的名气可谓首屈一指。到了公元前16年,王莽升任为新都侯、骑都尉及光禄大夫侍中。公元前8年,出任大司马,成为百官之首,离皇帝的宝座只剩下一步之遥。

不巧的是,汉成帝不久之后就病逝,继任者刘欣是为汉哀帝。因为刘欣并非汉成帝之子,所以另一班外戚便趁机涌入朝廷,与原来的王氏集团争权夺利。这时候,王莽见风头不对,便听从太后王政君的意见,回到南阳蛰居起来。这一等就过了六年。在这六年里,王莽在民间广交各方人士,收买人心,为自己制造声势。期间他的儿子杀死家奴,王莽便逼儿子自杀,一时之间他的清正之名传遍天下。王莽的名望越来越大,朝廷上为他申冤辩难的人也越来越多,昏庸无能的汉哀帝见大势如此,只好又将王莽召回朝廷。召回之后,汉哀帝没过多久便驾崩了。王莽为了把握朝政大权,特意扶持了一个九岁的刘衎(kàn)当傀儡皇帝,是为汉平帝。这时候王莽的权力早已超过了大司马,他要辅助幼主,极想得到一个所谓的名正言顺的大头衔,但他又假惺惺地在台前故作谦虚,在台后又授意给党羽。党羽上奏朝廷之后,他又惺惺作态地再三推辞,以示自己的谦卑淡泊。这可以说是王莽的惯用招数。等到与党羽来来去去演了数回,演到皇帝都不好意思的时候,王莽便装出一副迫不得已的样子接受了"安汉公"的爵位。随后,又将俸禄转封给两万多人,进一步为自己造势。

王莽是外戚出身,非常懂得外戚的重要性,于是打算将女儿嫁给年仅十一岁的汉平帝。这一次嫁女也是继续用他的老套路,先是严词拒绝自己的女儿入选,然后又授意党羽上书强烈要求安汉公之女入选。等到女儿入选之后,王莽故伎重施,如法炮制,终于"不得已"让女儿当上了皇后。到了这一步,王莽已经是位极人臣,风光无限了。但他还不知足,看到汉平帝一天比一天大,他便着急起来。于是等到汉平帝生病之时,王莽又拿出当年侍奉王凤的那个劲头来拼命照顾,实际上则是等待时机准备下手。公元6年,汉平帝病发身亡,是年十四岁。王莽之女才做了两年皇后,便成了寡妇。王莽为了进一步专权,又挑选了两岁的孺子婴来当皇帝。这样就开始了他夺取皇权的最后一步。

怎么夺?还是老套路。继续收买人心,沽名钓誉,令天下人都认为王莽是圣人降世。唐朝诗人白居易都曾写诗说:"周公恐惧流言日,王莽谦恭未篡时。向使当初身便死,一生真伪复谁知。"(《放言五首》其三)除此之外,王莽还假借天命编造了一个王氏的世系表,上面说王氏是舜的后裔,而刘氏是尧的后裔。尧当年把天子之位禅让给舜,如今孺子婴年纪幼小,王莽又是天纵圣贤,况且有尧禅让舜的前例在先,所以今日王莽取而代之也是顺理成章之事。在理论上站住脚之后,还要拿出神迹来欺骗愚夫愚妇。于是王莽授意党羽在全国上下搜集"祥瑞"。一年之后,祥瑞一个接一个摆在世人面前,令人惊叹不已。但祥瑞毕竟还有解释的空间,党羽便着手炮制内容直白甚至露骨的符文。于是,有人凿井时,发现了一块时日久远的白石,上有丹书"告安汉公莽为皇帝"八个大字,诸如此类,不胜枚举。到了这个时候,王莽要当皇帝就不是简单的谋朝篡位,而是天意使然,不得已而为之,谁敢违背天意呢?于是公元9年元旦,王莽宣布去除汉号以及孺子婴的皇帝称号,改封其为定安公,是为新朝之宾客。王莽还假惺惺地拉着孺子婴的手,泪流满面、泣不成声地说:"从前周公摄位,最后把君位交还给了成王。而现在我是迫于天命,不能归还君位给你啊。"就这样,王莽终于登上了帝王的宝座。

思考讨论

1. 韩非子所指的"五蠹",你认为国家的存在和他们是否势不两立?选择"五蠹"之一,谈一谈其存在的合理性。

2. 韩非子的思想在后世取得了很大的成功,成为与孔子的地位影响几乎相当的一位思想家。但人们都称扬孔子,而甚少谈及韩非子,是否韩非子就一无是处?是否孔子就尽善尽美?如果不是,请你谈谈韩非子的可取之处和孔子的不当之处。

跋：古典的回归与文化自觉

子曰：温故知新。人类历史的发展，每至偏执一端，往而不返的关头，总有一股新兴的返本运动继起，要求回顾过往的源头，从中汲取新生的创造力量。中国，如今正处在这样一个历史大转型的关头。在这样的关头，如果没有一种共同的、并能包容各种文化的价值观作为基础是很难想象的。而且，只有在一个共同的价值观上我们才能共同面对挑战，也才会有道德力量去应对世界的变化。

中国近十几年来自民间发起，逐渐发酵并至官方响应并积极作为的传统文化复兴运动，正是这样一种探究。在回归古典、寻找本源的启示中重新建构我们的伦理共识与文化认同。倡导多读古典，就是为了懂得聆听来自中华民族文化根源的声音，只有我们更加懂得向历史追问，才能够清醒地直面当世的困惑。在往圣先贤几千年来留给我们的文化资源、精神矿藏中，扩展我们的心量，从中获得历史的智慧与前行的方向。

我们深刻体悟到：要推动这项艰巨工程，在全日制中小学校常态教学中嵌入古典教育是关键。经过多年的研究、论证，邀请全国十几所高校各个研究领域的专门学人参与，最终编选了二十七册"新编国学基本教材"。从《三字经》《千家诗》等孩童启蒙读物开始,到《诗经》《论语》《左传》《孟子》《大学 中庸》《礼记》等的精研,由浅入深、循序渐进,以期一学期有一册在手,或自修、或教师讲授皆宜。当然,学古典是为了复苏我们的历史文化记忆,接续历史文化传统,其关键是在"传",而不在"统"。因此,这套"新编国学基本教材"涵盖面较广,既有儒家的经典,也有老子、庄子、墨子、荀子、韩非子等诸子思想,还有唐诗、宋词等古代文学璀璨的明珠,史学巨著《史记》《左传》等也列入选读范围。

诚然,传统文化的传承与复兴,不是一味地"复古",中国文化本来就是故去了的中国人生生创造之精神与物质的资产,在未来的行进中,中国文化也必然不是静态的、不变的,她是动态的、发展的、与时俱进的。我们希望广大使用这套国学教材的教师,能有这样的认知,在引导中小学生继承本民族既有的历史文化传统的同时,涵育他们全球化、现代化的视野与公民意识。中国文化拥有广阔的定义与视界,才能被全面欣赏与体认。

费孝通先生在晚年提出一个重要概念:文化自觉。他说:文化自觉是一个艰巨的过程,只有在充分认识自己的文化,理解并接触到其他多种文化的基础上,才有条件在这个正在形成的多元文化的世界里确立自己的位置,然后经过自主的适应,与其他文化一起,取长补短,共同建立一个有共同认可的基本秩序和一套多种文化都能和平共处、各抒所长、联手发展的共处原则。费老在他八十岁生日时还说过一句话:"各美其美,美人之美,美美与共,天下大同"。我想,这应该是当代有思想的中国人在全球化的时代背景下,继承传统历史文化中应该具有的胸襟与格局。

这套丛书由武汉大学国学院院长郭齐勇教授指导并担任总顾问。武汉大学国学院院长助理孙劲松先生、向珂博士在筹组编者队伍时提供了真诚无私的帮助。此后又蒙秋霞圃书院奠基人、历史学家沈渭滨,语言学家李佐丰,古典文献学者骆玉明、汪涌豪、傅杰、徐洪兴、徐志啸等教授在谋篇布局上的悉心指点,形成了本套"新编国学基本教材"的框架。确定框架之后,我们邀请了武汉大学、复旦大学、华东师范大学、南开大学、中国传媒大学、中山大学、内蒙古师范大学、陕西师范大学、南通大学等高校人文学科中青年学人和江浙沪地区几位优秀的中小学语文教师参与编写。

"新编国学基本教材"书名,由章汝奭先生书写;汝奭先生唯一的弟子白谦慎教授学贯中西,长年旅居海外,其书法亦承文人字传统,欣然续题新编部分教材书名;丛书封面所使用的漫画由丰子恺先生后人特别友情提供;内文中部分汉画像插画由北京大学朱青生教授提供;画家李永源先生近耄耋之年,为这套丛书手绘了数十幅插画,浙江电子音像出版社也为本丛书提供了大量精美的插画;海上国画名家邵琦教授颇有古士人之风,欣然赠画梅兰竹菊四君子,使本书又多了几分审美的趣味……这是一部寄予无量深情的作品,所有的抬爱,都源于师长们对于中华文化的敬意与温情,在此深挹致谢。

本套丛书2013年1月由浙江古籍出版社首次出版。2015年由华东师范大学出版社再版。此次经过修订、重编,第三版由上海财经大学出版社出版。一套纯粹由民间力量发起的国学普及读物得以三次出版,在一定程度上说明出版社与读者朋友对这套书的肯定。在此,向浙江古籍出版社、华东师范大学出版社、上海财经大学出版社和读者朋友们表示感谢!

由于主持者与编者的学识有限,尽管悉心编校,但不足之处难免,敬请方家、读者指正。以便来年修订时,相应校正。

差错和建议可致电:021－66366439,13816808263。通信地址:上海市嘉定区南大街嘉定孔庙秋霞圃书院,邮政编码:201899,电子邮件:qiuxiapu@163.com。

李耐儒
戊戌孟夏于嘉定孔庙

不信試看千萬樹東風著
便成去
青藤以意
擁書屋邵 橋

也知造物有知己故遣
佳人在空谷
東坡先生句
樂貞書屋鄧琦寫於海上

野色入高秋寒巖越
湖水日午晚風涼清為
誰起 梅華道人句 藥賞書屋即
橋甲寅之意

一卷新聲消扇雨幾枝霜菊共秋寒雨山共生丹礐書屋鄒綺